braumüller

NORBERT PHILIPP

Sonst wäre Wien nicht
WIEN

Menschen, die die Stadt prägten und formten

braumüller

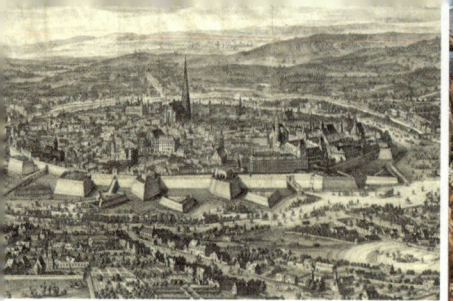
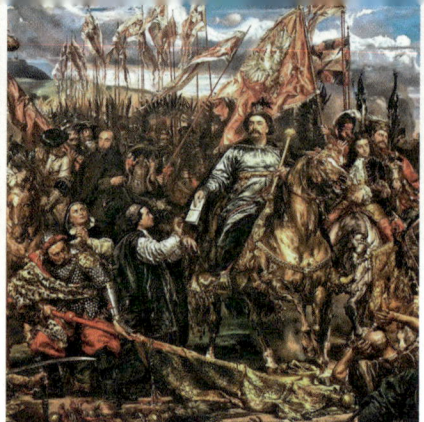
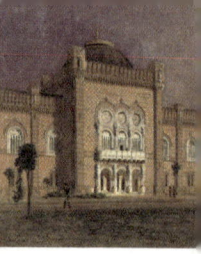

Inhalt

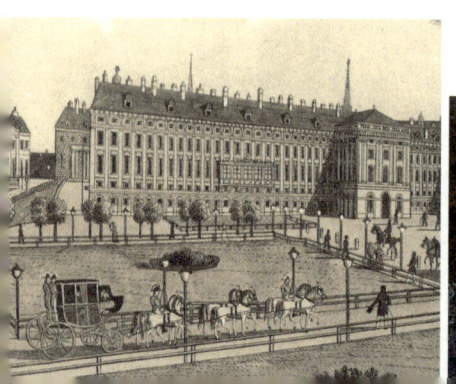
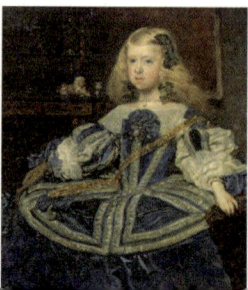
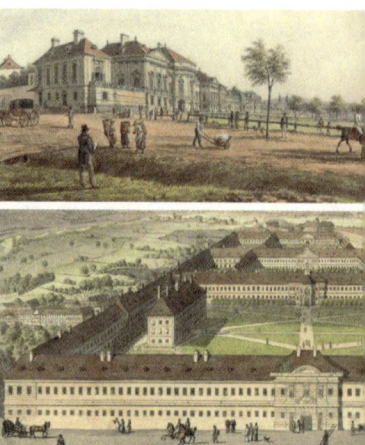

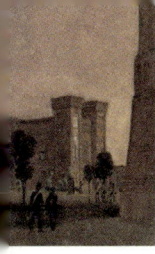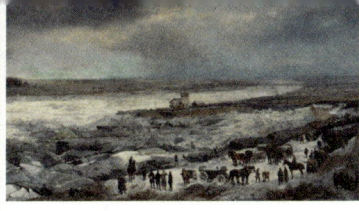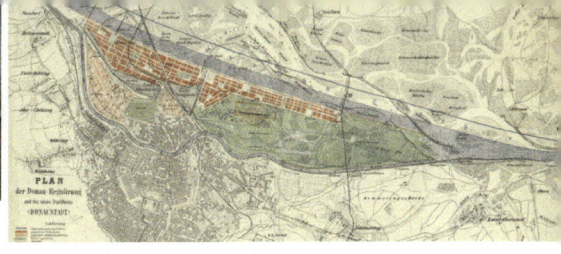

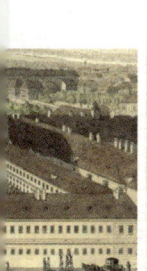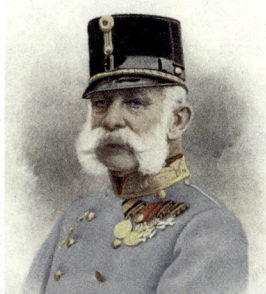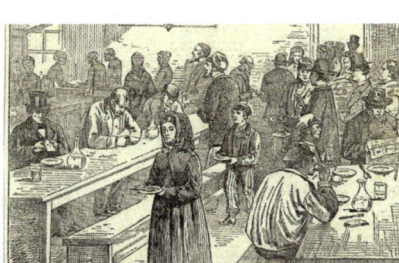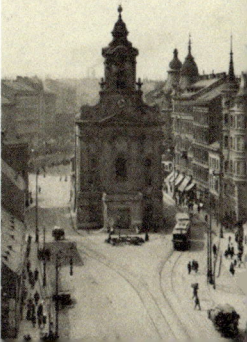

1.

Die Helden einer Großstadt

Auch wenn sie erst eine werden musste ...

Da lässt man sich als Stadt viele Hundert Jahre Zeit, um zu wachsen und dann verändert ein einziger Tag, der 12. September 1683, fast alles. Kaum ein anderes Datum hat so nachhaltig in die Stadtgeschichte, in das Stadtbild und in die Erinnerungskultur Wiens eingeschlagen. Nachdem die osmanische Bedrohung der Vergangenheit angehörte, konnte sich

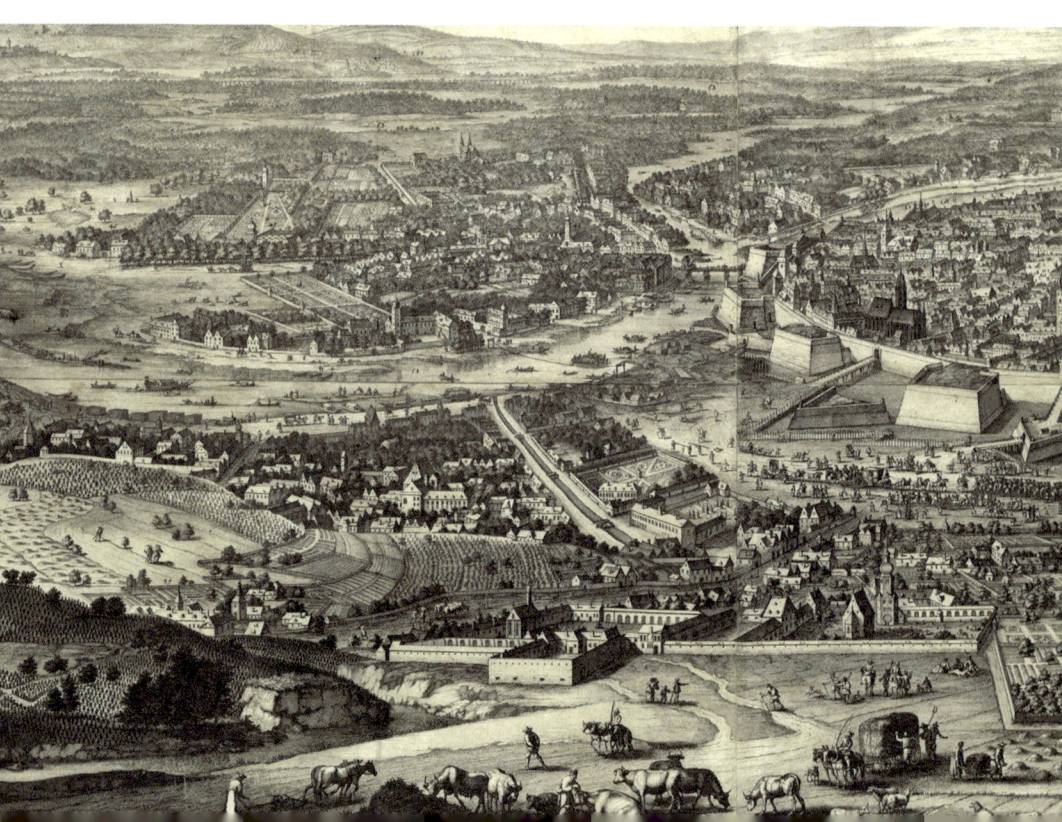

die Stadt in Ruhe wandeln und ihre barocke Pracht entfalten. Endlich waren es sanfte, gestalterische Kräfte, die Wien verändern durften, nicht mehr brachiale, zerstörerische wie jene Feuer, die unter dem Beschuss der Osmanen ausbrachen. Endlich musste man nicht mehr fürchten, dass die Häuser, kaum gebaut, wieder zu Asche zerfallen. Oder sich der nächste Trupp osmanischer Soldaten durch die Gärten ackert, die man gerade so mühsam und symmetrisch vor dem eigenen Palais hatte anlegen lassen.

Ein Mann war es, der die Veränderung angestoßen hatte. Denn er hatte sein Entsatzheer vom Kahlenberg hinunter auf die Stadt zu gepeitscht: der polnische Feldherr und König Jan Sobieski III. Die Belagerer, die Osmanen, flüchteten, nachdem sie vernichtend geschlagen worden waren. Das Wien, das sie überstürzt zurückließen, bot danach

Wien im Jahr 1683; noch vor den Zerstörungen der Osmanen-Belagerung.

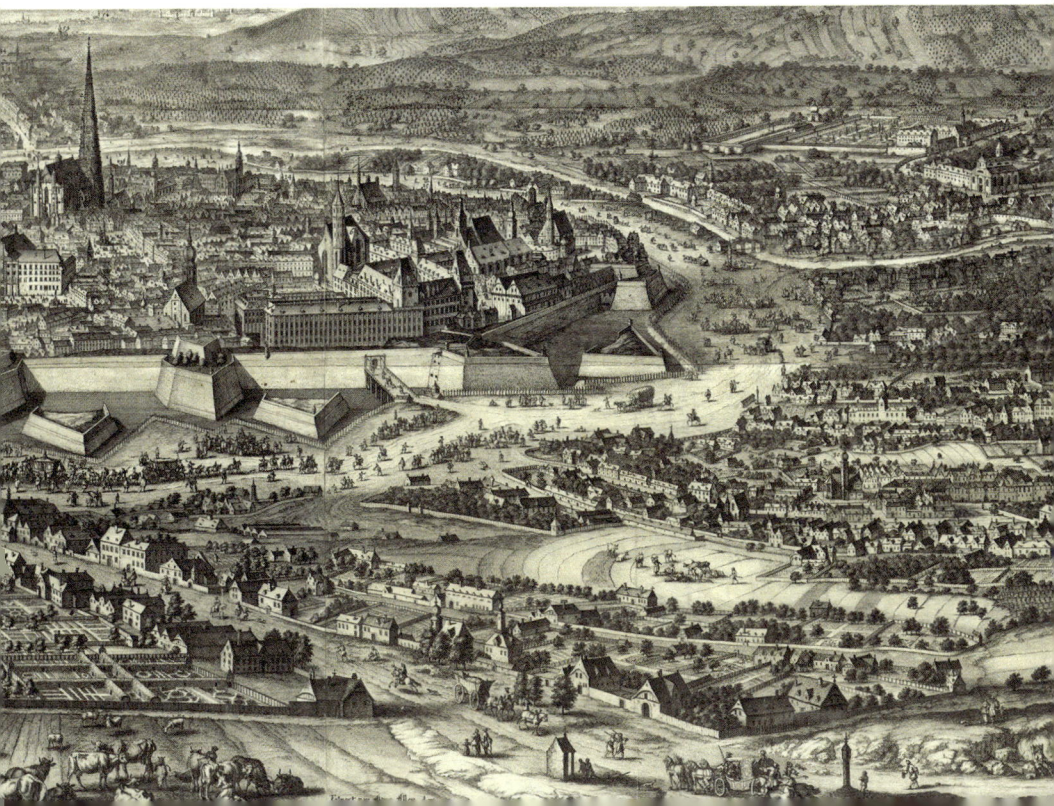

einen schrecklichen Anblick. Vor den Stadttoren lag alles in Schutt und Asche. Die Häuser, die Kirchen, die Sommerschlösser des Adels – das Heer der Osmanen hatte nichts verschont. Ebenso wenig die „Favorita", das Sommerschloss des Kaisers im Augarten. Oder ein anderes kleines Schlösschen, das erst seit Kurzem „Schönbrunn" genannt wurde.

Nach 1683 entstand ein neues, selbstbewusstes Wien. Residenzstadt war Wien ja längst. Aber jetzt erst konnte die Stadt auch demonstrieren, dass sie es war. Der Hof konnte noch höfischer werden. Der Barock noch barocker. Der Adel konnte endlich unbesorgt seine Sommerpalais in die Landschaft rund um Wien streuen und unbeschwert durch seine Gärten lustwandeln. Zeit zu blühen, hatte die barocke Gartenkultur aufgrund der vielen Gefahren und Bedrohungen, die sich regelmäßig anbahnten, bis dahin ohnehin noch kaum gehabt. Jetzt aber wurden aus Trümmern neue Häuser und aus verbrannter Erde neue Gartenlandschaften.

Der Krieg jedoch sollte der Stadt noch lange in den Knochen stecken. Und so manche Kanonenkugel verbarg sich noch in den Häusern. Dann und wann holt auch noch heute ein Bagger ganz zufällig bei Bauarbeiten eine aus dem Wiener Boden. Doch in Wien selbst wurde es deutlich friedlicher. Die Schlacht war geschlagen. Prinz Eugen und andere Feldherren hielten die Feinde in sicherer Entfernung auf Distanz. Wien bekam endlich die Gelegenheit, sich mit sich selbst zu beschäftigen. Die Stadt wuchs. Genauso wie das Habsburgerreich. Weit weg von Wien zückte Prinz Eugen das Schwert, kam nach Hause und widmete sich in Wien der Kunst, den Gärten, der Philosophie und den Entwürfen, die die Stararchitekten seiner Zeit, wie Johann Bernhard Fischer von Erlach und Lukas Hildebrandt, vor ihm ausbreiteten. Dazwischen vertrieb er sich die Zeit in der Privatmenagerie oder in der Bibliothek. Bis ihn die nächste blutige Pflicht wieder in die Ferne rief.

Endlich war nichts so unwichtig, dass man es nicht doch höfisch zelebrieren konnte: Das Hofzeremoniell, das Kaiser Leopold I. auch vor der Türkenbelagerung schon ernst genommen hatte, schien gleich noch zeremonieller auszufallen. Schließlich hatte der Kaiser auch Gegner, die man gar nicht in die Flucht schlagen konnte, weil sie ohnehin weit weg waren. Duellieren wollten sie sich trotzdem. In der eher absurden Disziplin „absolutistisch herrschen". Wie der König Ludwig XIV. im fernen Frankreich. Der nahm sich ausgiebig Zeit für Extravaganzen und ein Leben in Schnörkeln. Und die Habsburger am Wiener Hof wollte da nicht nachstehen, endlich in Ruhe vor sich her prunken und sich um barocke Nebensächlichkeiten kümmern. Wie etwa schon beim Aufstehen nichts dem Zufall, dafür alles dem Protokoll zu überlassen. Opern komponieren, wie es Leopold I. gerne tat. Und danach den Eigenkompositionen zusehen, wie sie im prachtvollen Holz-Pop-up-Opernhaus vor der Hofburg uraufgeführt werden. Was für ein barockes Leben. Und Wien wurde der ideale Ort dafür.

Aber zunächst ging es um Blut, Ehre, Freiheit, Geopolitik und Religion: Um all das wurde gefochten vor den Stadtmauern Wiens. Weil sich die Osmanen eines in den Kopf gesetzt hatten: den „Goldenen Apfel" einzunehmen. So hatten sie Wien genannt. Vielleicht war der Goldene Reichsapfel ein Grund dafür. Oder die Form der Kirchtürme, so mutmaßen manche Historiker heute. „Golden" war Wien für die Osmanen in jedem Fall, allein weil die Stadt durch ihre Lage in Europa für sie so strategisch wertvoll war. Und fast hätten die Osmanen ihren begehrten „Apfel" auch geschluckt. Es war denkbar knapp. Die Burgbastei war schon eine Ruine, ein gutes Stück war aus ihr bereits herausgebröckelt. Die Tausenden türkischen Mineure waren fleißig gewesen. Sie hatten sich an Wien herangesprengt. Tiefe Furchen zogen sich schon durch die Landschaft rund um die Stadt, deutlich ist das Geflecht ihrer Linien

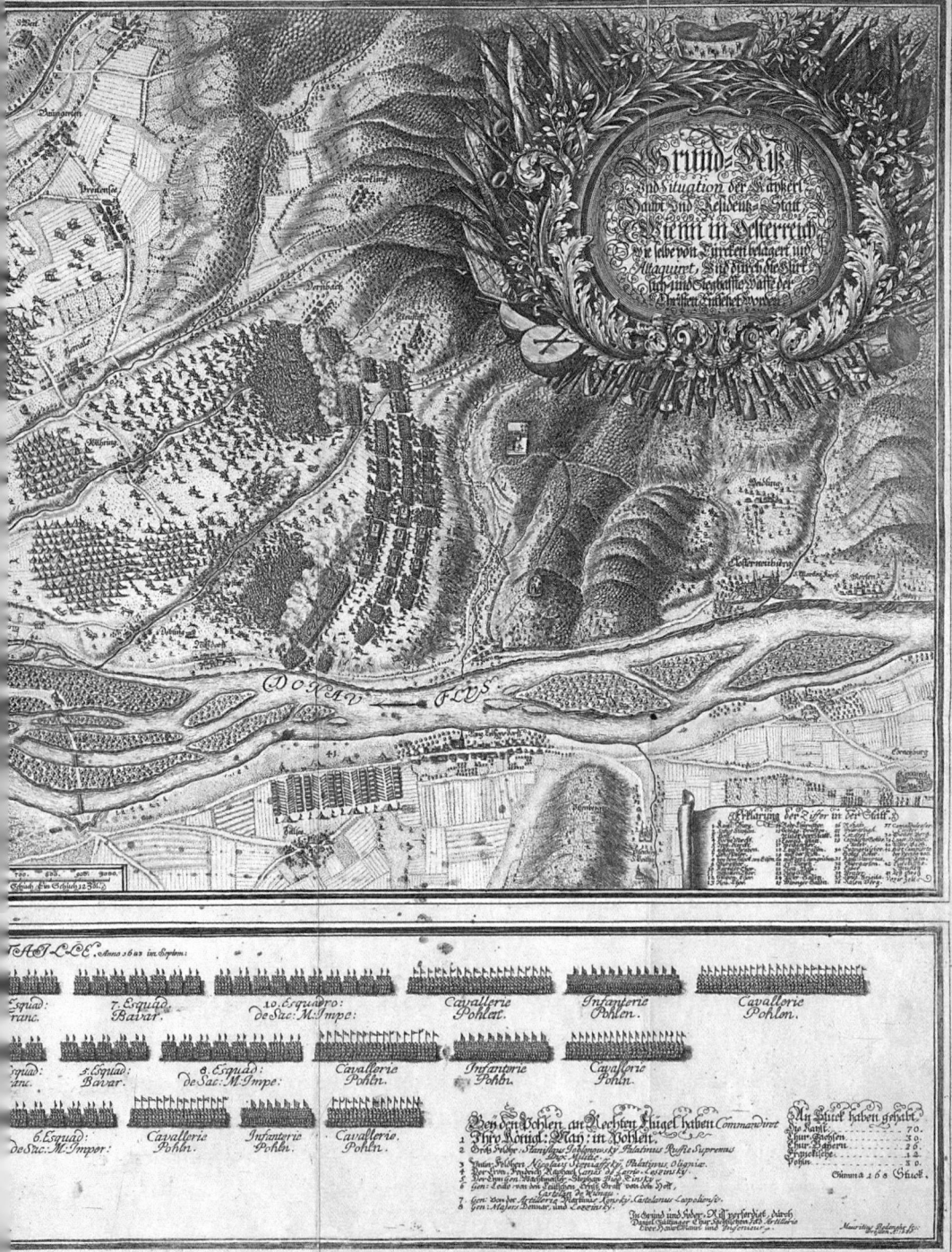

Die Truppen vor Wien. Gezeichnet von Moritz Bodenehr und Daniel Suttinger.

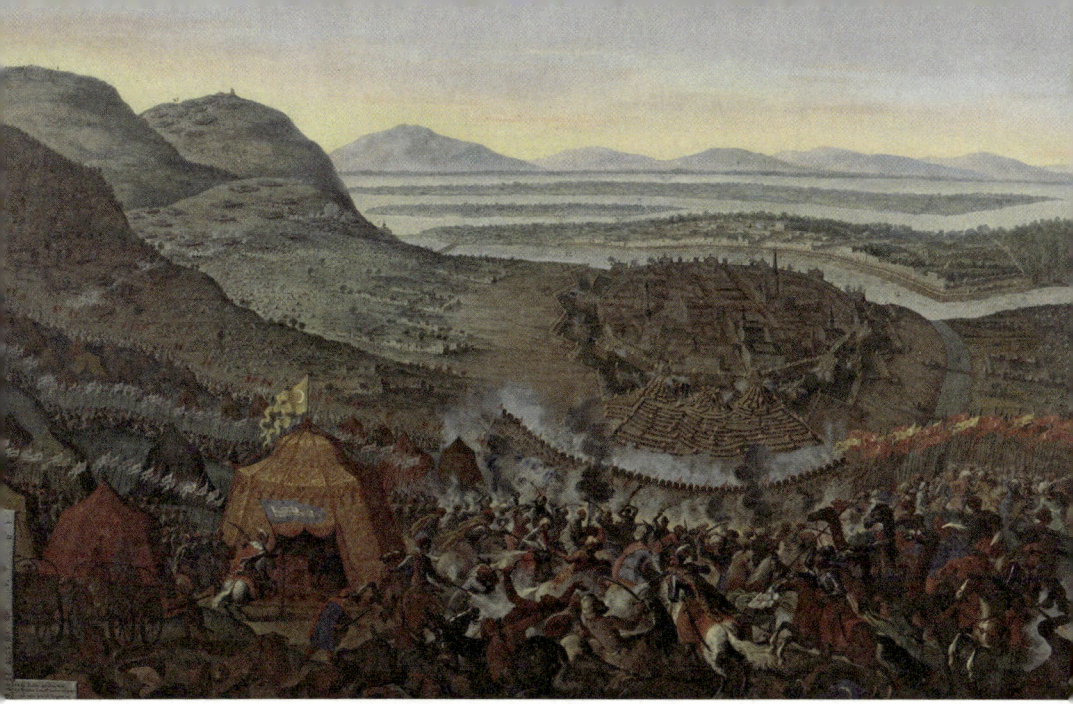

Die Entsatzschlacht von Wien in einer Darstellung des flämischen Malers Franz Geffels.

zu sehen auf Darstellungen jener Zeit, etwa auf den Zeichnungen von Daniel Suttinger. Es waren die Laufgräben, über die sich die osmanischen Soldaten an die Stadtmauern herantasteten. Doch gerade rechtzeitig kam da einer im Verborgenen den Kahlenberg hinaufgekeucht, der heute im Wiener Stadtgedächtnis so fest sitzt wie noch manche Kanonenkugeln von damals in der Hausmauer.

Jan Sobieski, PR-Genie in eigener Sache

Da wird man großspurig „Salvator" genannt, und dann hängt der eigene Name erst recht nur über den Bratwürsteln. Doch der Würstlstand am Kahlenberg ist nicht der einzige Ort, der sich eines Namens bedient, der sich tief ins Wiener Stadtgedächtnis eingeprägt hat: „Sobieski". Der

Name eines polnischen Königs, der Wien auch entscheidend mitformte. Schon allein dadurch, dass er die Stadt befreite, von einigen Fesseln und sonstigen Zwangslagen. Mit anderen Worten: vom osmanischen Heer, das die Stadt eingekesselt hatte. Jan Sobieski führte das Entsatzheer an, das die Belagerer in die Flucht schlug. Mit solchen Taten verdiente man sich in der Wiener Geschichtsschreibung relativ schnell waghalsige Attribute à la „Retter des Abendlandes". Ob das Abendland ohne ihn tatsächlich untergegangen wäre, bleibt weiterhin ungeklärt. Historiker meinen inzwischen aber längst, dass die Schlacht am Kahlenberg für das Abendland nicht ganz so entscheidend war, wie sich das so manche ideologisch Verirrte vielleicht wünschen würden. Nämlich jene, die So-bieski sogar stolz auf T-Shirts durch die Gegend tragen, auch das hat man schon gesehen. Als hätten die Rechtsradikalen endlich ein Pendant zu Che Guevara gefunden, das sie anhimmeln können.

Dafür kann Sobieski aber nichts. Wien wurde jedenfalls befreit. Zumindest von der Umklammerung der Osmanen und damit gleichzeitig von so manchen anderen Sorgen. Und das ist mit Sicherheit auch Sobieskis Verdienst. Für einige Mythen, Legenden und historisch recht unschar-fe Erzählungen hat's jedenfalls gereicht. Kein Wunder, der Stoff war einfach zu gut. Und das Ereignis, das da im Jahr 1683 mit dem Namen verknüpft, war obendrein einfach zu einzigartig.

Der Plot geht ungefähr so: Ein polnischer König müht sich den Kahlenberg hinauf, der damals noch gar nicht der Kahlenberg war, sondern der Leopoldsberg, lässt das Entsatzheer die Weinberge hinun-terstürmen und sitzt Stunden später als Gewinner im Zelt des Großwe-sirs. Dort staunt der siegreiche Feldherr nur so, wie prachtvoll sich sein Kontrahent für die Belagerung eingerichtet hatte. Und dann machte Sobieski das, was er vor und nach großen Ereignissen immer zu tun pflegte: Er schrieb einen Brief. Einen ausführlichen noch dazu, er nahm

sich wie immer Zeit für Details und räumte auch allen, denen er sich dankbar gegenüber fühlte, reichlich Platz ein. Da stand an erster Stelle in jener Zeit natürlich Gott. Aber er vergaß auch nicht zu erwähnen, wie viel Dankbarkeit ihm selbst auf dem Weg nach Wien entgegengebracht worden war. All diese Briefe waren an seine Frau gerichtet, an seine „Marysienka" – als „Briefe an die Königin" wurden sie berühmt, nicht nur in der polnischen Literaturgeschichte. Und adressiert waren sie zwar an seine Frau, aber implizit auch an die ganze Welt. Das hat Sobieski selbst so verfügt: „Dieser Brief ist die beste Zeitung, aus welchem für die ganze Welt eine Zeitung zu machen befohlen werden soll", teilte Jan Sobieski am 13. September 1683 mit, einen Tag nach der entscheidenden Schlacht gegen das osmanische Heer.

Der polnische Historienmaler Jan Matejko stellte
1883 seine Darstellung von Jan Sobieski in Wien aus.

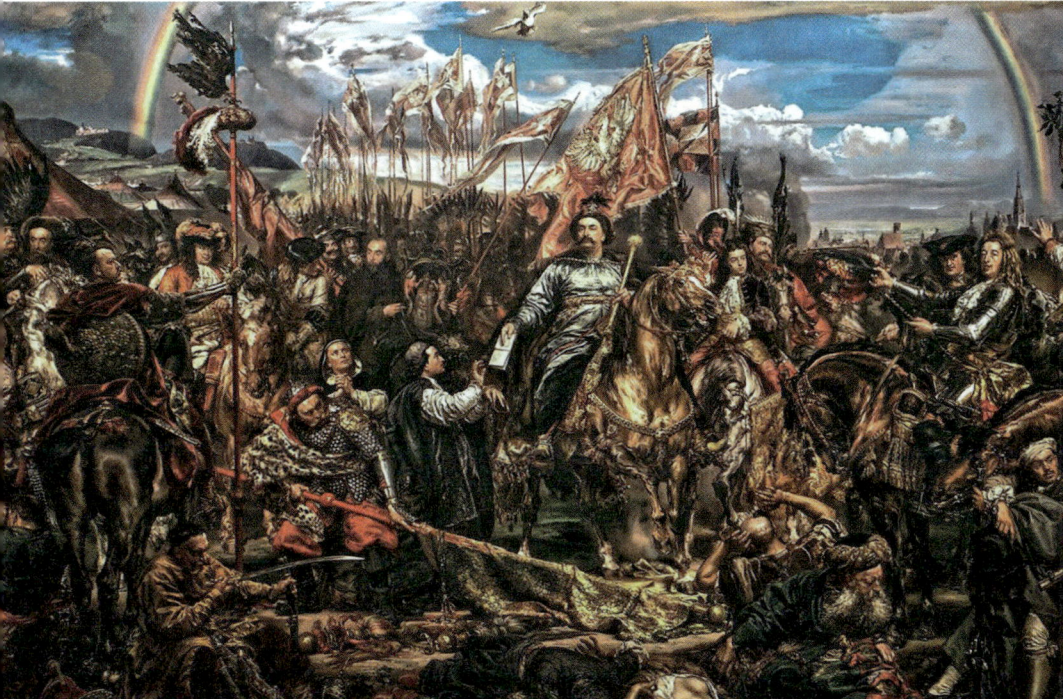

Aus dem Brief wurde ein Flugblatt und dieses trug die Ereignisse in fünf Sprachen übersetzt hinaus aus dem Wiener Becken. So galoppierte die Siegesmeldung durch Europa. Das half Sobieski, sich gleich doppelt zu verewigen: in der Weltgeschichte als triumphaler Sieger und in der Literaturgeschichte als selbstbewusster und ein wenig selbstverliebter Beobachter seines eigenen Siegeszugs. Schade doch um die großen Taten, wenn keiner davon erfährt, dachte er sich wohl. Das Abendland retten, ohne dass es das Abendland weiß? So machte er sich selbst zum Sprachrohr seiner Verdienste und Triumphe. Schon als er von Krakau in Richtung Wien unterwegs war, vergaß er nicht, in den Briefen zu erwähnen, wie viel Eindruck er dabei machte. Wie die Menschen ehrfürchtig staunten, als er in prächtigen Gewändern auf geschmückten Pferden vorbeizog, wie er gelobt und verehrt wurde. Und das noch, bevor er überhaupt all die hohen Erwartungen erfolgreich erfüllt hatte.

So wie es Sobieski in seinen Briefen beschreibt, wird es schon gewesen sein, weitestgehend jedenfalls. Vor allem, wenn man bei der Darstellung ein wenig die Luft rauslässt. Übertreibung, das gehörte zum Repertoire der üblichen Stilfiguren. Die anderen nicht sprachlichen Kommunikationskanäle legten die Geschichte ähnlich überhöht und dramatisch an: die Gnadenbilder, Bildsäulen und Denkmäler, die von den Ereignissen später erzählten. „Der Donauübergang war schwer. Die Brücken waren gebrochen, die Wagen mussten sich Furten suchen", berichtete Sobieski vom beschwerlichen Weg in die Unsterblichkeit. Und dann noch dieser Aufstieg! „Wir mussten klettern", schrieb er. Der Kahlenberg erschien ihm als „gewaltiges Gebirge". Ohne „Herrgott" und seine „unendliche Gnade" wäre er und sein Heer niemals oben angekommen. Ohne diese beiden Faktoren hätte überhaupt nichts funktioniert. Das betonte Sobieski auch in jeder dritten Zeile. Doch „müde und abgeschlagen, dass sich die Leute kaum auf den Pferden halten konnten", kamen sie dann doch ganz oben an. Drei Tage hatte

er seine Augen nicht zugemacht, so berichtete Sobieski, bevor diese schließlich Wien erblickten und gleich danach die Leuchtraketen, die die Verteidiger in den Himmel abfeuerten. Da war es dem polnischen König plötzlich, als wolle sich die Macht von Kara Mustafa noch einmal aufbäumen. Und ihm entgegenpeitschen, so windig war es am Gipfel. Ein Zauberer müsse der Großwesir sein, der das osmanische Heer anführte, mutmaßte Sobieski.

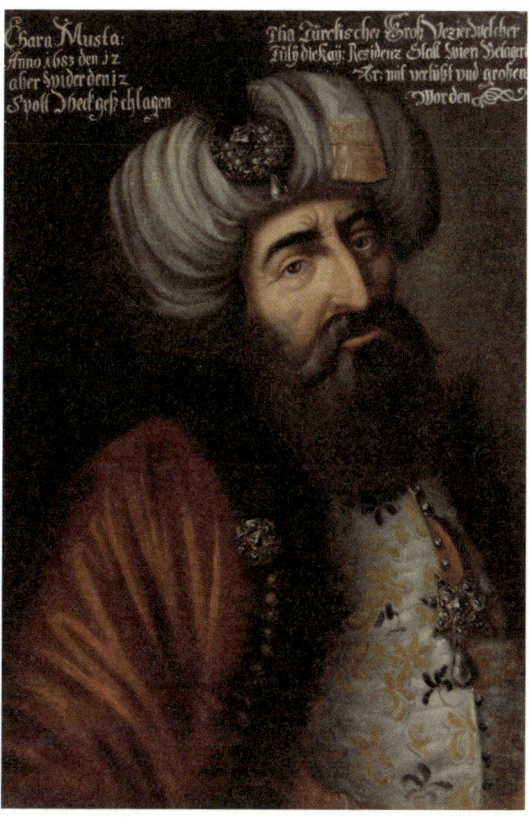

Der Großwesir Kara Mustafa residierte in prunkvollen Zelten vor den Mauern Wiens.

Irgendwann in der Nacht auf den 12. September ließen dann die Winde nach. Sobieski ließ gleich in der Frühe nach den Kaplanen schicken, denn es war Zeit für eine denkwürdige Morgenmesse. Und zum Sobieski-typischen Morgenritual gehörte natürlich auch, einen Brief an die Gemahlin zu Hause in Krakau zu schreiben. Den nächsten Brief verfasste Sobieski schon im Zelt des Großwesirs. „Der Gegner hat Felder und das Lager mit Leichen bedeckt und flieht in Konfusion", so Sobieskis Worte. Seine Soldaten waren beschäftigt, „Kamele, Maultiere, Rinder und Schafe einzufangen". Ein Kammerdiener des Großwesirs habe ihm das Zelt des Anführers gezeigt, das „so geräumig ist wie Warschau oder Lwow in ihren Mauern". Sobieski beschreibt die absurde Ausgestaltung der palastähnlichen Zelte des Großwesirs: „Er hatte Bäder, einen kleinen Garten und Springbrunnen, Kaninchen, Katzen und sogar einen Papagei." Vom Wesir selbst keine Spur mehr. Und als die Schlacht geschlagen war, begann das große Küssen, wie Sobieski schrieb. Die Kurfürsten, der lothringische, der sächsische, die den Polen-König in der Schlacht mit ihren Heeren begleitet hatten, stürmten auf ihn zu, küssten ihn auf den Mund. „Alles küsste, umfing und nannte mich seinen Erretter." Die Generäle stürmten auch herbei, küssten Hände und Füße. Dann war das Volk dran, es küsste seine Hände, Füße und Kleider.

Sobieski war ein Meister in Sachen Eigen-PR. Und wie bei guter Öffentlichkeitsarbeit kam das Echo prompt und hallte noch dazu lange nach: Gedenktafeln, Geschichtsbücher, Lieder, Gedichte. Der Name „Sobieski" war plötzlich überall. Im Wiener Straßenregister steht er sowieso. Gleich zweimal. Darin findet sich ein „Sobieskiplatz" und eine „Sobieskigasse". Für die Gastronomie wurde der berühmte Name auch gern bemüht: Auf der Türkenschanze, im 18. Bezirk, stand bis Ende des 19. Jahrhunderts, als die Gegend noch eher Gsätt'n war als noble Wohngegend, ein Gasthaus „Sobieski". Das schien geographisch zumindest stimmig. Denn irgendwo hier in der Nachbarschaft wird wohl Sobieski im Zelt von Kara Mustafa

tatsächlich gesessen sein und die Feder in die Tinte getaucht haben. Der Kahlenberg allerdings ist streng genommen der falsche Platz für einen „Sobieski"-Würstlstand. Denn der polnische König war tatsächlich einen anderen Berg, gleich daneben, heraufgeklettert, den Leopoldsberg. Dieser hieß nämlich früher Kahlenberg. Später erst sprang sein Name auf den Gipfel daneben über. Dieser wiederum wurde früher „Sauberg" genannt. Oder „Josefsberg". Was zeigt, dass zumindest die Josefskirche dem Namen nach richtig steht – am heutigen Kahlenberg. In dieser Kirche wird aber auch Sobieski ausführlich gedacht. Denn eine Kapelle darin erinnert ausdrücklich an den „Retter des Abendlandes". Und eine Gedenktafel an der Kirchenfassade auch. Seit 1906 ist die Ordensgemeinschaft der Resurrektionisten, eine Gruppe polnischer Priester, für die Kirche zuständig. Auch Papst Johannes Paul II., auch er war Pole, kam im September 1983 – gleichsam zum 300-jährigen Jubiläum der Entsatzschlacht – hier herauf, um eine Messe zu lesen. Auch wenn der polnische König Sobieski auf dem Kahlenberg von heute nie war: Seinen „Andachtsraum" hat er trotzdem dort. Und wenn es nach dem Schriftsteller Richard Kralik gegangen wäre, dann hätte auch der „richtige" Berg, der Leopoldsberg, eine gehörige Portion Andacht abbekommen: Zweimal gleich regte er eine „Österreichische Ruhmeshalle" an, zum 200. Gedenktag. Und dann noch einmal zum 220. Das Projekt wäre ziemlich gigantisch geraten. Heute ist es aber nur eine schlichte Gedenktafel, angebracht an der Leopoldskirche, die knapp erzählt, was hier los war: „Mit dem auf dieser Bergeshöhe am 12. 9. 1683 durch Pater Marco d'Aviano dargebrachten heiligen Messopfer begann der Entsatz Wiens und hiermit die Rettung abendländischer christlicher Kultur." Damit das auch einmal ganz offiziell an richtiger Stelle gesagt wird.

An der ganzen Kahlenberg-Verwirrung ist ja irgendwie der Kaiser Leopold I. schuld. Denn ohne ihn würde der Leopoldsberg nicht so heißen. Nach der Pestepidemie hat er hier nämlich eine Kapelle gestiftet.

Und dann kam alles durcheinander. Irgendwann war es dann zu spät, das Missverständnis aufzuklären, spätestens nach den pompösen Gedenkfeierlichkeiten im Jahr 1883, die den Kahlenberg vollends vereinnahmten. Leopold I. selbst bekam dabei in der verklärten Erinnerung naturgemäß nicht so viel Aufmerksamkeit. Die hätte er sich auch nicht verdient. Er war im ganzen Projekt „Befreiung Wiens" dann doch nur eine Randfigur. Und auch auf dem „Türkenbefreiungsdenkmal" im Stephansdom, das zum großen Jubiläum 1883 in Auftrag gegeben wurde, war er nicht mehr als das. In Stein gehauen tummelten sich darauf die wichtigsten Protagonisten der Handlung. Bis zum Zweiten Weltkrieg, dann wurde es zerstört. Natürlich hatte in der Darstellung auch Jan Sobieski eine tragende Rolle. Und die Nebenrollen waren auch prominent besetzt: die Mutter Gottes, Papst Innozenz XI., Herzog Karl von Lothringen,

In einem Kupferstich von Daniel Suttinger zeichnen sich deutlich die Laufgräben ab, über die sich die Belagerer Wien näherten.

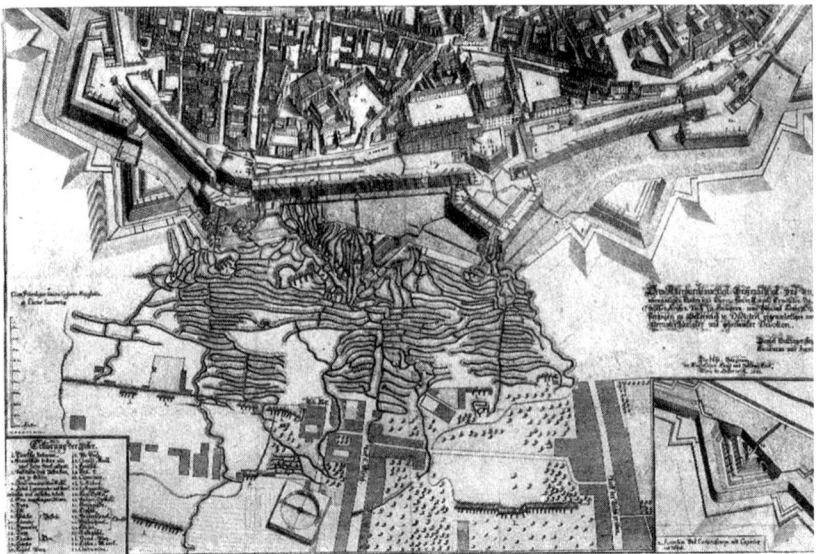

Kurfürst Johann Georg von Sachsen, Kurfürst Max Emanuel von Bayern. Und dann noch alle möglichen Vertreter aus dem Team „Wien": wie etwa der Bischof Graf Kollonitsch, der damalige Bürgermeister Andreas Liebenberg und der Stadtkommandanten Ernst Rüdiger von Starhemberg. Wien, die Stadt selbst, war auch allegorisch dabei: als „Vindobona". Und irgendwo zwischen all den Figuren war auch Leopold I. zu finden.

Die Verteidiger Wiens

Der Kaiser galt als Zauderer, als unentschlossen. Vielleicht war er aber nur umsichtig und besonnen. Nicht ganz so schlau war wahrscheinlich, seine Flucht aus der Stadt, als die Osmanen vor der Tür standen, so pompös zu inszenieren. Denn als er am „Rothen Turm" vorbei über die Schlagbrücke mit 100 Kürassieren auszog, da war es auch dem letzten Wiener klar: Jetzt wird es brenzlig. Mit anderen Worten: Panik machte sich breit. 60.000 Menschen machten sich auf und davon. Aber nicht alle verließen die Stadt. 11.000 Mann kaiserliche Truppen blieben in Wien. Dazu kamen 5000 Mann, die sich aus der Wiener Bürgerwehr und aus Freiwilligen rekrutierten. Und just am selben Tag, an dem Leopold I. die Stadt pompös und plötzlich verließ, kam einer durchs Stadttor geritten, der sich in der Militärgeschichte Wiens ebenso verewigen sollte. Einer, den mehr als 200 Jahre später Kaiser Franz Joseph auf die Liste der „gerühmtesten zur immerwährenden Nacheiferung würdiger Kriegsfürsten und Feldherren Österreichs" aufgenommen hat. Es war Ernst Rüdiger von Starhemberg. In der „Feldherrenhalle" im Heeresgeschichtlichen Museum befindet er sich heute in bester Gesellschaft. Und auch an anderer Stelle hat er sich ins Stadtgedächtnis eingeschrieben. Allein zwei Gassen sind nach ihm benannt. Nämlich die Rüdigergasse in Wien-Margareten, und in Wieden die Graf-Starhemberggasse. Am

Rathausplatz steht auch noch ein Denkmal. Und in der Schottenkirche erinnert ein barockes Epitaph im Hauptschiff an Starhemberg und die aufregenden, blutigen Zeiten. Angeblich wurde es um 1725 von Joseph Emanuel Fischer von Erlach entworfen.

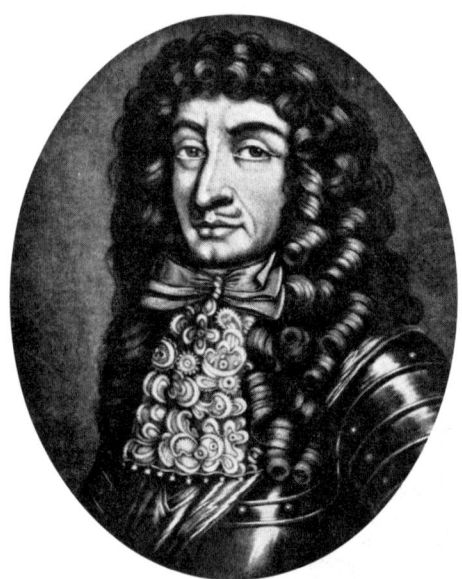

Ernst Rüdiger Graf von Starhemberg hielt gerne
vom Turmzimmer des Stephansdoms Ausschau.

Für Wien hat Starhemberg einiges geleistet. Und kaum war er in Wien eingeritten, hatte er gleich allerhand zu tun, zu managen, zu organisieren und zu verlautbaren. Etwa solche Dinge: Jedes Haus musste einen Mann zur „Schanzarbeit" stellen, die Pferdebesitzer ihre Gespanne übergeben. Und die Vorstadtbewohner sollten ihre „Victualien" schleunigst in die Stadt bringen. Jeder rettete, was zu retten war. Tausende Menschen aus dem Umland suchten Schutz innerhalb der Stadtmauern. Gerade recht-

zeitig, denn von nun an es ging Schlag auf Schlag. Am 7. Juli 1683 verließ der Hof die Stadt, am 13. Juli steckten die kaiserlichen Truppen die Vorstädte in Brand, außer die Leopoldstadt. Am 14. Juli war Wien eingeschlossen. Schon spannte sich ein riesiger Bogen aus 25.000 osmanischen Zelten im Halbkreis von Erdberg bis Nußdorf an der Donau. Und schon begannen die Mineure, Gräben und Tunnel in Richtung Stadtbefestigung zu sprengen. Bald purzelten die ersten Steine aus der Löwelbastei und der

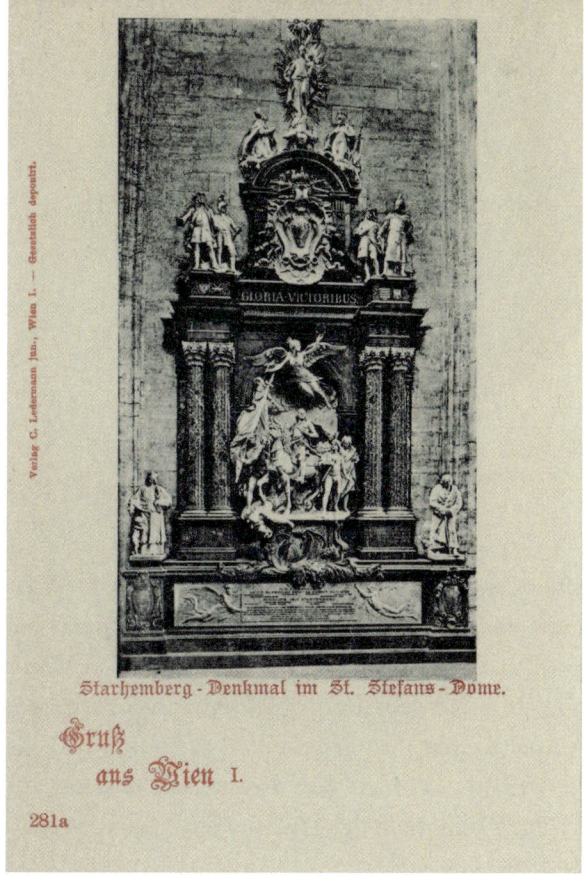

Das „Türkenbefreiungsdenkmal" im Wiener Stephansdom zeigte natürlich auch den „Verteidiger Wiens".

Burgbastei. Doch noch hielten sie stand. Und das war irgendwie dann doch dem Kaiser zu danken. Obwohl er sich schon auf die Hinterbühne des Geschehens, nach Passau, zurückgezogen hatte. Im Vorfeld hatte er ja doch ein paar relevante Dinge eingefädelt. Etwa den Vertrag mit dem polnischen König, der Wien und Krakau zur Schicksalsgemeinschaft zusammenschweißte – wenn eine der beiden Städte von den Osmanen bedroht werden sollte. Und auch um die Befestigung Wiens hatte er sich gekümmert: Dafür hatte er sogar den besten Festungsbauer seiner Zeit nach Wien geholt, Georg Rimpler. Er war der Chefdesigner der Bollwerke, die im Juli 1683 allmählich zerbröselten. Aber eben nur langsam. Rimpler hatte manche Teile der Befestigungsanlage verstärkt, die für Nicht-Fachleute beinahe so klangen wie Gesellschaftstänze: die „Kontereskarpe". Oder: der „Ravelin". Schwerer Festungsbauer-Fachjargon jedenfalls. Eines hatte Rimpler zum Glück schon bei seinem Entwurf antizipiert: Dass die Türken ihre Schlagkraft auf den Bereich zwischen Burgbastei und Löwelbastei konzentrieren würden. Als genau dort, wie prophezeit, die Kugeln am dichtesten einschlugen, erwischte es auch Georg Rimpler. Als er gerade mit anderen Verteidigern in Richtung „Kontereskarpe", die äußere Mauer des Grabens, unterwegs war, um sie zu erneuern. Heute ist die Rimplergasse in Wien-Währing nach ihm benannt.

Seine Konstruktionen hatten dem „Verteidiger Wiens", Ernst Rüdiger von Starhemberg, mehr Zeit verschafft. Ungeduldig stieg er trotzdem jeden Tag auf den Turm des Stephansdoms, setzte sich auf ein Bankerl, ganz oben in der Türmerstube, und hielt Ausschau. Von hier oben sah man die Rauchsäulen, die von den Dächern und Basteien aufstiegen, das Werk der Kanoniere und Mineure. Und von hier oben sah Starhemberg auch, dass das ersehnte Entsatzheer angekommen war.

Leopold I. konnte sich von all diesen Ereignissen derweil nur berichten lassen. Er wartete in Passau ab. Rechtzeitig war er geflohen.

Und pünktlich zur letzten Entscheidungsschlacht hatte er es auch wieder zurück nach Wien geschafft. Aber noch einmal zeigte er sich umsichtig und klug. Denn diplomatische und zeremonielle Konfusion wollte er mit seinem plötzlichen Erscheinen ja auch nicht anzetteln. Deshalb hatte er von Dürnstein aus sicherheitshalber per Boten einmal vorgefühlt. Wie seine Ankunft denn so ankommen würde beim etwas eitlen Polenkönig. Und Leopold I. lag richtig mit seinem Zögern. Denn Sobieski hätte Wien nicht so gern im Schatten des Kaisers gerettet. Lieber ließ er die Sonne der Aufmerksamkeit ganz allein für sich scheinen. Ein Kaiser und ein König auf demselben Schlachtfeld, das wäre zu viel gewesen. Leopold I. hielt sich zurück. Und das war gut für Sobieskis Ego und wahrscheinlich für den Verlauf der Schlacht.

Die Osmanen sprengten sich an die Mauern Wiens heran und dann Teile aus den Basteien heraus.

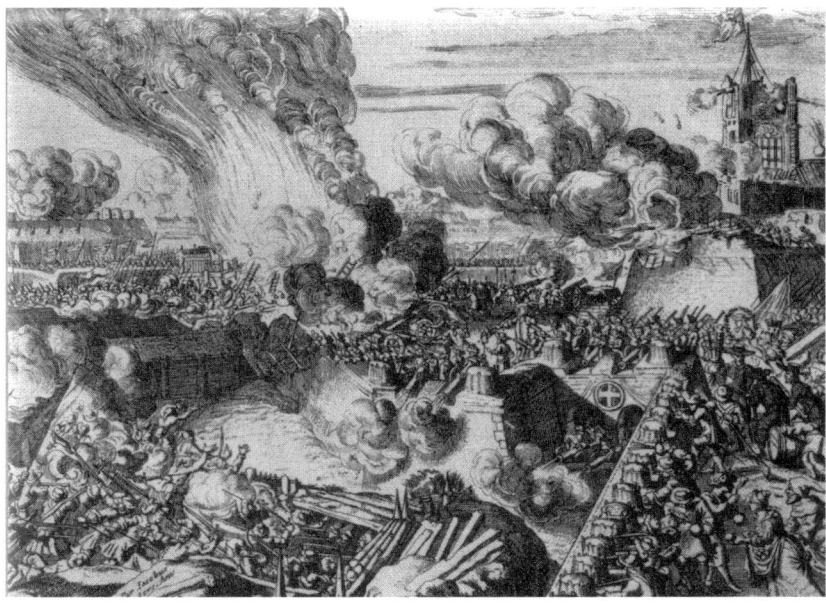

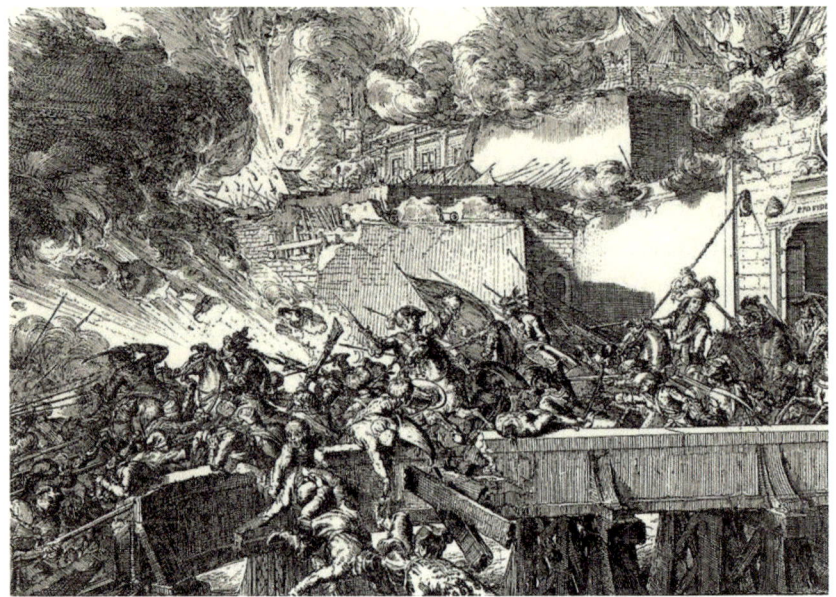

*Es wurde brenzlig: Das Entsatzheer unter
Sobieskis Führung kam gerade zur rechten Zeit.*

Doch nach dem diplomatischen Knigge hätte Sobieski einmal warten
müssen, nämlich beim triumphalen Einzug in Wien. Für den kam der
Kaiser zu spät. Sobieski hatte längst, wie zuvor feierlich versprochen,
sein „Te Deum" im Stephansdom gebetet. Vielleicht verlief auch die
Begegnung zwischen Kaiser und König ein paar Tage später deswegen
ein wenig kühl, wie Beobachter erzählten. „Mit mehreren Dutzend Hof-
leuten, Beamten und Minister, hinter ihm Trabanten, vor ihm Trompeter
… er saß auf einem vermutlich spanischen Braunen", schilderte Sobieski
den Auftritt des Kaisers. Und weil er der Kaiser war und Sobieski „nur"
ein empfindlicher Feldherr und eitler König, lüftete Leopold I. auch
nicht seinen Hut. Das kränkte Sobieski. So wechselte man ein paar
lateinische Worte. Das war's. Leopold hätte sogar seinen Sohn Jakob

ignoriert, beklagte Sobieski später in einem weiteren Brief an seine Frau: „Er besichtigte unser Heer, welches grausam betrübt war und sich laut beschwerte, dass er ihnen nicht einmal mit dem Hut ihre so großen Mühen und Verluste vergolten hatte."

Der Kaiser hielt sich also nicht allzu lange damit auf, dem „Retter Wiens" zu danken. Die gerettete Stadt selbst dafür umso mehr. An einigen Stellen. Und diese wurden immer mehr im Laufe der Jahre. Weil sich dramatische Ereignisse ja auch im Laufe der Jahre jähren. So hat jedes halbwegs runde Jubiläum mindestens einen Gedenkhinweis an die Belagerung durch die Osmanen oder an den Sieger der Entsatzschlacht hinterlassen. Einer von diesen hängt etwa draußen an der Augustinerkirche. Sie gehört auch zu den Schauplätzen jener Tage. Nach der Schlacht hatte Sobieski dort nämlich einen Gottesdienst besucht. Das allein genügte für einen öffentlichen Hinweis darauf. Aber vielen reichte das nicht: Viel mehr Gedenken hätte sich Sobieski in der Stadt verdient, meinten ein paar Stimmen, vor allem polnische. Schließlich hätte Sobieski ja mit einem einzigen Befreiungsschlag das Schicksal der Stadt für immer verändert. Das stimmt wohl. Denn mit seinen Soldaten, den polnischen Panzerreitern und dem Sieg hat er auch das mitgebracht, was Wien am dringendsten vermisste: die Hoffnung auf bessere Zeiten. Und diese hat sich durchaus eine Phase lang erfüllt.

Für Sobieski selbst war die Schlacht am Kahlenberg wohl der Zenit seiner Karriere. Viel glorreicher konnte es für den König und Polen später auch nicht mehr zugehen. Für die Stadt, die er befreite, war es der glanzvolle Neuanfang. Der sich umso glorreicher unmittelbar in der Phase niederschlug, die viele „Vienna Gloriosa" nannten. Zu einem richtigen Denkmal am Kahlenberg hat es dann für Sobieski trotzdem nicht gereicht. Nur zu einem Sockel. Aber manche Sobieski-Aficionados hätten ein solches Denkmal sowieso lieber gleich in der Innenstadt gesehen. Etwa am Stock-im-Eisenplatz, so lautete ein Vorschlag. Das war der

Stadt dann doch zu ein wenig zu viel der Aufmerksamkeit. Sie meinte, vielleicht wäre doch Krakau für ein neues Denkmal angemessener. Schließlich ruht auch sein Sarkophag dort in der Kathedrale. Sie war die ehemalige Hauptstadt des Königreichs Polen-Litauen, gleichzeitig Krönungsort und Begräbnisstätte der polnischen Könige. Von hier aus ist Sobieski aufgebrochen, um schließlich auf dem Zenit seiner Karriere, am Gipfel des Kahlenbergs einzureiten. Hier wartete Maria Kazimiere, seine Frau, auf seine Rückkehr und empfang die berühmten Briefe. Krakau ist einfach die Sobieski-Stadt. Und das kleine Areal am Kahlenberg rund um Würstlstand und Kirche in Wien zumindest eine kleine Sobieski-Exklave.

Der Kupferstecher Stefano Scolari skizzierte
1683 die ungefähre militärische Lage.

Kugeln, Köpfe und Kolschitzky

Doch nicht nur Sobieski ist an vielen Stellen Wiens gegenwärtig. Von jenen Zeiten haben noch andere Dinge überdauert als Briefe. Oder Toponyme auf Karten à la „Türkenschanze". Auch ihre Kanonen, die Teile der Stadt zertrümmert hatten, waren zunächst geblieben. In modifizierter Form sogar bis zum 12. April 1945. Da stürzte die berühmte Pummerin-Glocke vom Nordturm des Stephansdoms in die Tiefe und zerschellte. 1710 hatte Joseph I. den Auftrag erteilt, die Glocke aus den verbliebenen osmanischen Kanonen zu gießen. Sie war barock ausgeschmückt und voller weihevoller Texte, die alle möglichen lobten, vor allem auch den Glockenstifter selbst. Für die Ewigkeit war die Glocke trotzdem nicht, obwohl eine Inschrift ihre „ungeheure Wucht von Erz" vermerkt. Die Glocke zerbarst. Das Material überdauerte. Denn aus ihm wurde 1951 wiederum eine Glocke gegossen, die neue „Pummerin". Etwas kleiner als das Original zwar, aber groß genug, um mit neuem Text noch einmal an die Belagerung der Stadt durch die Osmanen zu erinnern. Das Charmante dabei – die Glocke erzählt in der Ich-Form: „Gegossen bin ich aus der Beute der Türken, als die ausgeblutete Stadt nach tapferer Überwindung der feindlichen Macht jubilierte." Und seitdem bimmelt auch immer ein wenig die Erinnerung an jene Tage mit, wenn die Glocke so richtig „pummert".

Aber nicht nur Glocken erzählen vom Jahr 1683. Auch viele andere Texte, Erzählungen und Mythen. In vielen von ihnen sind auch „Narrative", wie heute Politikberater und Nachrichtensprecher sagen würden, gegossen, die schwerer zu brechen sind als riesige Glocken. Auch weil man sie extra in Kunst und Stein gegossen hat, damit sie hartnäckig überdauern. Wie im barocken Epitaph, das Ernst Rüdiger von Starhemberg in der Schottenkirche gewidmet ist. Darauf sind die Osmanen besonders

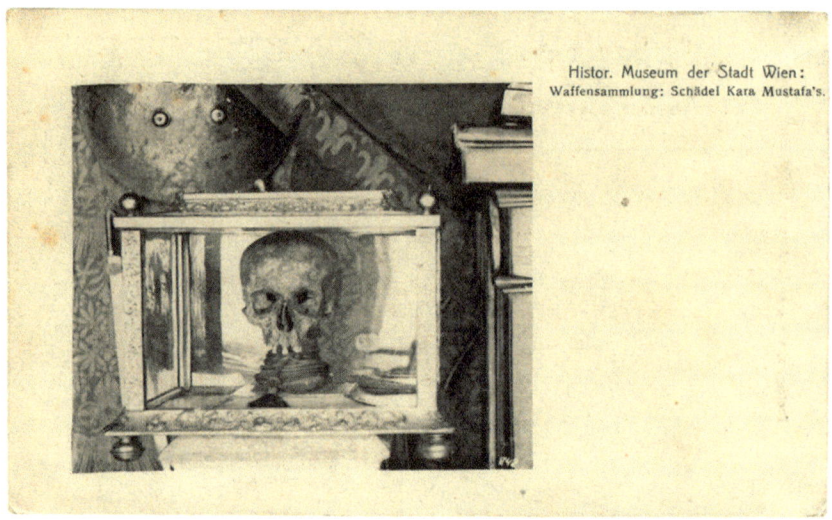

Histor. Museum der Stadt Wien:
Waffensammlung: Schädel Kara Mustafa's.

*Ein makabres Souvenir: Der angebliche Schädel von Kara Mustafa
wurde lange im Bürgerlichen Zeughaus Wiens ausgestellt.*

„wild" und „barbarisch" dargestellt. Gedenkmünzen wurden geprägt,
Lieder komponiert, Gnadenbilder und Bildsäulen geschaffen, aber auch
andere Erinnerungsstücke kursierten. Ganz schön makaber zumal. Ein
paar Köpfe der Belagerer sollen bald nach der Schlacht schon in Leipzig
auf der Frühjahrsmesse aufgetaucht sein, als getrocknete „Türkenköpfe"
in Fässern. Auch der Kopf des berühmten Großwesirs soll angeblich
deutlich länger in Wien geblieben sein als die meisten Belagerer. Vor
allem als Mythos und gleichzeitig Exponat geisterte der Kopf von Kara
Mustafa noch einige Jahrzehnte durch die Geschichte der Stadt.

Im Dezember 1683 ist Kara Mustafa wohl gestorben. Der Sultan hatte seine Erdrosselung befohlen, in einer Moschee in Belgrad soll er
begraben worden sein. Angeblich, so die Legende, sollen ihn dann

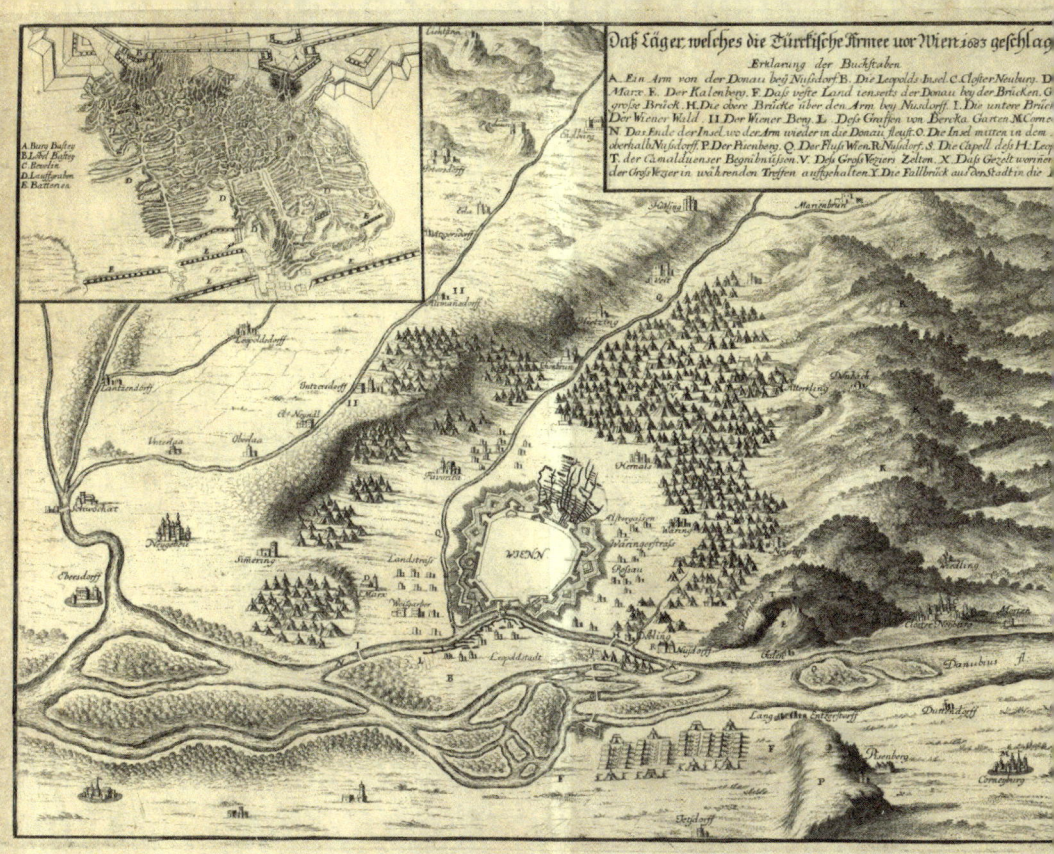

schon immer in Zweifel gezogen. Trotzdem war der Kopf einer der prominentesten Exponate im „Bürgerlichen Zeughaus" am Platz Am Hof. Nach der Belagerung füllte es sich mit Beutestücken, die auch „als Zeugnisse bürgerlicher Ruhmestaten" von den Ereignissen jener Tage erzählen sollten. Viele davon gehören heute noch zur Sammlung des Wien Museums. Zum 200-jährigen Jubiläum der Entsatzschlacht, 1883, wurde gerade das Wiener Rathaus fertig. Und dorthin übersiedelte dann auch die Sammlung des „Bürgerlichen Zeughauses". Zunächst für eine Jubiläumsausstellung. Vor der Belagerung hatte sich das Zeughaus ja mit ganz anderen Dingen gefüllt: mit überlebenswichtigem „Zeug" für die Verteidigung Wiens. Mit Lebensmittelvorräten. Und natürlich mit Schießpulver. Das wäre ohnehin fast fatal ausgegangen. Denn schon zu Beginn der Belagerung hatte das Haus Feuer gefangen. Gerade noch rechtzeitig, bevor alles in die Luft flog, konnte es gelöscht werden. Ironischerweise hat die Berufsfeuerwehr Wien noch heute in dem Gebäude seine Zentrale. Und einen kurzen Funkenflug entfernt, steht noch ein Haus, mit der Adresse Am Hof 11, das sich durch die Belagerung gewandelt hat: Eine Kanonenkugel soll dort eingeschlagen sein, davon erzählt eine Gedenktafel. „Zur Goldenen Kugel" wurde das Haus fortan genannt.

Und gleich um die Ecke war noch eine wichtige Figur jener Tage zu Hause: Andreas Liebenberg, der Bürgermeister. Er war zuständig für die Lebensmittelversorgung, half bei Schanzarbeiten tatkräftig mit und orchestrierte die Bürgerwehr. Die Befreiung selbst erlebte er nicht mehr, drei Tage zuvor verstarb er. Eine Tafel Am Hof Nummer 7 erinnert an ihn. Genauso wie ein Denkmal am Ring, gegenüber der Universität. Es wurde, wie viele andere Gedenkstellen, zum 200. Jubiläum aufgestellt.

Doch nicht jede Erinnerung wurde gleich in Stein gehauen. Vieles wird noch heute eher in Marzipan gegossen. Wie die „Original Petersdorfer

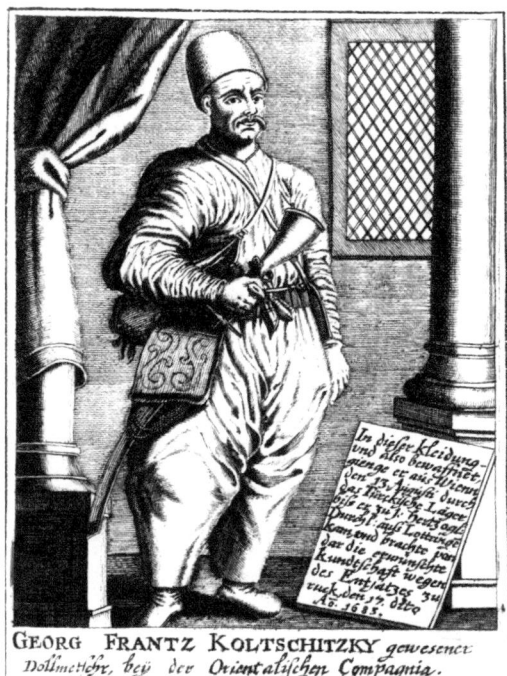

GEORG FRANTZ KOLTSCHITZKY *gewesener Dollmetscher, bey der Orientalischen Compagnia.*

Hat auch Eindruck in Wien hinterlassen, vor allem in Legenden: Georg Franz Kolschitzky. Den Kaffee kannte Wien aber schon früher.

Türkenkugeln", die seit dem 300. Jubiläum, also 1983, aus der kleinen Konditorei Schlief in Perchtoldsdorf, gleich südlich von Wien, rollen. Auch dort haben die osmanischen Soldaten ziemlich gewütet. Angeblich, weil der befehlshabende Pascha nicht in Ruhe seinen Gutenmorgen-Mokka auf dem Teppich trinken konnte. So sagt es zumindest eine Sage. Denn der Kaffeelöffel soll ihm aus der Hand geschossen worden sein. Vom Wehrturm aus, der noch heute den Perchtoldsdorfer Marktplatz mächtig überragt. Dort, wo dem Pascha der Löffel auf den Teppich fiel, erinnert heute noch das „Perchtoldsdorfer Türkenkreuz" an die Opfer der Belagerung. Und gleichzeitig an die unverbriefte Anekdote.

Doch im Sagenkosmos rund um Wien haben sich noch ganz andere Geschichten, die genauso wohl nicht unbedingt passiert sind, eingeschli-

chen. Berühmt ist vor allem auch jene, die von Georg Franz Kolschitzky erzählt. Er sprach Türkisch und war ein Bote. Durch die osmanischen Reihen wurde er mit einer Nachricht geschickt, dabei soll er über ein paar Säcke voller Kaffee gestolpert sein. Ganz so war es wahrscheinlich nicht. Aber die Geschichte erzählte sich so schön, dass sie recht bekannt wurde. Vor allem auch der Teil, in dem er das erste Wiener Kaffeehaus gegründet haben soll. Ein Privileg, das er angeblich erhielt, weil er so geschickt, heimlich und erfolgreich durch das osmanische Heer geschlichen war. Karl von Lothringen, er führte das kaiserliche Heer, war der Adressat der Botschaft. Kolschitzky schlich durch das Schotten- tor hinaus, die Währingerstraße entlang, wartete das Regenwetter ab, zog über die Weinberge, den Wald bis Klosterneuburg und weiter zum kaiserlichen Lager. Wien dankte es ihm. Mit einem Denkmal dort, wo

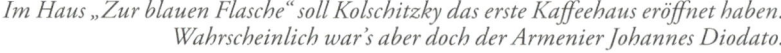

Im Haus „Zur blauen Flasche" soll Kolschitzky das erste Kaffeehaus eröffnet haben.
Wahrscheinlich war's aber doch der Armenier Johannes Diodato.

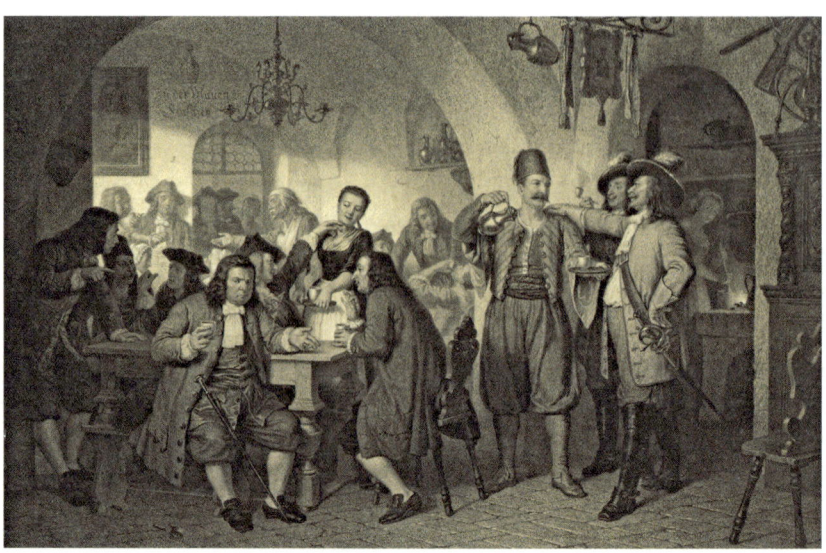

sich Favoritenstraße und jene Gasse, die nach ihm benannt ist, kreuzen.
Die Legende von Kolschitzky und den Anfang des Kaffeeausschanks
wurde 1783 verschriftlicht von Gottfried Uhlich. In seiner „Geschichte
der zweyten türkischen Belagerung Wiens", die zur 100. Gedächtnisfeier
erschien. Höchstwahrscheinlich war aber Kaffee für Wien damals nichts
völlig Neues. Das erste Privileg, ein Kaffeehaus zu eröffnen, wurde aber
tatsächlich nach der Belagerung ausgegeben, jedoch an einen Armenier:
Johannes Diodato. Im Jahr 1684 eröffnete er den ersten Kaffeeausschank
in seinem Wohnhaus, in der Rotenturmstraße 14.

Ein Prinz und seine Stadt

Wenn Krakau die Stadt Jan Sobieskis war, dann war Wien die Stadt von
Prinz Eugen. Am 11. September hatte der Prinz seine Wahlheimat zum
ersten Mal gesehen – noch im belagerten Zustand. Und einen Tag danach hatte Wien den späteren Feldherren und Barock-Protagonisten zerstört und devastiert empfangen. Lange hielt sich Prinz Eugen nicht auf, er
folgte den Osmanen in Richtung Ungarn. Bei der Entsatzschlacht selbst
konnte er noch nichts Entscheidendes beitragen. Im Pulk der Reiter wird
er wohl die Abhänge des Wienerwalds hinuntergeprescht sein. Das allein
hätte aber nicht gereicht dafür, dass seine Gebeine im Stephansdom lan-
den. Sein Herz hat es nach seinem Tod ohnehin nach Turin verschlagen.
In Wien erkennt man die Gruft von Prinz Eugen an der Prinz-Eugen-Ka-
pelle darüber. So viel Aufmerksamkeit im wichtigsten Gotteshaus des
Reiches? Dann hat man es als Feldherr wirklich geschafft. Natürlich half
auch eines bei all der Anerkennung und Ehrerbietung: die Gewohnheit
der Monarchie, ihre Feldherren retrospektiv und post mortem intensiv
zu verklären. Vor allem, wenn es in der jeweiligen Gegenwart nicht ganz
so rosig und denkwürdig lief.

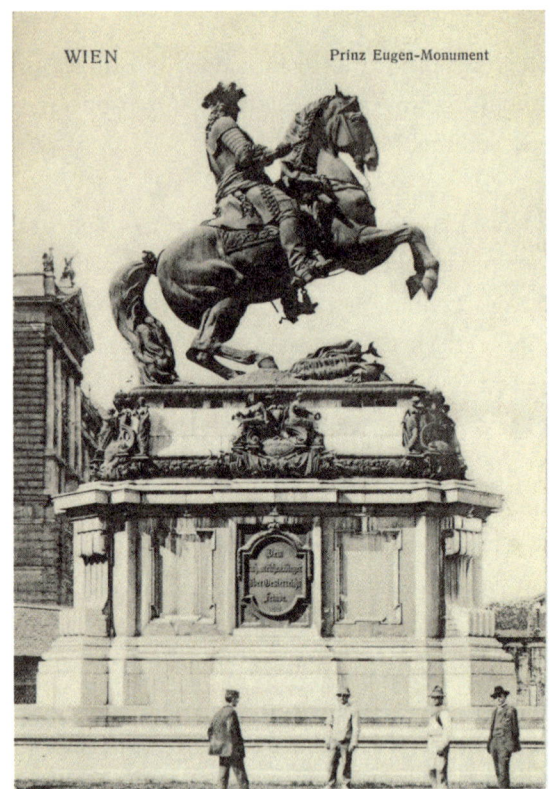

Was für eine Ehre: Prinz Eugen durfte inmitten des Habsburger Prunks als Denkmal Aufstellung nehmen am heutigen Heldenplatz.

In Österreich und somit auch in Wien hatte eine dieser Phasen wieder einmal in der Mitte des 19. Jahrhunderts eingesetzt. Gute Nachrichten von Kriegsschauplätzen kamen da fast ausschließlich aus der Vergangenheit. Die Katastrophen von Solferino 1859 etwa nahm man als Anlass, daran zu denken, dass alles auch mal besser lief. Militärisch vor allem. Kein Wunder also, dass es Erzherzog Karl war, der als Erster sein Denkmal bekam, auf dem Platz, der später „Heldenplatz" heißen sollte. Schließlich hatte genau dieser Mann 1809 die Franzosen ruhmreich bei der Schlacht bei Aspern besiegt. Und der Nächste, der dran war, hoch offiziell per Denkmal unter die Helden gereiht zu werden, war dann schon Prinz Eugen. Ab 1865 stand er Erzherzog Karl samt Pferd gegenüber. Kurz bevor das schon das nächste Debakel, die Schlacht von Königgrätz, an-

stehen sollte. Eine Extra-Ehre für Prinz Eugen, bis heute als einziger Nicht-Habsburger in der höfisch-habsburgischen Urzelle, der Hofburg, die Stellung halten zu dürfen.

Heute könnte der Prinz von dort mit der Straßenbahn zu seinem eigenen Schloss fahren. Die Linie D führt über den Ring, bis sie nach dem Schwarzenbergplatz schließlich in die eigentliche Prinz-Eugen-Achse einbiegt: Sie führt hinauf, entlang der Prinz-Eugen-Straße, entlang eines grünen barocken Keils in der dichten Stadt, bis zu jener Verkehrsader, die Prinz Eugen nichtwissend miterfunden hat, den Gürtel. Zuerst versteckt sich das Palais Schwarzenberg hinter Mauern, Bäumen und meistens hinter Baugerüsten. Und hätte nicht der Kabarettist Michael Niavarani etwas weiter hügelaufwärts und stadtauswärts das „Theater im Park" initiiert, würde das Grün Wien heute noch immer nicht tangieren. Dann, schon fast ganz oben angekommen, schiebt sich endlich das Schloss Belvedere von links in die Augenwinkel. Der Höhepunkt der Straßenbahnfahrt, vor allem topographisch. Und noch dazu unumstritten der bauliche Höhepunkt in der Biographie des Prinzen.

Aber es geht noch weiter, immer den Straßenbahnschienen nach. Da hallt „Belvedere" noch immer nach. Vor allem als Marketingname, den eine Schnellbahnstation gleich für sich beansprucht hat: „Quartier Belvedere" heißt das Stadtviertel hier, das sich auf der Anhöhe und in der Strahlkraft des Prinzen sonnt. Hier stellte der Stararchitekt Renzo Piano ein Wohnhaus mit Luxuswohnungen auf Stelzen. Auf dass die Bewohner eine ähnliche Aussicht genießen können wie Prinz Eugen von seinem Gartenpalais aus. Dazwischen liegt der Gürtel, ein sechsspuriges Hindernis. Eine Verkehrsschneise, die der Linie einer groß gedachten baulichen Schutzmaßnahme folgt: dem Linienwall. Die Idee dazu hatte Prinz Eugen in seiner Zeit als Hofkriegsrat. Neidische Zungen behaupten, dass er damit nicht nur Wien und seine Vorstädte schützen wollte,

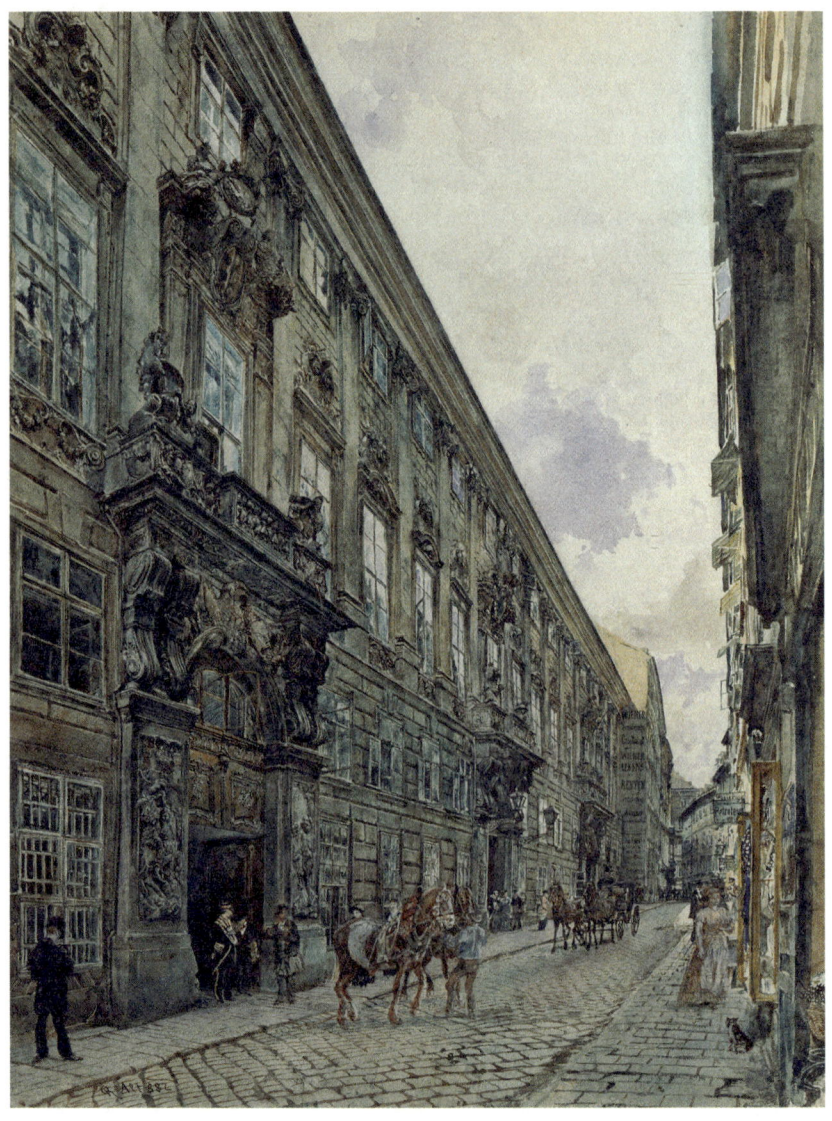

*Das Winterpalais von Prinz Eugen hatte ursprünglich
recht bescheiden begonnen: mit nur drei Fensterachsen
zur Himmelpfortgasse.*

sondern vor allem auch sein eigenes Schloss. Viel Gelegenheit hatte der Linienwall aber nicht, seinen Zweck zu erfüllen. Am ehesten, als sich die Kuruzzen, die ungarischen Aufständischen, anschickten, auf die Stadt zuzustürmen. Türken und Kuruzzen, beide zur gleichen Zeit ziemlich lästig und bedrohlich für Wien, Kaiser und seinen liebsten Feldherrn, Prinz Eugen. Seit jenen Tagen fluchte man in Wien deshalb auch gerne „Kruzitürken". In der Militärgeschichte der Stadt konnte sich der Verteidigungswall kaum beweisen. In der Stadtstruktur und im Stadtplan zeigen sich die 13 Kilometer Umgürtung noch heute umso deutlicher. Leopold I. ließ deswegen extra eine „Schanzensteuer" eintreiben, damit man sich seine Errichtung überhaupt leisten konnte. 1704 wurde schließlich mit dem Bau begonnen. Und alle Einwohner Wiens zwischen 18 und 60 mussten sich beteiligen.

Aber allein, dass diese Grenze zwischen innen und außen gezogen war, veränderte alles. Den Vorstädten gab sie die Sicherheit, die sie zum Blühen brauchten. Und den Adligen die Möglichkeit, sorgenfrei vor sich hin zu prunken und zu protzen, mit ihren Palais, ihren Sommerschlösschen und den barocken Gärten rundherum. Die Schwelle war lange eine bauliche. Heute ist es eher eine mentale, bei der sich das erstrebenswerte, coole, hippe, angesehene Wien von jenem Wien trennt, das erst cool, hipp, erstrebenswert werden muss. Die vielen Autospuren des Gürtels helfen natürlich auch nicht beim Überwinden, auch nicht von Vorurteilen. Trotzdem führt die Prinz-Eugen-Achse weiter, schnurstracks in den Schweizer Garten, am Wirtshaus „Klein-Steiermark" vorbei, an den Gartenzwergen des Kleingartenvereins auch, nur ein kleines Stück weiter noch, dann wird die Welt wieder groß. Und teilweise sogar ein wenig überlebensgroß.

Denn hier widmet sich ein ziemlich imposantes Bauwerk auch einer unsterblichen Erinnerung. An jene „Heldenzeit" der Habsburger, in der

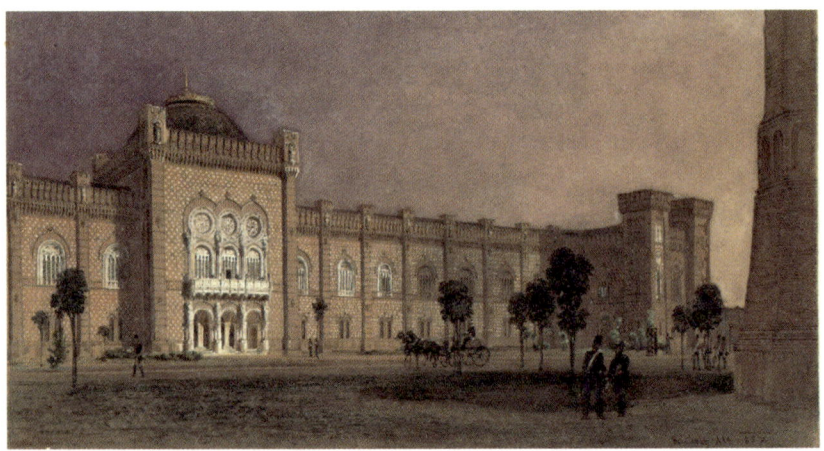

Die „Heldentaten" des Prinzen werden auch im Heeresgeschichtlichen Museum Wien ausgiebigst in Exponaten und Gemälden gefeiert.

sich Prinz Eugen so nachhaltig profiliert hat. Dort steht das Arsenal. Ein Koloss von einem Gebäudekomplex, aus 177 Millionen Ziegeln, gebaut vom Architekten Theophil Hansen. Eine architektonische Machtdemonstration. Und eine bauliche Reaktion auf das Revolutionsjahr 1848. Damals lief aus staatlich-militärischer Perspektive in Wien so einiges schief. Ein Ring aus Kasernen und Militärinfrastruktur sollte dafür sorgen, dass das sich nicht mehr wiederholt. Ein Gebäude des Arsenals beherbergt heute das Heeresgeschichtliche Museum. Es war auch das erste Gebäude der Stadt, das von Anfang an als Museum konzipiert und entworfen wurde. Im „k. k. Waffenmuseum" sollte die retro-verklärte habsburgische Kriegsherrlichkeit noch einmal ordentlich Auslauf bekommen, bevor sie nie wieder jemanden so richtig interessieren sollte.

Nicht wirklich aus Versehen ist das Museum architektonisch beinahe zur Kathedrale geraten. Wenn schon verherrlichen, dann mit allen Mitteln. Innen jedenfalls auch mit riesigen Gemälden und Skulpturen. Das

beginnt gleich nach dem Eingang in der Feldherrenhalle. Ein steinernes Klassentreffen der genialsten und erfolgreichsten Kriegsführer im Dienste der Monarchie richtet die Architektur dort aus. Prinz Eugen ist natürlich auch eingeladen, wenn nicht überhaupt „Ehrengast". Gleich gegenüber vom „Verteidiger Wiens", Ernst Rüdiger von Starhemberg, darf er stehen. Einen Stock höher verrät der Name „Ruhmeshalle" schon, dass der Gestus dort oben nicht unbedingt kleiner angelegt ist. Hier allein zieren 45 Deckenfresken die riesige Kuppel. Jedes Fresko zeigt eine Szene aus Schlachten, in denen die kaiserliche Armee siegreich war. Und gerade

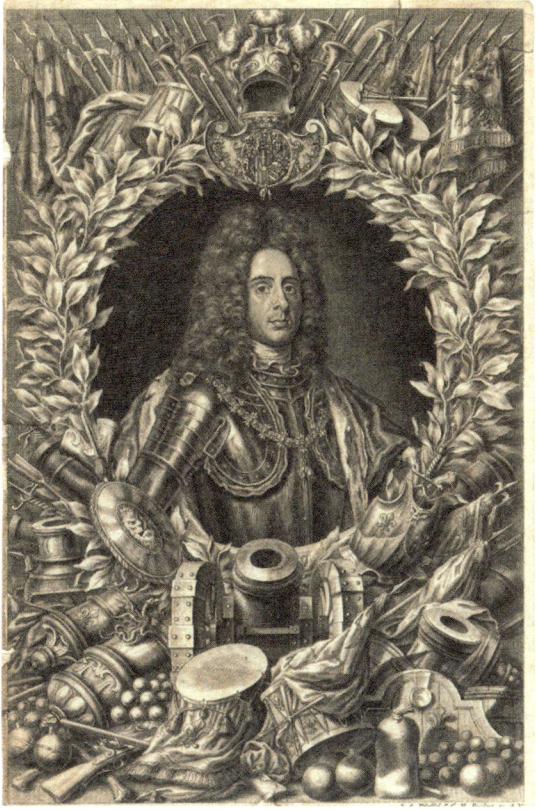

Prinz Eugen hat sich in dieser Auswahl mit einigen Beispielen aus den Türkenkriegen eingereiht. Etwa mit seinem Streifzug nach Bosnien im Jahr 1697. Oder mit der

Nicht sehr groß – 1,54 Meter heißt es – aber eine ganz schöne Größe: in der Stadtgeschichte Wiens – Prinz Eugen.

Schlacht bei Zenta 1697. Oder jener bei Turin 1706. Alles dabei. Und ein Ereignis ist natürlich omnipräsent in den verschiedensten Sälen und Räumen: Die Entsatzschlacht vom Kahlenberg. Ein anonymes Monumentalgemälde zeigt sie gleichsam in Cinemascope. Unter dem Glas der Vitrinen liegen diverse Prinz-Eugen-Gedächtnismedaillen. Auch das Bahrtuch seines Begräbnisses ist ausgestellt, wie auch sein Brustharnisch und sein Marschallstab. Genauso wie die Trauerdekoration, die bei der feierlichen Requiemmesse für Prinz Eugen verwendet wurde.

Doch bis zu seinem Requiem durfte viel Glanz, Ruhm, Ehre und Sonne den kleinen Prinzen, er war nur 1,54 groß, fluten. Und begonnen hatte alles mit diesem Tag, an dem natürlich auch die Sonne aufging. Irgendwie schien es aber, als würde sie diesmal extra für Wien und Prinz Eugen strahlen wollen. Er war dabei, als Sobieski in die Geschichtsbücher galoppierte, vom Kahlenberg herunter. Aber sein großer, unvergesslicher Auftritt war es noch nicht. Dieser sollte noch kommen. Und es sollte nicht bei einem bleiben. Militärisch auf den Schlachtfeldern genauso wie auf den Baufeldern des barocken Wiens. Prinz Eugen war Schlossherr – von Schlössern, die damals zu den schönsten ihrer Zeit zählen. Und er war vor allem Kriegsherr. Eine Inschrift in seiner Gruft behauptet sogar, er war der „Retter der Christenheit". Jedenfalls veränderte er Europa. Und er veränderte Wien. Allein dadurch, dass er dort lebte, einiges baute und beauftragte, Schlösser, Palais, Gärten, und dort einiges zusammentrug an Büchern, Kunstschätzen und barocken Spleens. Doch bis er damit den Hochbarock so richtig anfachen durfte, musste er noch ein wenig warten.

Die Osmanen waren zwar vertrieben, aber die Bedrohung noch virulent. Während Prinz Eugen durch Südosteuropa ritt und sein Portfolio mit erfolgreichen Schlachten aufwertete, füllten sich inzwischen die Lücken in der Innenstadt. Jene, die die Belagerung hineingerissen hatte. Oder auch jene, die man selbst schlug. Oft genug mit prächtigen

barocken Stadtpalais. Und vor den Stadttoren streuten die Adligen auch ihre Schlösser und barocken Gärten in die vielfach verbrannte Landschaft. Prinz Eugen war nicht bei den ersten dabei. Er musste Kriege führen. Und er brauchte Geld, das er anfangs noch nicht hatte. Doch das sollte kommen. Schließlich war er bald schon mit dem Habsburgerreich in seine ganz persönliche „Heldenzeit" eingebogen, eine Karriere, die ihn auch zum „Edlen Ritter" machte, zumindest in einem berühmten Lied. Sobieski und die Kurfürsten hatten die Schlacht um Wien gewonnen. Mit Prinz Eugen gewann das Habsburgerreich noch mehr: ganze Kriege und neue Territorien. Doch einer der größten Profiteure davon war Wien selbst: Die Stadt hatte auf einmal Selbstbewusstsein, Zukunft und Sicherheit gewonnen. Und noch dazu einen talentierten Feldherren und ausgefuchsten militärischen Strategen.

Schon als Leopold I. in Passau die Belagerung Wiens aussaß, hatte sich Prinz Eugen für spätere Aufgaben in Position gebracht, als er beim Kaiser vorstellig wurde. Damals war er nicht mehr als ein einfacher Freiwilliger in der kaiserlichen Armee. Ohne Geld, ohne Bleibe und ohne ein Regiment, dass er führen konnte. Doch er hatte ein paar Förderer mit Netzwerk. Das half. Am liebsten hätte er gleich den Befehl über ein ganzes Regiment gehabt. So schnell ging es dann doch nicht. Seine Reise führte ihn nach Wien und dann Schritt für Schritt zum „Reichsfeldmarschall". Auf seinem Weg fädelte er eine Heldentat nach der anderen auf. Und auch wenn man aus allem Verherrlichungsgestus die Luft rauslässt, bleibt wahrscheinlich wirklich genügend Gewichtiges übrig. Aber so, wie ein Buch aus dem Jahr 1915 behauptet, war es dann doch nicht. Denn darin führte Prinz Eugen ein Dragonerregiment in die Schlacht um Wien. Und befreite so nebenbei noch 200 Greise, Frauen und Kinder, die die Türken aus Perchtolsdorf verschleppt hatten. „Prinz Eugen, der edle Ritter" hieß das Werk von Hugo von Hofmansthal. Eher aus der Kategorie Märchen- oder Kinderbuch. Mehr Fiktion als faktenbasiert. „Dies war

das Jahr 1683, eines der dunkelsten und schicksalvollsten in Österreichs Geschichte, wie kein so dunkles und schicksalvoll wiedergekomen ist bis 1914", leitet der Autor ein. Rechtzeitig, als Motivationsschub für den Ersten Weltkrieg hatte Hofmansthal die Figur Prinz Eugen noch mal gehörig dramaturgisch zugespitzt. Nur er war der „Retter Wiens", Sobieski wird mit keinem Wort erwähnt. „An der Spitze dieses Regimentes ritt Eugen in der großen Schlacht, durch welche Wien gerettet und das Türkenheer vernichtet wurde von den Abhängen des Kahlenbergs herab auf den Feind ein", schummelte das Buch. Er trieb die Janitscharen auseinander, zwischen Zelten und umgestürzten Pulverwagen, brüllenden Viehherden und flüchtenden Türken. Danach hörte er das „Ave Maria" aus der Kehle von mehr als 100 knienden Menschen. Und dieses Bild, das Hofmannsthal und sein Illustrator, der sezessionistische Maler Franz Wacik, da zeichnete, das sickerte auch ein wenig in die kollektive Erinnerung Wiens. Hofmannsthal gehörte zu den Intellektuellen, die den Ersten Weltkrieg begrüßten. Er erhoffte sich nach einem Sieg eine neue kulturelle Blütezeit. Ähnlich jener Phase, die der vermeintliche Sieg von Prinz Eugen über die Osmanen bei Wien, eingeläutet hatte.

Wien und Prinz Eugen – zwei barocke Erscheinungen

Vieles, was Bücher, Legenden und manche Lieder so behaupteten, war Prinz Eugen mit Sicherheit nicht. Aber so einiges außer Feldherr war er trotzdem: etwa emsiger Kunstsammler, neugieriger Philosoph und stolzer Schlossherr. Er sammelte Bücher, beauftragte Künstler, legte Gärten an. Seine baukünstlerische Hinterlassenschaft bebildern die Ansichtskarten, die die Drehständer in den Souvenirshops Wiens füllen. Auf den barocken Habitus ließ sich der Prinz vollends ein. Nicht nur architekto-

nisch. Vor allem auch mit seinem teils absurden zeremoniellen Gehabe. Das definierte allein schon den Tagesablauf samt Routinen. In seinen ersten Tagen in Wien musste Prinz Eugen noch um einen Schlafplatz betteln. Ein paar Jahre später wachte er in den prunkvollsten eigenen Betten auf. Noch dazu im eigenen Schloss. Aber das war meist nicht nur einfach „aufwachen" und „aufstehen". Das was beinahe Akt von kosmischer Bedeutung. Als wäre er selbst die Sonne, die jetzt beschlossen hat aufzugehen. „Lever" hieß das im Zeremoniell, das etwa auch Ludwig XIV. ziemlich ausgiebig angelegt hatte. Der Unterschied zum Sonnenaufgang: Das „Lever" dauerte deutlich länger. Bis Mittag hatte Prinz Eugen, in Zeiten, als er schon das Stadtpalais bewohnte und kein dringender Krieg anstand, ohnehin meist nichts Besonderes vor. Andere sagten ihm wiederum einen anderen Rhythmus nach: Dass er schon zu Mittag wiederum fertig war mit der Arbeit.

Das Schloss Belvedere thront noch heute auf einer Anhöhe über der Stadt: ein Meisterwerk barocker Palastarchitektur.

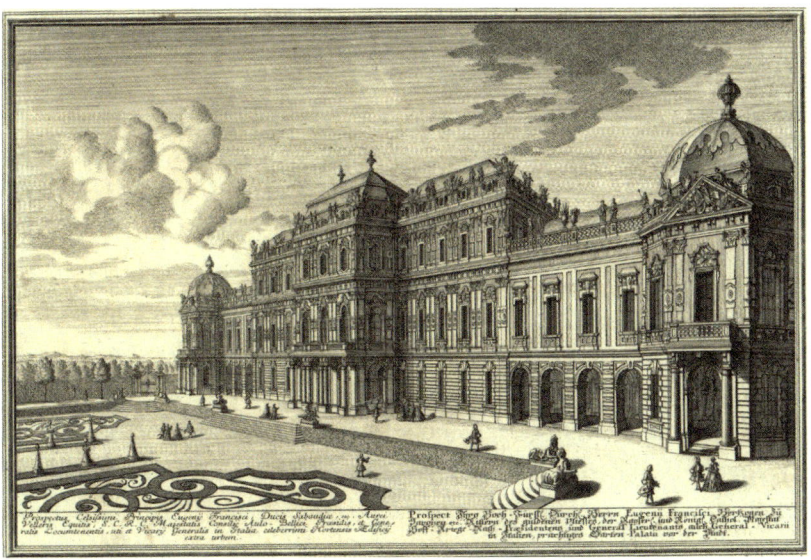

Ziemlich beschäftigt haben ihn auch seine Immobilien. Vor allem, dass sie so prächtig ausfallen, wie sie heute noch in Wien stehen. Er bereicherte Wien mit Architekturjuwelen, befüllte sie mit Perlen der Kunst und Wissenschaft, bestückte seine Menagerie und seinen botanischen Garten mit exotischen Spezies. Dafür aktivierte er regelmäßig sein internationales Netzwerk. Doch am effektivsten ließ sich der Barock dann doch mit Architektur zelebrieren. Das wusste auch Prinz Eugen und wurde zu einem der prägendsten Bauherren Wiens in seiner Zeit. Dafür beauftragte er die renommiertesten Künstler und Architekten. Für das Untere und Obere Belvedere etwa den Barockarchitekten Johann Lucas von Hildebrandt. Doch begonnen hatte seine barocke bauliche Präsenz in der Stadt mit einem anderen: Johann Bernhard Fischer von Erlach hatte er angeheuert, als er endlich 1694, genügend Geld beisammenhatte. Um fleißig mitzuprunken mit den anderen Adligen.

Die Adresse dafür war die Himmelpfortgasse. Nur drei Fensterachsen, so schmal war das Haus ursprünglich, als es Prinz Eugen kaufte, mit 31 Jahren, da war er bereits Feldmarschall. Und für jemanden in dieser Position waren drei Fensterachsen im Stadtbild ganz schön wenig. Deshalb erwarb er auch die Nebengebäude und ließ die Liegenschaft zu einem prachtvollen Palais umbauen. Darin tragen vier kolossale Atlanten eine Prunkstiege, und der Saal, in dem die Besucher auf ihre Audienz warteten, war voller Schlachtenbilder. Historische Momente waren auf ihnen in Öl eingefroren, so konnten die Wartenden auf sich wirken lassen, was der Prinz so geleistet hatte: Zenta, Höchstadt, Cadan, Turin, Oudenaarde, Malplaquet, Belgrad. Jacques Igance Parrocel, der Maler, hatte keine Höhepunkte ausgelassen. Und während man so wartete, wurde man selbst immer kleiner, bis irgendwann dann doch die Tür aufging, zur Audienz mit dem Prinzen, der selbst nur 1,54 groß war.

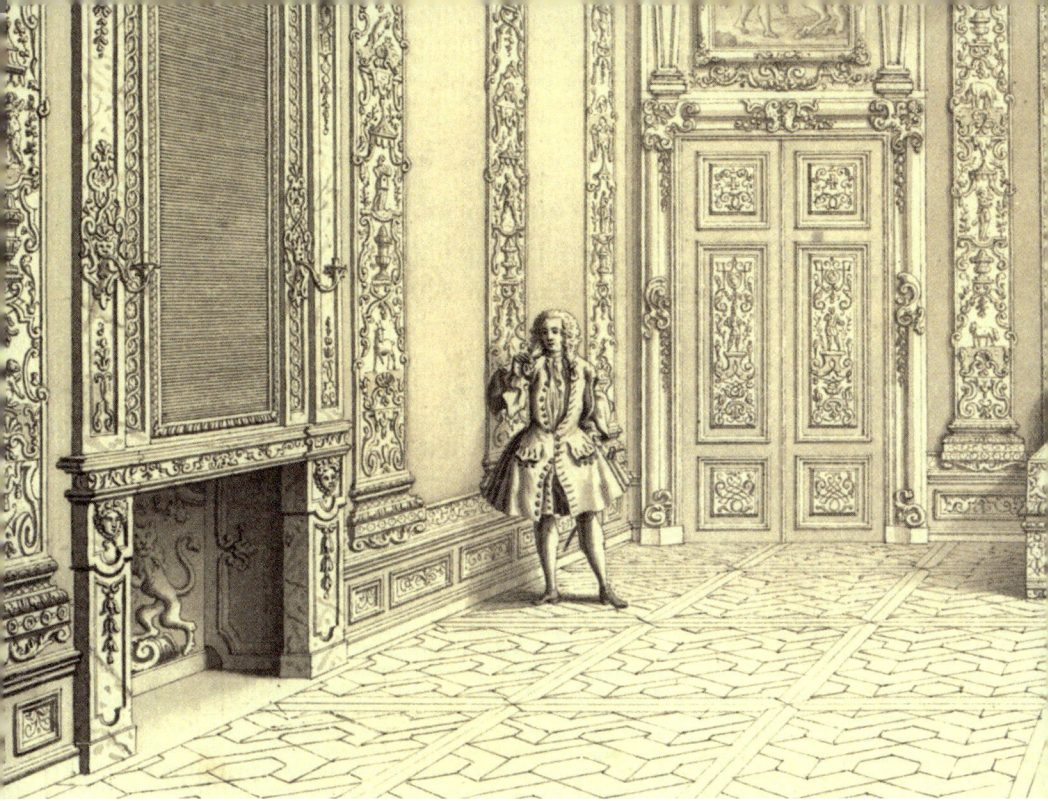

Das Aufstehen konnte im prachtvollen Schlafzimmer des Stadtpalais schon zur Zeremonie geraten.

In der zweiten Bauperiode des „Winterpalais" hatte ein anderer Stararchitekt schließlich die Agenden übernommen: Johann Lucas von Hildebrandt. Er fügte dem Gebäude einen fünfachsigen Trakt hinzu. Er sollte auch der riesigen Bibliothek von Prinz Eugen mehr Platz verschaffen. Aber das Winterpalais war noch nicht einmal fertig, da brauchte auch der Sommer einen angemessenen Ort zum Verweilen. Ein Gartenpalais sollte es sein. Das Grundstück hatte Prinz Eugen schon 1697 gekauft. Gleich neben dem Anwesen von Heinrich von Mansfeld, auf dem später das Palais Schwarzenberg entstehen sollte. Dieses zeichnete sich im Jahr 1704 erst als Rohbau in der Landschaft ab und war noch gar nicht im Besitz der Fürstenfamilie Schwarzenberg, als die Schaufel und Spaten begannen, den Hügel in der Nachbarschaft zu terrassieren. Das Projekt

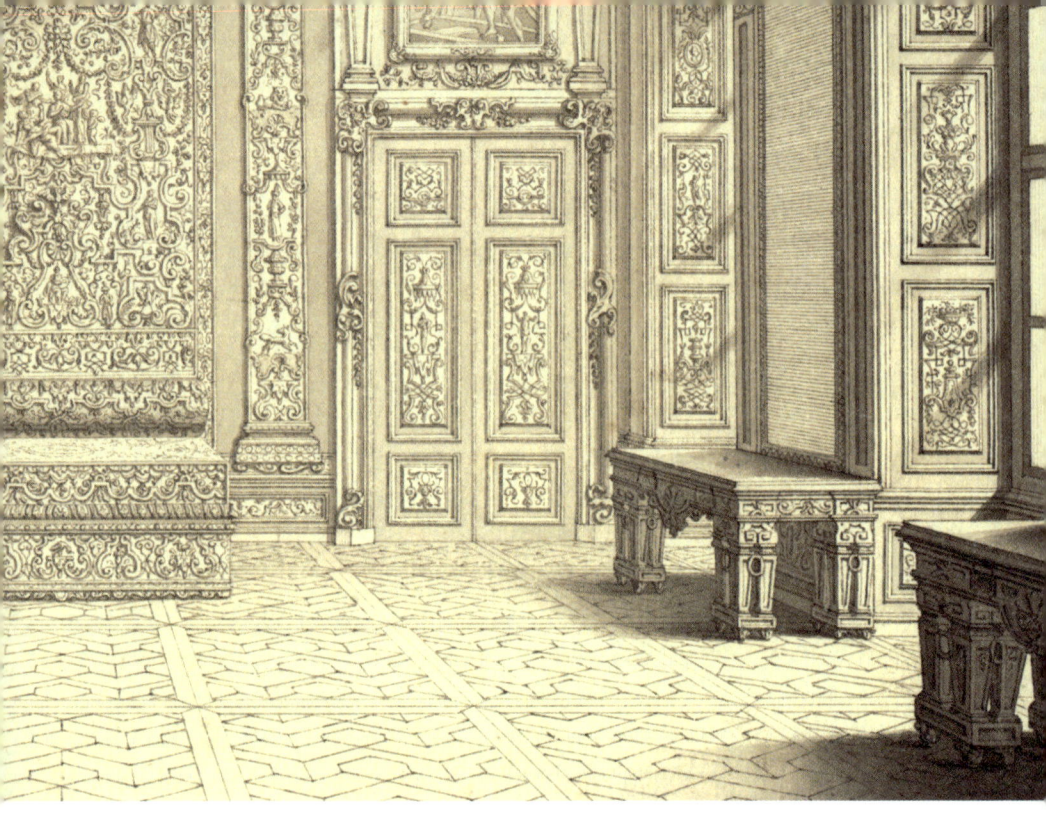

„Belvedere" war angelaufen, anfangs als beeindruckendes Stück barocker Landschaftsarchitektur. Dafür engagierte Prinz Eugen Dominique Girard, der in seiner Referenzliste auch den Garten des Schlosses Versailles vorweisen konnte. Auch Wasserbassins zu bauen, wurde ihm aufgetragen. Ein paar Jahre später, 1712, wurden für das Untere Belvedere die ersten Steine gesetzt, Lucas von Hildebrandt übernahm die Planung. Als 1714 endlich der Spanische Erbfolgekrieg beendet war, hatte der Prinz wieder Luft, um an Baukunst zu denken statt an Weltpolitik. Doch diese gönnte ihm nur zwei Jahre Verschnaufpause. Dann musste er seine geliebten Gärten wieder verlassen. Wieder waren es die Osmanen, die ihn aus seiner Idylle herauszwangen. Der Frieden von Passarowitz setzte einen Schlussstrich. Endlich war es Zeit, unbeschwerter barocker

Bauherr zu sein. Denn dem Garten fehlte noch etwas, ein krönender Abschluss, ein Repräsentationsgebäude. Ein Job, wie gemacht für seinen späteren Lieblingsarchitekten Hildebrandt. Dieser bedankte sich für das Vertrauen mit einem barocken Meisterwerk. 1723 wurde das Obere Belevedere vollendet. Und mit diesem architektonischen Schlussstein hat Prinz Eugen nicht nur die Stadtlandschaft Wiens, sondern auch die Wahrnehmung der Stadt für immer grundlegend verändert.

Seine Architekturjuwelen hat Prinz Eugen laufend mit Kunstschätzen befüllt. Viele davon sind Wien später nach seinem Tod abhandengekommen, haben sich über die Welt verstreut. Das lag auch daran, dass sich kein Nachkomme ihrer annahm. Denn Prinz Eugen hatte keinen. Und ein Testament auch nicht. So fiel das ganze Vermögen, inklusive der Schlösser und der Palais, seiner Nichte Viktoria von Savoyen-Soissons zu. Leider erwies sich die Erbin als deutlich weniger kunst- und feinsinnig als ihr Onkel. Sie verscherbelte, was sie sie konnte. Die Gemäldesammlung etwa landete in Turin. Zum Glück konnten die Habsburger doch einiges auch in Wien halten. Etwa die riesige Bibliothek und Kupferstichsammlung. Als „Bibliotheca Eugeniana" ist sie mit 15.000 Druckschriften und 2400 Handschriften in die Hofbibliothek Wiens eingegangen, 1737 hatte sie nämlich Kaiser Karl VI. erworben. Dort zählt die Sammlung noch heute zu den größten Schätzen und sind im Prunksaal ausgestellt, in Leder gebunden und mit goldgepresstem Wappen. Die Immobilien in Wien sicherte sich netterweise Maria Theresia: 1752 kaufte sie das Schloss Belvedere, das Schloss Hof und das Schloss Niederweiden. Und auch das Winterpalais. Dieses erfüllte seit damals eher offizielle und staatliche Aufgaben. Hier war die „Hofkammer" untergebracht, dann war es Finanzministerium, dann kurzfristig Ausstellungsort, heute nutzt es wieder das Finanzministerium.

2.

Herrscher, Hoheiten und Habsburger

Wien und der mächtige Wille, der es formte

Was formte Wien? Menschen mit Macht, Einfluss und genügend Geld. Dazu gehörten Kaiser zum Beispiel. Insbesondere, wenn sie Kaiser des Heiligen Römischen Reiches deutscher Nation waren. So einige von ihnen waren auch in Wien umtriebig, wälzten große Pläne mit ihrer Residenzstadt. Der eine mehr. Der andere weniger. Je nachdem, was sie sonst noch an höchst dringenden Dingen auf ihrer Agenda stehen hatten. Etwa rechtzeitig einen Ehepartner zu organisieren. Das war ja im 17. Jahrhundert noch eine eher interne Familienangelegenheit. Und überhaupt musste man sich als Kaiser in jener Ära recht viel um sich selbst kümmern, um das eigene Erbe, um das zukünftige Erbe, darum, dass überhaupt auch Erben da sein würden, wenn man sie braucht. Dabei blieb vor lauter Multitasking manchmal nicht so viel Aufmerksamkeit über für die Stadt, von der aus man alles zugleich im Griff haben sollte.

Noch dazu hatte man im Normalfall Feinde. Die externen, die ärgerten den Kaiser im 17. Jahrhundert ständig. Besonders penetrant gerierten sich in dieser Rolle natürlich die Osmanen. Denn so unbedingt wollten sie in Mitteleuropa eine Rolle spielen. Und sie ließen nicht locker. Schon Jan Sobieski musste sich in Polen mit ihnen herumschlagen, lange bevor er stolz nach Wien reiten durfte, um dort seinen Job zu erledigen. Und der

Kaiser jener Zeit, Leopold I., war natürlich auch ständig beschäftigt mit den Osmanen, wie in Kapitel 1 bereits beschrieben. „Türkenpoldi" hat man ihn auch genannt. Das klingt irgendwie nach dem Titel einer Wiener Tatortfolge, war aber des Kaisers Spitzname im Volk. Noch dazu war er nicht ausschließlich wohlwollend gemeint. Bezwungen hat er ja die Osmanen selbst nicht. Das musste und wollte er anderen überlassen. Zu tun hatte er trotzdem ausgiebig mit ihnen. In 41 Dienstjahren als Kaiser, fast ein Rekord, hakte er einiges ab, was sich auf der Agenda des Heiligen Römischen Reiches und der Habsburger angesammelt hatte. Er war Krisenmanager bei ziemlich vielen Katastrophen, die über die Residenzstadt Wien hereinbrachen. Es gab dankbarere Zeitpunkte, um Kaiser zu sein. Jene, in denen nicht ständig die Pest drohte, die Osmanen vor der Tür standen oder sich die ungarischen Aufständischen besonders aufständisch gebärdeten. Unter der Regie des Anführers der Kuruzen, Emmerich Thököly, nutzten sie jede Gelegenheit, die Habsburger in Wien zu provozieren. Er

Der „Leopoldinische Trakt" der Hofburg sagt bereits im Namen, wem er zu verdanken ist.

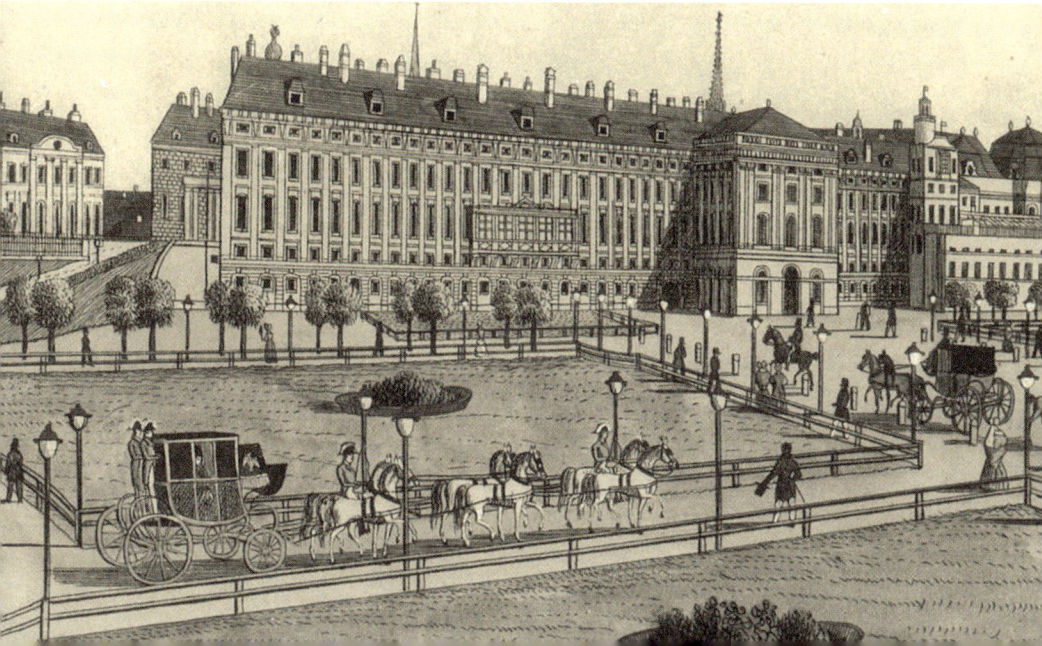

war einer der Gründe, warum Prinz Eugen als Hofkriegsrat den Linienwall für Wien vorgeschlagen hatte. Sie blieben lästig. Und verbündet mit den Osmanen hatten sie sich noch dazu. Leopold I. selbst war gleichzeitig schwer beschäftigt, die richtigen Allianzen zu schmieden. Und Ludwig XIV. gab auch keine Ruhe. Allein dadurch, dass er Ludwig XIV. war. Und dort drüben in Versailles eskalierte gerade das Hofzeremoniell. Da wollte das Kaiserhaus in Wien auch nicht groß nachstehen und legte alles gleich noch einmal höfischer und barocker an. Allein aus Eitelkeit.

„Türkenpoldi" und Barockkaiser

Dabei wollte Leopold I. ja gar nicht Kaiser werden. Seine Familie und er selbst hatten einen anderen Karriereweg im Sinn. Aber so gottesfürchtig wie er war, wusste er natürlich: Man kann es sich nicht immer aussuchen. Und da sein Bruder so früh starb, war eben er als Kaiser dran. So wurde aus Wien auch ein Leopold-Wien. Namentlich lässt sich dies an einigen Stellen der Stadt ganz direkt ablesen. An nicht ganz unwichtigen Toponymen im Stadtplan etwa. Die „Leopoldstadt", die spricht für sich. Der „Leopoldsberg" auch. Der ja ohne Zutun von Leopold I. ja noch immer Kahlenberg heißen würde. Weil der Kaiser dort eine Kapelle stiftete, ließ man die Karten des Wienerwaldes neu beschriften. Überhaupt hatte es das „Stiften" dem Kaiser angetan. Es gehörte zum regelmäßigen Ritual. Vor allem bei drohendem Unheil. Und das kündigte sich in diesen Zeiten regelmäßig an. Wenn es dann doch nicht so schlimm ausging wie befürchtet, musste man natürlich seine Dankbarkeit gerecht verteilen. Also vor allem an Gott. Die beliebte Methode Leopold I. im Krisenmanagement bestand also darin, Gelübde abzulegen. Die löste er ein, sobald sich das Unheil verzogen hatte. Die Pest war so ein Fall. 1679 nahm sie Wien in die Mangel. Und die Pestsäule war die Konsequenz davon.

Auch wenn manchmal die Maxime „Mir genügt, wie Gott es fügt" sein Handeln anleiten mochte, einige Dinge, die Wien verändert haben, hat Leopold I. dann doch selbst in die Hand genommen. Oder in Gang gesetzt, initiiert und auf den Weg gebracht. Dementsprechend oft wurde der Name Leopold in diverse Gedenktafeln eingemeißelt. Und auch wenn nur ein Teil Wiens schließlich hoch offiziell „Leopoldstadt" wurde, eine Zeit lang schien ganz Wien irgendwie „Leopoldstadt" zu sein. Leopold I. hatte lang genug regiert, um Eindruck zu hinterlassen – ein Berg, eine Vorstadt, ein Trakt der Wiener Hofburg, der Leopoldinische Trakt – der Kaiser hinterließ Spuren. Seine Regierungszeit war lang genug dafür. Die Musen standen ihm überhaupt näher als das Militär. Er komponierte Oratorien, dirigierte. Mehr als 100 Werke. Er war Mäzen, förderte Kunst und Wissenschaft. Und organisierte für Wien das entscheidende Entsatzheer.

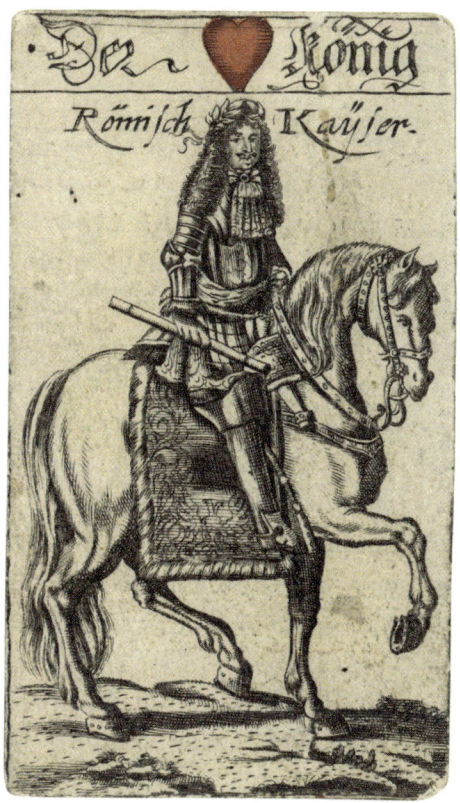

Zögerlich oder besonnen: Beides wurde von Kaiser Leopold I. behauptet. Hier abgebildet auf einer Spielkarte.

Aber bevor er so viel Einfluss nehmen konnte, musste er erst einmal Kaiser werden. Das war ja gar nicht so vorgesehen. Eher ein anderes Berufsfeld schwebte ihm vor: Priester. Damit hätte er sich eher arrangieren können. Und schon als Kind deutete vieles in diese Richtung. Da soll er explizit nach mehr Religionsunterricht verlangt haben. Eine halbe Stunde pro Tag war ihm nicht genug. Seine Geschwister nannten ihn „Pfäfflein". Wahrscheinlich wäre er ein Priester geworden, wenn nicht sein älterer Bruder, der älteste Sohn von Kaiser Ferdinand III., so plötzlich das Zeitliche gesegnet hätte. Das war 1654. Leopold musste als Thronfolger einspringen. Schnell musste man dafür noch die entsprechenden Voraussetzungen und Tatsachen schaffen. Also: Zum König von Ungarn krönen lassen. Check! Zum König von Böhmen krönen. Check! Dann konnte er 1658 Deutscher Kaiser werden. Und als solcher hatte er eine ziemlich lange To-Do-Liste: Macht ausbauen, Macht erhalten, Macht demonstrieren. Bei dem Jobprofil war der Tag schnell um. Doch für alles, was er tat, war ja seinem Verständnis einer zuständig: Gott. Auch dafür, was mit Wien passierte. Oder wen er heiraten sollte. Das konnte man aus Machterhalt schon gar nicht selbst entscheiden.

Weitsichtige Beschlüsse machten damals Kaiser berühmt. Nicht das Aussehen. Denn dafür ist Leopold I. zwar auch bekannt geworden, aber nicht unbedingt im positiven Sinne. Seine Lippe galt als berüchtigt. Charakteristischer hat sich das physiognomische Merkmal, das als typisch habsburgisch gilt, bei kaum einem Herrscher abgezeichnet. „Eine große vorhangende Lippe", schrieb demnach auch Gottlieb Eucharius Rinck in einer der ersten Biographien. Das hielt aber nicht vom Heiraten ab, genauso wie der „Skorbut, der seinen Zähnen zugesetzt hatte", wie der Biograph feststellte. Geheiratet musste werden. Vor allem, wenn man in so ein lästiges Fernduell geraten war mit Ludwig XIV. Der hatte scheinbar sogar beim Um-die-Hand-Anhalten das glücklichere Händchen, er durfte die ältere Tochter von Spaniens Philipp IV., Maria Theresia,

heiraten. Da blieb für Leopold I. nur die jüngere Infantin, Margarita Theresa. Verwandt war man ja ohnehin schon miteinander. Die Braut war nicht nur Braut, sie war auch Cousine und Nichte von Leopold I. Alles zugleich. Margarita Theresa soll ihren Mann auch in der Ehe „Onkel" gerufen haben. Er rief „Gretl" zurück.

Vor der Hochzeit hielt der spanische Hof den Wiener Hof auf dem Laufenden. Deshalb fertigte der Maler Diego Velazquez auch regelmäßig Porträts an von jener Frau, deren Schicksal es war, die Frau Leopolds I. zu werden. Mit drei, fünf und acht Jahren. Sie gehören heute zur Sammlung des Kunsthistorischen Museums in Wien. 1666 musste Velazquez keine Bilder mehr schicken. Denn es war Zeit für die Hochzeit. Die Infantin wurde 15 Jahre alt. Verlobt waren sie sowieso schon drei Jahre. Der Weg der Braut von Madrid nach Wien war deutlich mehr als nur eine Reise. Es war ein monatelanger, dramaturgisch geplanter Festakt. Auf dem Programm standen Jagdpartien, Theateraufführungen und Konzerte. Und als die junge Infantin Wien erreichte, hatte man ihr längst eine Oper komponiert und ihr ein Pop-up-Opernhaus aus Holz nahe der Hofburg bauen lassen. Damit man das Stück auch gebührend aufführen konnte. Ach, Barock! Der Zweck von alledem: Europa sollte gefälligst staunen. Und darum flogen noch mehr Kanonenkugeln und Feuerwehrraketen bei jeder Gelegenheit. Als schließlich die zigste Triumphpforte auf dem Weg nach Wien durchschritten war, sich die Pferde schon wieder zum „Rossballett" getroffen hatten, wusste die Welt: Viel barocker kann man kaum heiraten. Nach der langen Hochzeitsfeier war die Ehe vergleichsweise kurz: Sechs Ehejahre, in denen Margarita Theresa sechs Kinder gebar. Doch nur eines wurde erwachsen, ihre Tochter Maria Antonia. So verbrachte Margarita Theresa ihre Ehe in ständiger Trauer. Und als sie nach der Geburt ihres sechsten Kindes starb, war sie kaum 21 Jahre alt. Danach heiratete Leopold noch zweimal.

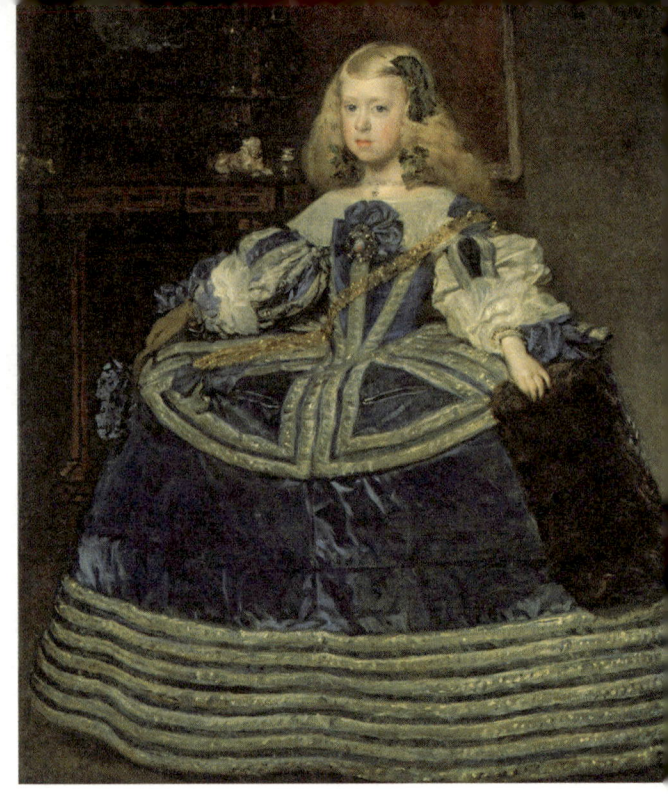

Als sie Diego Velazquez porträtierte, war sie noch „unschuldig": die spanische Infantin Margarita Theresa, die spätere Frau von Leopold I.

Von der „Judenstadt" zur „Leopoldstadt"

Margarita Theresa selbst hat aber auch Einfluss genommen, als Zuflüsterin bei ihrem Ehemann, dem Kaiser. Denn auf ihrer langen pompösen Reise quer durch Europa hatte sie auch ein paar Haltungen im Gepäck, mit denen sie aufgewachsen war. Nämlich ziemlich ausgeprägte Vorbehalte und Vorurteile gegenüber Juden. Und diese kulminierten, als das Schicksal das Kaiserhaus besonders energisch durchschüttelte. Margarita Theresa verlor zum wiederholten Male ein Kind. Und die Gemächer der Kaiserfamilie, im Leopoldinischen Trakt der Hofburg, fingen Feuer. Wenn das kein Zeichen war für die Heimtücke der Juden! Oder zumindest ein Strafe Gottes. In der Welterklärungslogik der

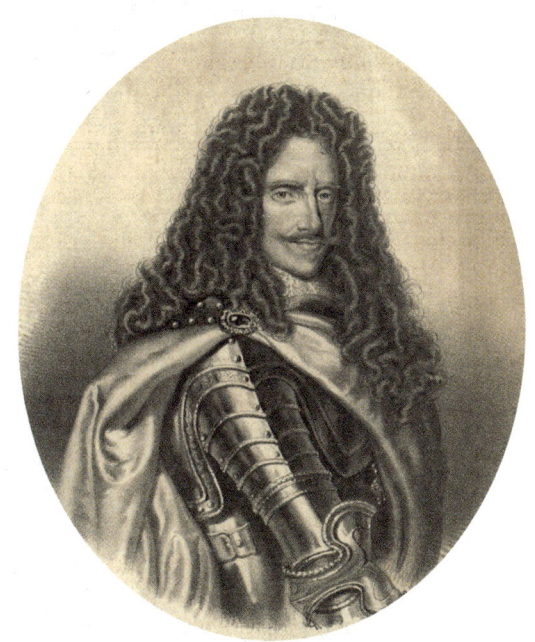

Leopold I. besaß einige Merkmale eines Habsburger-Kaisers.
Auch körperliche gehörten dazu. Stichwort „Lippe".

Kaisergattin war beides möglich. Und das hatte Konsequenzen. Für Wien. Und vor allem für die Juden, die bis dahin in Wien oder eher vor Wien, gelebt hatten.

Pest, Osmanen, rebellische Ungarn – das beschäftigte Leopold I. Aber zu Hause noch ein Thema: die Juden. In der Stadt selbst hatten sie ohnehin kaum etwas verloren, es sei denn sie waren Händler, aber zumindest vor der Stadt durften sie unter sich bleiben. In ihrem Ghetto. Doch irgendwann nicht einmal mehr das. Sie mussten gehen, weil es Leopold I. so verfügt hatte. Danach konnte die ehemalige „Judenstadt" die „Leopoldstadt" werden. Dass alles so eskaliert, damit hätte man ein paar Jahrzehnte davor nicht gerechnet. Es war doch alles ziemlich glatt gelaufen, das Verhältnis zwischen Juden und den Habsburgerherrschern

ab Mitte des Jahrhunderts war ziemlich gut. Ferdinand II. hatte für die
Juden ein Ghetto anlegen lassen, zwischen der heutigen Tandelmarktgasse,
Große Sperlgasse, Kleine Pfarrgasse und Taborstraße. Wien schien sich
endlich arrangiert zu haben mit der jüdischen Community. Und als auch
der nächste Herrscher, Ferdinand der III., dem Projekt „Judenstadt" wohl-
gesonnen schien, dachte man schon zaghaft an eine florierende Zukunft.
Dort auf dieser Insel, die man „Untere Werd" nannte, mittendrin zwischen
verschlungenen Donauarmen. Nur ein einziger Weg führte hinüber –
über die „Schlagbrücke". Sie hieß so, weil man dort lange Zeit die Tiere
geschlachtet hatte. Das Donauwasser spülte den Gestank und das Blut,
das dabei anfiel, gleich wieder weg, was praktisch war. Und jenseits dieser
Brücke begann die „Judenstadt" ab 1625 recht stattlich anzuwachsen. Zu
einer selbstbewussten und funktionierenden Community.

Der nächste in der kaiserlichen Reihe war Leopold I. Auch er hatte
kaiserlichen Schutz zugesagt. Die Juden bedankten sich für die Gunst,
etwa indem sie mithalfen, die Stadtbefestigungen zu verstärken. Der
Kaiser revanchierte sich wiederum mit dem Versprechen, dass sich auch
die Juden hinter der Mauer in Sicherheit bringen dürften. Aber den
Bedarfsfall erlebten sie in Wien nicht mehr. Denn als die Osmanen
heranrückten, waren die Juden längst gegangen.

Schon 1665 war die Stimmungslage den Juden gegenüber gekippt.
Eine Frauenleiche wurde in einem Brunnen des Ghettos gefunden. Der
Kaiser musste 300 Musketiere schicken, um Lynchjustiz zu verhindern.
Denn für die Wiener Bevölkerung standen die Schuldigen längst fest.
„Unentladen zog das Gewitter vorbei, doch die Spannung verdichtete
sich", schrieb David Kaufmann in seiner Schrift „Die letzte Vertreibung
der Juden aus Wien und Niederösterreich" im Jahre 1889. Die antijüdi-
sche Stimmung spitzte sich zu. Und das nicht von ungefähr. Schließlich
hatten alle möglichen Medien über Jahre dasselbe Gift gestreut: Die
Juden seien schuld. An so gut wie allem. Lieder, Kupferstiche, Schmäh-

und Spottschriften und die Kaisergattin Margarita Theresa waren sich darin einig. Und als der Kronprinz des Kaiserhauses mit nur drei Monaten starb, die Hofburg brannte, der Pöbel hetzte, die Kaisergattin einflüsterte, setzte Leopold I. den zwangsläufigen Schritt: Er richtete eine Kommission ein. Sie sollten abwägen, wie mit den Juden zu verfahren sei. Und schließlich war auch das Ergebnis klar: Die Juden müssten Wien und Niederösterreich verlassen. 136 Häuser, in denen 2000 Menschen gewohnt hatten, wurden 1670 beschlagnahmt. Ihre Bewohner mussten fort, egal wie alt und krank sie waren. Leopold I. ließ die Synagoge abreißen, an ihrer Stelle die Leopoldskirche bauen. Und die ehemalige Judenstadt, der „Untere Werd", wurde in „Leopoldstadt" umbenannt.

Die Juden waren also vertrieben. Aber auch ohne sie stand das nächste Unheil bald wieder vor den Stadttoren. Diesmal war es die Pest. Der Kaiser und seine Familie verließen Wien. Natürlich nicht, ohne mindestens zwei Gelübde zurücklassen, um mit Gottes Hilfe das Unglück von der Stadt abzuwenden. Aus einem Gelübde resultierte später der Bau der Pestsäule am Graben. Und das andere legte Leopold I. am 9. August 1679 ab, am Weg hinaus aus der Stadt in Richtung Prag. Da kam er am Kahlenberg vorbei, nutzte die Gelegenheit für ein weiteres Gelöbnis, nämlich, an dieser Stelle eine Kapelle zu stiften. Lange hat sie nicht überdauert, gleich 1683 wurde sie von den Osmanen niedergebrannt. Aber Leopold I. ließ sie wiederaufbauen und 1693 dem Heiligen Leopold weihen.

Augenfälliger hat sich aber das andere Versprechen in Wien verewigt, nämlich direkt in der Innenstadt, am Graben. Die Pestsäule zeigt Leopold I. so wie er war: extrem gottesfürchtig. In seiner typischen Haltung, kniend, betend, in demutsvoller Haltung, den Blick zum Himmel gerichtet. Ohne Gott geht gar nichts, auch nicht für den obersten Krisenmanager des Reiches. Auf der „Gnadensäule" vom Typ „Dreifaltigkeitssäule" stapeln sich drei gestalterische Abschnitte übereinander. Im

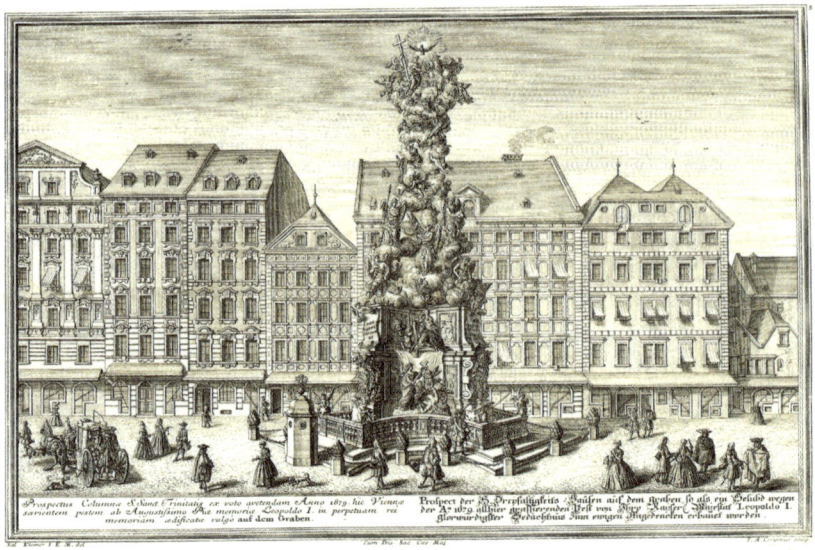

Mit der „Gnadensäule" am Graben, besser bekannt unter „Pestsäule",
hat Leopold I. eines seiner Gelübde eingelöst.

unteren Drittel, auf der Erde, kniet der Kaiser. Darüber zeigen sich schon
die Engel, gleichsam als Vermittler zwischen den Welten. Die ganze
Säule ist hoch konzentrierter Barock, auf 21 Meter Höhe ist gestalterisch noch ziemlich viel los. Denn eine plastische Miniaturwelt musste
schließlich darauf theatralisch die Ereignisse schildern. Die Synopsis
davon: Die Frömmigkeit und Fürbitte des Kaisers wendete die Pest und
die Osmanen, beides natürlich Strafen Gottes, von der Stadt ab. Die
Pestsäule, auch ein Denkmal, das die tiefreligiöse Haltung des Kaisers
dokumentiert. Er selbst, als Auftraggeber, hinterließ auch Worte, direkt
an den Himmel gerichtet: „Ich Leopold I., dein demütiger Diener, ich
danke dir so sehr ich nur kann, dafür, dass im Jahr 1679 durch deine
höchste Güte die unheilvolle Pestseuche von dieser Stadt und dem Land
Österreich abgewendet wurde." Das Ganze in Latein natürlich.

Gut, die Pest war abgehakt. Jetzt war die nächste Katastrophe dran. Sprich: Die Osmanen und die Belagerung Wiens, die sich anbahnte. Die kaiserliche Familie suchte wieder das Weite, diesmal zog sie nach Passau. Später wartete Leopold I. in Dürnstein die Geschehnisse ab. Doch kaum war die Stadt befreit, betrieb der Kaiser ihren Wiederaufbau. Schon zuvor hatte er das eine oder andere barocke Zeichen in der Stadt gesetzt. Aber Leopold I. war eher Barockkaiser, was seinen Lebensstil betraf, nicht so sehr, was die bauliche Hinterlassenschaft für Wien anbetraf. Natürlich hatte er vor all den Katastrophen schon frühbarock eingewirkt auf das Stadtbild. Allein, indem er Filiberto Lucchese beauftragte, die Hofburg zu erweitern. Ein zusätzlicher Trakt sollte es sein, der die Amalienburg mit dem Schweizerhof verbindet. Er wurde 1666 vollendet. Leider brannte er gleich wieder ab. Und danach war Leopold ohnehin beschäftigt, diverse Gelübde einzulösen. Siehe Pest. Und siehe: Pestsäule. Der barocke Baustil hatte inzwischen auch ohne den Kaiser deutlich eingeschlagen in Wien, im künstlerischen Bewusstsein genauso wie in der Bausubstanz. Aber natürlich auch im Alltagsleben der Wiener, die in der Innenstadt immer öfter an Palais statt an Bürgerhäusern vorbeigingen. Aber das Barocke, das war natürlich zuvorderst eine Angelegenheit des Adels. Als Lebensstil, den man „barock" anlegen konnte, wenn man wollte. Und als Architektur, mit der die Baukunst ganz neue Ausdrucksformen für sich in Anspruch nahm. Leopold I. verließ sich da lieber auf andere Kanäle. Auf Opernaufführungen, die er inszenieren ließ.

Die Riesenzäsur in der Wiener Stadtgeschichte von 1683 hat vor allem eine historische Ansicht eingefroren, in einem Zustand, bevor die Kanonenkugeln auf die Basteien flogen: der „Abriß der Kayserl. Residenzstadt Wienn, wie selbe vor der Belagerung und darauff erfolgten Abbruch eines Theils ihrer Vorstädt gestanden". Folbert von Alten-Allen, ein Architekturmaler, der 1678 in den Hofdienst aufgenommen worden war, hat sie gezeichnet, vor der Belagerung durch die Osmanen. Und sie

zeigt vor allem auch, an welchen Stellen Leopold I. schon das Stadtbild Wiens mitgeprägt hat, wo der barocke Wandel der Stadt ansatzweise schon aufblitzte. Was wichtig war in der Stadt, wurde überhöht: der Stephansdom, die Stadtbefestigung. Und zum „Wichtigen" gehörte auch das, was Kaiser Leopold I. so initiiert hatte. Schließlich war er der Auftraggeber der Darstellung. Auf der Darstellung ist der Leopoldinische Trakt klar zu erkennen. Auch die Universitätskirche sticht hervor. Ebenso das „Comödihaus", ein Projekt, das in Hinblick auf die Hochzeitsfeierlichkeiten mit Infantin Margarita Teresa auf der Kurtine der Wiener Burgbastei entstanden war. Es war das erste freistehende Theatergebäude Wiens. Außen schlicht und innen prachtvoll. Mit Platz für bis zu 1000 Menschen. Zu Beginn der Türkenbelagerung wurde es aufgrund seiner exponierten Lage und leichten Brennbarkeit, es war aus Holz, vorsorglich abgetragen. Auch das Kamaldulenserkloster auf dem heutigen Kahlenberg, das die Belagerung nicht überdauert hat, ist zu sehen. Perspektivisch hat der Maler ziemlich getrickst, alles Wesentliche zusammengerückt, um es auch mit einem Blick erfassen zu können.

Nach der Belagerung war vieles Trümmer und Ruinen. Auch jener Teil der Hofburg, der den Namen von Leopold I. trug, der Leopoldinische Trakt, war schwer beschädigt. Und nach der Befreiung deklarierte der Kaiser auch eiligst: Denkmäler, Gebäude, Kirche, Klöster, all das sollte wieder erstehen.

Wien konnte endlich Wien werden, wie es wollte. Und noch dazu das Wien, das es noch nie war: die Barockstadt, als welche sie noch heute bewundert wird. Die Kombination von neuem Selbstbewusstsein und neuem Sicherheitsgefühl, sie zündete einfach zu gut. Vor allem baukünstlerisch. Auch die Kirche hatte in diesem Bereich schon ein wenig vorgefühlt. Sie nutzte, wo sie konnte, schon das neue Form- und Stilrepertoire. Schließlich zelebrierte sie mit Architektur auch ein

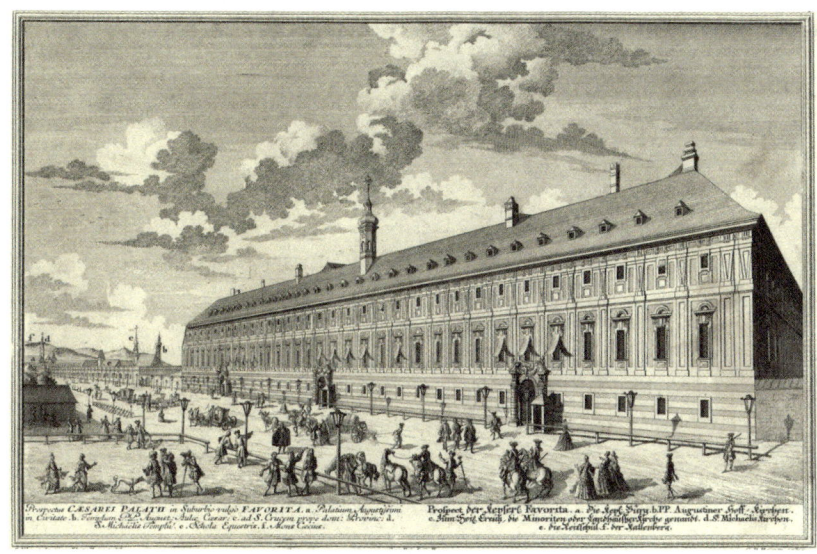

Ein eher schlichter Block Palastarchitektur: die „Favorita". Sie steht heute noch als „Theresianum" in der Favoritenstraße.

paar einschneidende Ereignisse, das Ende des Dreißigjährigen Krieges etwa oder die Gegenreformation. Mit ihr waren auch so einige Orden samt Klöster nach Wien gekommen. Am Neuen Markt das Kapuzinerkloster, auch ein neues Franziskanerkloster gehörte jetzt zur Stadt, die Jesuiten hatten sich nächst der Universität niedergelassen, allesamt innerhalb der Stadtmauern. Doch auch außerhalb fanden einige Orden ihre Heimat: die Paulaner auf der Wieden, die Schwarzspanier vor dem Schottentor, die Serviten in der Roßau. Und zwischen all den Klöstern in der Landschaft blieb das Umfeld Wiens ein recht üppiger Garten, auch wenn aus manchem Obst- und Weingarten ein Barockgarten wurde. Weil sich ja gerade der Hochadel von der Natur nicht vorschreiben lassen wollte, wie er Linien und Muster zu ziehen habe. Das überließ er den Landschaftsarchitekten, die ziemlich geradlinige und geometrisch abgezirkelte Vorstellungen hatten. Die

Tabula rasa, den Zustand von Schutt und Asche nach der Belagerung Wiens, nahm der Barock jedenfalls nur allzu gern zum Anlass, umso üppiger zu gedeihen, auch vor der Stadt. Dabei profilierte sich der Hof und die Habsburger zunächst nicht als die eifrigsten Auftraggeber. Die letzte relevante Architektur-Intervention des Hofes war eben der Leopoldinische Trakt. Seitdem wurde kein neues Bauwerk beauftragt, keines zwischen 1650 und 1715. Außer: Schönbrunn natürlich. Aber das wurde ja erst unter Maria Theresia so richtig vom Schlösschen zum Schloss. Wien musste auf Karl VI. warten, um auch von höchster Ebene vollends zur barocken Stadt zu werden. Die Stadt selbst, sie gönnte sich an mancher Stelle auch ein stilistisches Update. Aber da war keines dabei, was besonders großartig und unvergesslich ausgefallen wäre, sieht man mal vom Donnerbrunnen am Hohen Markt ab. Zumindest wurde das Alte Rathaus 1713 noch einmal barockisiert. Oder auch das Bürgerliche Zeughaus am Hof, das musste sogar noch 20 Jahre länger warten, um stilistisch auch in den Barock einzubiegen.

Also mussten zunächst die Familien des Hofadels den Wandel aus-lösen. Sie waren anfangs die treibende Kraft, die den Bauboom befeuer-ten. Sie bastelten mit den besten Architekten der Zeit an ihrem eigenen Ruhm. Und gleichzeitig auch am Ruf Wiens als Hauptstadt des Barock. Schon vor der Türkenbelagerung hatten schon ein paar Bürgerhäuser fallen müssen, damit sich statt mehrerer von ihnen ein einziges Palais hineindrängen durfte in die dichte Stadt. Erste Anzeichen eines barocken Wandels kondensierten zuerst dort, wo sich der Adel am liebsten sah, unweit des Hofes. Dorthin zog es den Hofadel, der sich nun ganz generell von Wien ziemlich angezogen fühlte. So streuten die Adligen ihre Palais in die Gärten rund um Wien, sogar jenseits der „Schlagbrücke", in der Leopoldstadt und in der Nähe der „Alten Favorita". Genauso wie in der Gegend der „Neuen Favorita". Auch dieses Schloss war Magnet für so manch adligen Immobilie. Die Lücken in der Innenstadt füllten sie

sowieso. So eng konnten sie gar nicht sein, dass sich nicht die eine oder andere barocke stilistische Ausschweifung ausging.

Vor den Stadttoren fielen dagegen die letzten gestalterischen Zwänge ab. Die besten Architekten Europas, die nach Wien kamen, lieferten Ideen für die eine wie die andere Raumsituation. Die Gründerzeit des aristokratischen Bauens konnte beginnen. Und die Komplimente vom Rest der Welt sollten nicht lange ausbleiben. Alles staunte darüber, wie prachtvoll die barocken Palais geraten waren. Und retrospektiv ließen sich Beobachter sogar zu einem barock überhöhten Begriff hinreißen, der all das Baugeschehen zusammenfassen sollte: „Vienna Gloriosa". Genügend glorreiche Momente, die es architektonisch einzufrieren galt, gab es ohnehin. Allein Prinz Eugen sorgte für einige davon. Und für Machtgehabe war Architektur immer schon das prädestinierte Medium. Da kann man noch so viel aus der Kutsche oder vom hohen Ross winken, Bälle geben, Opern komponieren und Pferdeballette choreographieren lassen. So wie es Leopold I. auch zu tun pflegte. Die Adligen waren die Mäzene, die „Herren" waren die Bauherren.

Zwischen 1683 und 1749 wurden so viele Palais gebaut wie in kaum einer anderen Zeit. Für die großen Gesten holte man die großen Namen: gerne die Italiener. Oder auch Genies, die in Italien gelernt hatten, wie es geht. Wie Johann Bernhard Fischer von Erlach oder Lucas Hildebrandt. Ihre Auftragsbücher waren übervoll. Sie bauten Kirchen, Palais, Schlösser, Triumphpforten, Denkmäler. Manchmal begann der eine ein Projekt, der andere schloss es ab. Wie etwa in diesem Fall: Erlach begann das Belvedere und das Winterpalais für Prinz Eugen, Hildebrandt machte es fertig. Und wo Johann Bernhard nicht vollenden konnte, weil er starb, sprang oft genug sein Sohn, Joseph Emanuel, ein, um abzuschließen. Sie bauten in der Stadt und vor der Stadt. Doch vielleicht fühlte sich gerade

Erlach mit seinen Entwürfen auf freiem Feld und weiter Flur ein wenig wohler. Schließlich war es ja tatsächlich nicht so leicht, sich in den engen Gassen der Stadt architektonisch bemerkbar zu machen. Am ehesten noch durch die möglichst hohe Anzahl an Fensterachsen zur Straße. Beim Winterpalais von Prinz Eugen war das auch schon so: Sein Ruhm wuchs, und auch die Fensterachsen nahmen zu. So perspektivisch und in der Gesamterscheinung herauszustechen: allein räumlich ziemlich schwierig. Die Außenwirkung musste automatisch an der Fassade des Hauses gegenüber enden. Und das waren oft nicht mehr als ein paar Meter. So frontal die Kupferstecher die Palais und Paläste der „Vienna Gloriosa" verewigten, hat man sie im Straßenraum tatsächlich selten gesehen, sie fügten sich in den Zeilenverband eines dicht verbauten Straßennetzes. Deshalb hat man die Repräsentationsaufgabe oft zwangsläufig nach innen gestülpt. Im Inneren konnten die Handwerker ihre Kunstfertigkeiten und die Architekten ihren Ideenreichtum umso freizügiger ausspielen. Die barocken Schatzkistchen glänzten mit ihrem Inhalt: Portal, Vestibül, Treppenhaus, Säle, Bibliotheken.

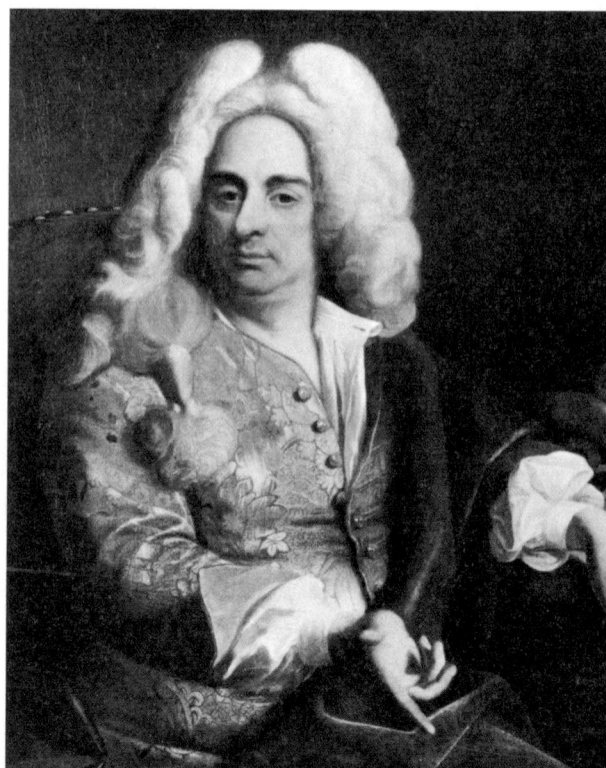

Umtriebig in Wien: einer der Großmeister der Barockarchitektur, Johann Bernhard Fischer von Erlach.

Am liebsten strahlten die Häuser in der Umlaufbahn der Hofburg. So kam auch die Herrengasse in ihrer unmittelbaren Nähe zu ihrem Namen. Denn hier siedelten sich all die „Herren" mit ihren Familien an. Und als Domizil musste es dann mindestens ein Palais sein. Die Familie Starhemberg war am Minoritenplatz mit ihrem Prunkstück schon ziemlich früh dran, sogar schon vor der Belagerung Wiens, mit einem der ältesten Barockpaläste Wiens – neben dem Leopoldinischen Trakt der Hofburg sogar das einzige Beispiel frühbarocker Palastarchitektur in Wien. Von dort leitete Ernst Rüdiger von Starhemberg die Verteidigung der Stadt, wenn er nicht gerade, wie es die Legende sagt, auf seinem Bankerl im Turm des Doms saß und auf die Leuchtraketen des Entsatzheeres wartete. Heute hat das Bundesministerium für Bildung, Wissenschaft und Forschung darin seinen Sitz. Auch das Palais Dietrichstein-Modena in der Herrengasse 7 dient heute dem Staat. 1678 wurde es fertig, aktuell nutzt es das Innenministerium. Noch ein paar andere prunkvolle Häuser trugen in Wien den Namen Dietrichstein. Etwa jenes Gebäude, das heute unter Palais Lobkowitz bekannt ist und das Theatermuseum beherbergt. Es war wohl der erste barocke Palast, der nach der Belagerung durch die Osmanen fertiggestellt wurde. Insgesamt sollten es bis in die Mitte des 18. Jahrhunderts fast 50 werden, die Hälfte davon in der Innenstadt. In diesem Fall war der Bauherr der kaiserliche Oberstallmeister Philipp Sigmund Graf von Dietrichstein. Aber viel weiter weg als bis zum heutigen Lobkowitzplatz wollte man sich damals mit seiner Residenz nicht vom Hof wegbewegen.

Je näher bei der Hofburg, desto ansehnlicher. Wie etwa das Palais Kaunitz, das später Palais Liechtenstein hieß, in der Bankgasse 9. Schon während es gebaut wurde, kam es in den Besitz von Hans Adam I., Fürst Liechtenstein. 1705 wurde es fertiggestellt. Der Architekt war ein „Star" seiner Berufsgruppe damals, der extra aus Italien geholt wurde. Allerdings um zunächst ein anderes Bauprojekt abzuwickeln: das Palais Harrach auf der

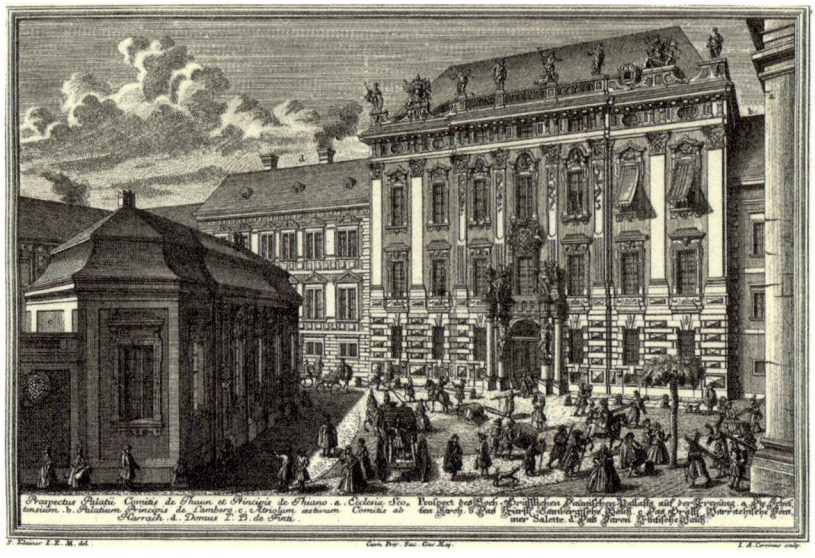

*Das Palais Daun-Kinsky suchte wie viele andere
die Nähe zum Hof: erbaut zwischen 1713 und 1719.*

Freyung. Besser gesagt: die neue Version davon. Denn das alte Palais war
während der Türkenbelagerung abgebrannt. Den nächsten Großauftrag
hatte Domenico Martinelli auch schon bald in der Tasche: Das Palais Mol-
lard-Clary in der Herrengasse 9 brauchte, in der Repräsentationslogik jener
Tage zumindest, ganz dringend einen barocken Um- und Ausbau. Heute
wird das Palais von der Österreichischen Nationalbibliothek genutzt, für
ihr Esperantomuseum, ihr Globenmuseum und die Musiksammlung. Die
Herrengasse fädelt aber noch heute weitere Palais auf: Auf der Nummer
19, Ecke Bankgasse, etwa das Palais Batthyani. Oder das Palais Trautt-
mansdorff. In beiden sind heute Wohnungen. Ebenso das Palais Brassi-
can-Wilczek in der Herrengasse 5, zwischen 1722 und 1737 erbaut, seit
1825 war es im Besitz der Familie Wilczek und war auch die Adresse für so
manchen prominenten Bewohner, wie etwa Franz Grillparzer oder Joseph

von Eichendorff. Unweit davon hat auch ein anderer Stararchitekt jener Zeit weiter an seinem Ruhm gefeilt: Lucas von Hildebrandt. Mit dem Palais Daun-Kinsky, eines der der bedeutendsten hochbarocken Palais der Stadt. Erbaut wurde es zwischen 1713 und 1719. Heute gehört es der Wlaschek-Stiftung, und im Palais Hof hat der Billa-Gründer Karl Wlaschek sein Mausoleum. Doch so geschickt die Architekten auch die Häuser inszenierten, ihre Pracht, wie schon weiter oben erwähnt, verpuffte gerne in der Enge der düsteren Innenstadtgassen. Die Gattin des englischen Botschafters in Wien, Lady Mary Montagu, hatte das schon 1716 so ähnlich nach Hause berichtet. Und auch ein gewisser Johannes Basilius Küchelbecker meinte in seinem Reisebericht aus Wien: „Es ist zu bedauern, dass diese prächtigen Palais wegen der engen Straßen nicht so schön in das Gesichte fallen, als wenn dieselben an grossen Plätzen und in weiten Gassen gelegen wären." Vor den Toren Wiens konnten sie

Die Geschichte des prunkvollen Schloss Schönbrunn begann
als ziemlich schlichtes Jagdschloss.

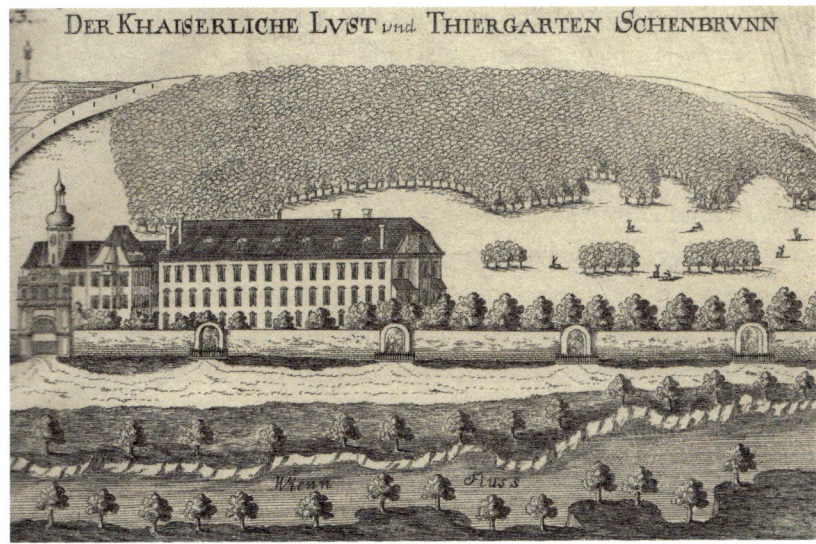

das dagegen umso mehr. Dieses Terrain gehörte administrativ zwar noch lange nicht zur Stadt, aber in der Wahrnehmung von Wien durchaus. Für die Architektur und den Adel war es die ideale Bühne für die Selbstinszenierung. Da durfte vor lauter freier Sicht alles noch mal monumentaler und eindrucksvoller wirken. Im besten Fall auch nicht weit weg von den habsburgischen Schloss-Satelliten rund um Wien.

Im 17. Jahrhundert waren es zumindest zwei solche Gravitationspunkte. Sie hießen „Favorita", weil sie die „bevorzugten" waren. Um sie unterscheiden, war irgendwann das eine Schloss die „Alte" und das andere die „Neue Favorita". Das erste entstand auf der Insel in der Donau inmitten dichten Auwaldes. Mehr als ein paar Mauerreste sind heute nicht mehr erhalten. Das zweite zwar auch im Grünen, aber eher zwischen Wiesen und Wein. Die Favoritenstraße führt heute an dem Bauwerk vorbei, in Richtung des Bezirks, der dem Schloss auch seinen Namen verdankt. Ein relativ schlichter Vierkanter war es, zum Block geschlossen, die Dekoration und der Fassadenschmuck waren vergleichsweise bescheiden. Bekannt für seine Pracht war das Schloss damals eher nicht, dafür für seine Theater- und Gartenbühne. Die Osmanen haben auch hier kaum mehr als Schutt und Asche hinterlassen. Aber danach wurde aus der Renaissance-Ruine dann doch noch ein stattliches barockes Schloss. Und wenn man den Status des Bauherren damals tatsächlich in Fensterachsen messen wollte, dann war klar, dass hier die kaiserliche Familie wohnte. 85 Fensterachsen, die längste Barockfassade der Stadt. Drei Kaiser hielten sich besonders gern hier auf, den größten Teil des Sommers sogar: Leopold I., Joseph I. und Karl VI. Er war einer der letzten Habsburger, die das Schloss als Wohnstätte nutzen. Auch seine Tochter Maria Theresia war dort aufgewachsen. Doch als ihr Vater Karl starb, wollte sie nichts mehr mit dem Ort zu tun haben. Schon sechs Tage nach seinem Tod soll sie in die Hofburg übersiedelt und nie wieder in die „Neue Favorita" zurückgekehrt sein.

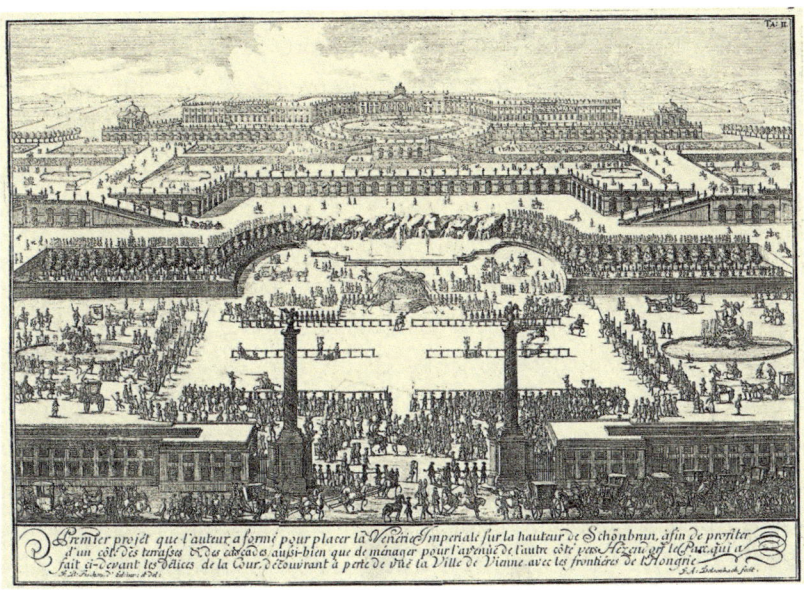

Fischer von Erlach hatte mit Schloss Schönbrunn ursprünglich so einiges vor.

So bekam ein anderes Sommerschloss endlich die Chance, weltberühmt zu werden: das Schloss Schönbrunn. Auch das hatte einen Vorgängerbau, ein kleines Jagdschlösschen, natürlich von den Belagerern gründlich niedergebrannt. Auch dieses Schlösschen wurde wiederaufgebaut, um kurz danach barockisiert zu werden. Besonders Bernhard Johann Fischer von Erlach hatte in dieser Hinsicht große Pläne gewälzt. Schon 1688, am Anfang seiner Karriere, hatte er seinen gigantischen Vorschlag ausgebreitet. Hätte dieser ins Budget gepasst, dann wäre das Schloss Schönbrunn vielleicht dort gestanden, von wo heute die Gloriette Wien überblickt. Das Schloss Versailles hätte es in Prunk und Größe übertroffen. Doch schließlich musste Erlach seinen Entwurf auf realistischere Ausmaße eindampfen. Und auch von der Anhöhe ins Wiental herunterholen. Ab 1696 wurde schließlich am Schloss gebaut, ein Jagdschloss sollte es zu-

nächst wieder sein. Später residierte auch Josef I. dort, Karl VI. zeigte dagegen kaum Interesse an diesem Objekt, seine Tochter Maria Theresia dafür umso mehr.

Doch vor allem der Adel war umtriebig in der Landschaft um Wien. Die Schönheit der Wiener Gartenpaläste wurde legendär in Europa. Dazu hat auch Fürst Johann Adam Andreas I. von Liechtenstein beigetragen: Er ließ sich in der Rossau ein Gartenpalais bauen. Schon bei diesem Projekt hatte im Jahr 1687 der damals noch gar nicht berühmte Johann Bernhard Fischer von Erlach einen Entwurf beim Wettbewerb eingereicht. Erfolglos. Man vertraute eher den Italienern als jenen, die in Italien nur gelernt hatten, wie es gehen könnte. Diesmal war es Domenico Egidio Rossi, der sich mit seinem Entwurf durchsetzte. Aber bald schon sollte ein anderer das Projekt weiter betreiben: Domenico Martinelli. Er durfte in Wien auch einige Stadtpalais verwirklichen und vollenden. Irgendwann wirkte die Italienreferenz von Fischer von Erlach dann doch. Noch dazu gefiel sich der Adel dabei, begabte Künstler zu fördern. Er wurde bald weiterempfohlen, mit zahlreichen Stadtpalais

Das Gartenpalais Liechtenstein war eines der ersten,
das sich prunkvoll in die Landschaft setzte.

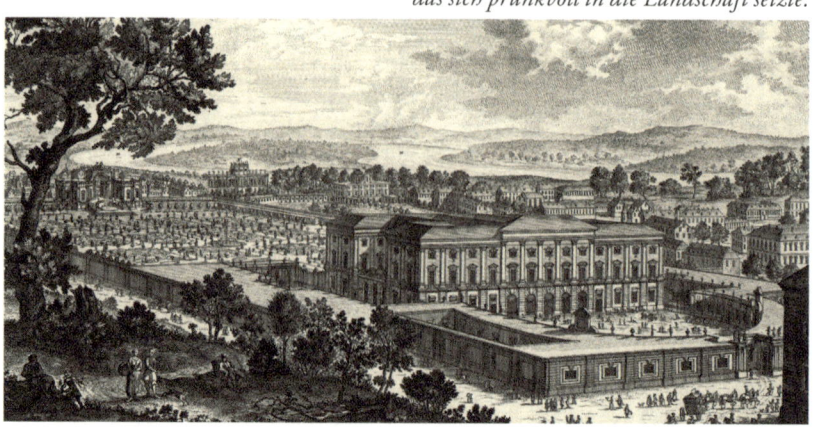

beauftragt. Darunter auch jenes von Prinz Eugen. Dieses Projekt musste er aber seinem Konkurrent Lucas von Hildebrandt zur Fertigstellung überlassen. Zu tun hatte er trotzdem genug. Gleich neben dem Gartenpalais Liechtenstein etwa.

Dort wollte Graf Althan-Pouthon in etwas Vergleichbarem residieren. Dieses Palais hat nicht überdauert, der „Althangrund" als Toponym dagegen schon. An diesem Ort fuhr der Fortschritt in der Gründerzeit ziemlich brachial über die barocke Vergangenheit: Der Garten und das Palais mussten Im Jahr 1869 Platz machen für den Kaiser-Franz-Josef-Bahnhof. Für ein anderes Palais Althan war hingegen der Sohn von Johann Bernhard Fischer von Erlach zuständig: Joseph Emanuel. Auch dieses barocke Prachtstück in der heutigen Ungargasse schaffte es nicht bis in die Gegenwart. Es wurde in den 1840er-Jahren abgerissen. Unweit von jenem Ort, ebenfalls in der Ungargasse, ungefähr dort, wo heute ein großes Schulzentrum gegenüber der Schnellbahnstation Rennweg steht, war wiederum der andere große Name am Werken: Lucas von Hildebrandt schuf das Palais Harrach. Im Zweiten Weltkrieg wurde es großteils zerstört, danach abgetragen.

Gerade für Johann Bernhard von Erlach schien das Gartenpalais zur Lieblingstypologie zu werden. Da durfte es auch unmittelbar vor dem Glacis stehen und auf die Stadtmauer schauen. Wie das Palais Trautson, in dem der Architekt Merkmale von Stadt- und Gartenpalais überblendete. Vom Palais Auersperg vermutet man auch, dass Erlach am Entwurf beteiligt war, beweisen kann man es nicht. Heute ist dieses Palais so wie viele andere auch eine Event-Location für Bälle, Kongresse, Feiern, Konzerte. Aber im Grunde war das Palais in der Vergangenheit auch nichts anderes. Gerade im Auersperg hatten Events Tradition. Ursprünglich hieß es ja: Palais Rofrano, 1786 kaufte es Fürst Johann Adam Auersperg und nutzte es auch für musikalische Darbietungen. Hier wurde etwa auch „Idomeneo" von Wolfgang Amadeus Mozart uraufgeführt.

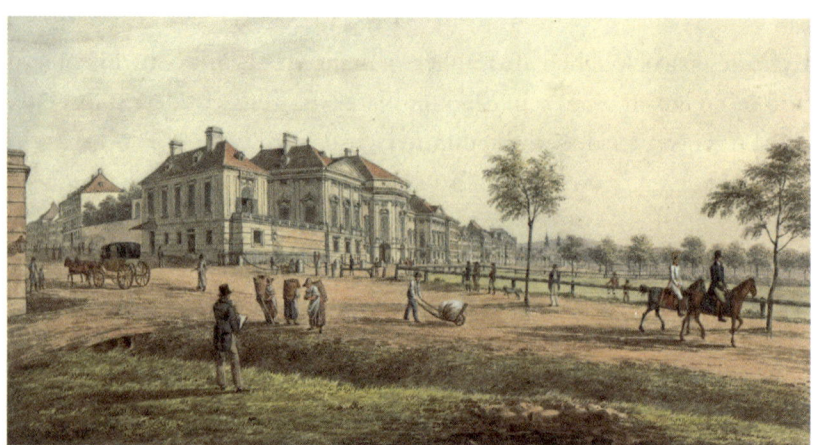

Das Palais Auersperg hieß ursprünglich „Rofrano".
Früher war es auch schon „Event-Location".

Deshalb kann man sich auch heute hier noch im „Idomeneo"-Saal einmieten. All die Gartenpalais, die heute noch existieren, sind längst eingewachsen in die dichte Stadtlandschaft. Doch manche gönnen der Stadt heute noch Erholungsräume, Luft und ansatzweise Weite, auch wenn sie längst von Stein und Beton vollends umschlossen sind. Wie etwa in der Josefstadt, wo das Palais Schönborn plus Garten, der inzwischen öffentlich ist, der steinernen Stadtwüste trotzt, Lucas von Hildebrandt war hier tätig. Und wahrscheinlich auch beim Palais Strozzi auf der Josefsstädter Straße. Das versteckt sich längst hinter einem gründerzeitlichen Straßentrakt. Und sein Garten hat sich auch bis heute nicht der Stadt geöffnet, obwohl das in der Stadtpolitik laufend diskutiert wird. Andere kleinere und größere Grünenenklaven blitzen auch an anderer Stelle in den Stadtraum, dort wo man die ehemaligen barocken Gärten nicht vollständig parzelliert und verbaut hat. Wie etwa den Esterhazy-Park im 6. Bezirk. Ein rudimentärer Rest des Gartens, der zum Palais Kaunitz-Liechtenstein gehört, das an diesem Abhang zum Wiental hin längst verschwunden ist. Die spektakulärsten grünen

Keile des Barock haben aber andere gesetzt: das Palais Schwarzenberg und sein Garten. Und sein direkter Nachbar, das Belvedere. Für beide war Lucas von Hildebrandt gestalterisch zuständig.

Der Kaiser mit „Barock" auf der Agenda

Die Zeit der Katastrophen war auch die der Gelübde. Gehörten die Katastrophen der Vergangenheit an, musste alles eingelöst werden, was man versprochen hatte. Leopold I. hielt natürlich Wort, wo er nur konnte, so gottesfürchtig wie er war. Ein Versprechen konnte er allerdings nicht umsetzen, weil sein eigener Tod dazwischenkam. Es war eigentlich schon klar, was passieren sollte, wenn sein Sohn Josef I. unversehrt aus der Schlacht zurückkehren würde. Mindestens eine Säule sollte es werden.

Der Vermählungsbrunnen am Hohen Markt: auch ein Zeugnis der kaiserlichen Gelübde-Kultur.

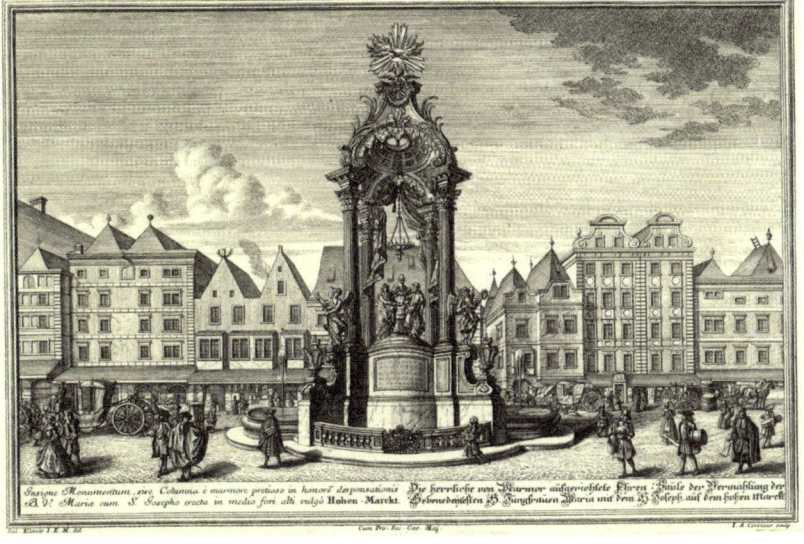

Der Standort war auch schon ausgemacht: der Hohe Markt. Bis dahin war dieser Platz vor allem für andere Installationen stadtbekannt. Dort stand nämlich üblicherweise der Pranger. Oder gerne auch ein Galgen, wenn nötig. Aber alles, was sich dort befand, war vom Designansatz eher temporär angelegt. Zumindest war nichts in Stein gemeißelt.

Das sollte sich auch nicht durch den ersten Entwurf von Johann Bernhard Fischer von Erlach ändern. Der war nämlich aus Holz und geriet zu einer tempelartigen Konstruktion mit sechs Säulen. Sie zeigte eine Vermählungsszene von Josef und Maria, deshalb wurde die Mini-Architektur auch als „Vermählungsbrunnen" geführt. Jedenfalls wurde es Zeit, das Projekt anzugehen. Denn Josef I. war tatsächlich zurückgekommen, siegreich und unversehrt. Doch kurz darauf starb sein Vater. Und so musste der Sohn dessen Gelübde erfüllen. Gleichsam als Erinnerung an seine eigene Rückkehr. Ansonsten hat Josef I. nicht allzu viel auf Wien eingewirkt, nicht architektonisch oder städtebaulich. Allein aus Zeitgründen. Zu früh und plötzlich ist er gestorben. Gerade einmal die „Josefstadt", der heutige 8. Bezirk, kann man auf seine kurze Lebensspanne zurückführen. Denn in jener Gegend hat die Stadt Wien zu dieser Zeit neues Bauland parzellieren lassen und eben nach Josef I. benannt. Deshalb war umso schneller sein Bruder Karl an der Reihe. Mit kaiserlichem Wirken. Auf die große Welt und die etwas kleinere von Wien. 1711 wurde er gekrönt, und in Wien zurück, läutete eine Legende seine Amtszeit sprichwörtlich ein: die alte Pummerin, die gerade im Stephansdom aufgehängt worden war.

Plötzlich waren all die großen und kleinen kaiserlichen Aufgaben Karl IV. zugefallen. Die Pestepidemie managen, Wildschweine in Laxenburg schießen, Post verstaatlichen, Manufakturen gründen lassen. Und wieder Hasen und Reiher schießen. Die „Wiener Zeitung", damals noch „Wiener Diarium", gegründet 1703 in der Zeit von Leopold I., vermeldete stets

akkurat, wie viele es denn tatsächlich waren. Aber auch um internationalere Angelegenheiten musste sich Karl VI. kümmern. Denn nur weil die Türkenkriege erfolgreich beendet waren und Österreich längst Großmacht, war deshalb nicht weniger zu tun. Es war Zeit zu zeigen, wer man war. Und was man so erreicht hatte. Geopolitisch allein. Auch im Stadtbild und in der Stadtsilhouette. Und ganz nebenbei wuchs Wien gehörig an. 1710 lebten 110.000 Menschen in der Stadt. 1750 waren es 175.000.

Bald schon ließ Karl VI. die Holzkonstruktion am Hohen Markt durch dauerhaftere Materialien ersetzen und dort einen Tempel aus weißem Marmor und Erz mit drei korinthischen Säulen errichten. Und da inzwischen auch der Urheber des Entwurfs nicht mehr lebte, musste auch in diesem Fall der Sohn übernehmen: nämlich Joseph Emanuel Fischer von Erlach. Schon bei diesem Projekt hatte es Karl angedeutet: Barock war irgendwie sein Thema. Und bald schon konnte man das auch an einigen Kuppeln der Stadt ablesen. Vor allem an jener, die er auch initiiert hatte und die eine der schönsten Bibliotheken der Welt überspannen sollte. Denn das Fresko darauf zeigt natürlich auch Karl VI., aber auch einen Charakterzug von ihm, allegorisch zumal: nämlich die „Prachtliebe".

Die äußerliche Verwandtschaft mit Leopold I. konnte er nicht verleugnen, Stichwort Lippe. Und auch inhaltlich standen sie sich nahe. Vor allem, wenn es ums Zeremonielle ging. Das waren streng rhythmisierte Tage, Wochen und Jahre für den Kaiser und seine Familie. Winter in der Hofburg, im April nach Laxenburg, den Sommer in der Favorita, dann wieder Hofburg. Dazwischen vielleicht eine Wallfahrt nach Mariazell. Und das alles entlang eines strengen Protokolls. Selbst galt er ja weniger als „barocke" Erscheinung. Dafür wirkte er zu zögerlich, zu unscheinbar und entschlussschwach. Aber zumindest kümmerte er sich um die barocke Erscheinung anderer, vor allem um die seiner Residenzstadt. In

einem drastischen Fall war wiederum ein Gelübde der Auslöser. Es lief auf eine der prunkvollsten Kirchen der Stadt hinaus, die natürlich seinen Namen verewigte: die Karlskirche.

Schließlich musste er sich gleich in der Anfangsphase seiner Regierungszeit mit Unschönem auseinandersetzen. Mit den vielen Armen und Invaliden, die es neben den großen territorialen Zugewinnen auch gab und zwischen dem aufblitzenden Prunk des Barocks auch bald zum Stadtbild gehörten. Verarmte Tagelöhner und Bettler füllten die Straßen, die „Kleine Eiszeit" ließ sie frieren. Und Hungersnöte beutelten die Bevölkerung. Karl VI. ließ Invalidenhäuser einrichten und Lazarette noch dazu, die Bettler kamen in die „Spittal-Au", die heutige Spittelau, eine Insel, schön isoliert von der Stadt. Das war Teil des Konzepts, denn das nächste Unheil hatte in

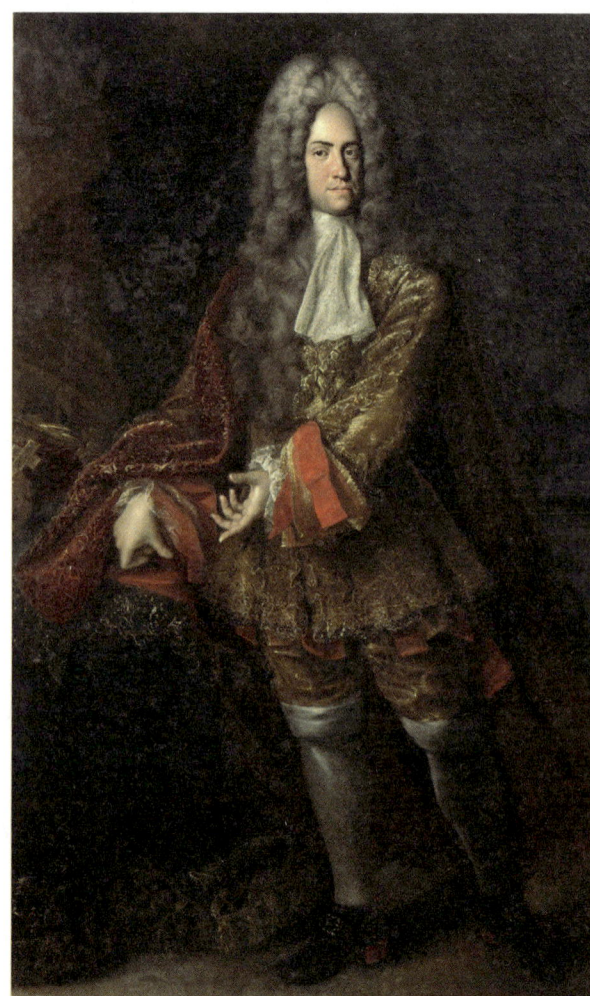

Kaiser Karl VI. ließ
Wien zur barocken
Prachtstadt ausbauen.

Siedlungen vor der Stadt schon Fuß gefasst. Und war ziemlich ansteckend: Die Pest war wieder da. Aber zumindest sollte es das letzte Mal gewesen sein, das die Seuche Wien heimsuchte. 2000 Menschen raffte sie 1713 dahin. Da half auch Karls Krisenmanagement nichts: Messen durften nur mehr unter freiem Himmel gehalten werden, Schulen wurden gesperrt, Wallfahrten abgesagt. Und natürlich wurde feierlich gelobt. Im Fall von Karl VI. hieß das: Er wollte dem Pestheiligen Karl Borromäus, seinem Namenspatron, eine Kirche errichten lassen. Ein guter Anlass auch, um all die aufgestaute Energie des Hofes in ein Barockprojekt zu kanalisieren.

Dementsprechend monumental nimmt die Karlskirche heute jenen Platz ein, der natürlich auch wieder ein „Karl" vorne ist und den die meisten Stadtplaner wenig wohlwollend eine „Gegend" nennen. 1716 wurde der Bau begonnen und vor lauter gestalterischer Ambition wäre es sich fast doch nicht ausgegangen bis zum Tod des Initiators. Doch 1739 war die Karlskirche dann doch vollendet. Sie blickte auf den Wienfluss, der noch offen und natürlich vor sich dahinmäänderte. Und die Stadt schaute auf sie. Nichts stellte sich ins Blickfeld, dafür wurde sie auch extra in die verlängerte schnurgerade Achse gerückt, die die Herrengasse und anschließend die Augustinerstraße durch die Innenstadt ziehen. Auf der Kirche hat man sicherheitshalber noch einmal die Synopsis der ganzen Geschichte stehen lassen: Nämlich, dass der „erhabene Kaiser Karl VI., katholischer und apostolischer König, das Gelübde erfüllt hat, dessen er für die Gesundheit des Volkes im Jahr 1713 schuldig geworden ist".

Das war erst der Anfang. Der Adel war ohnehin fleißig dabei, Eitelkeiten in Barock zu wandeln. Jetzt drehte allmählich auch der Kaiser Wien auf Barockstadt. Seine liebsten Architekten waren jene, die sich auch schon bei einigen Stadtpalästen profiliert hatten: Johann Bernhard Fischer von Erlach, sein Sohn Joseph Emanuel, Lucas von Hildebrandt. Noch heute lässt sich gut nachvollziehen, wie sich das Stadtbild relativ

rasant gewandelt hat. Die Darstellungen von Johann Adam Delsenbach etwa, die zwischen 1713 und 1719 entstanden, zeigen es. Auch andere Kupferstecher strawanzten eifrig durch die Straßen, um festzuhalten, wie man Macht und Status in Architektur ummünzte. Salomon Kleiner war einer der fleißigsten. Kein Wunder, Prinz Eugen war einer seiner Auftraggeber. Und dieser wollte so viel wie möglich verewigt wissen, von der Architektur und anderen Künsten, die er beauftragt hatte. So fertigte Kleiner vom Belvedere Übersichtspläne, Ansichten der Innenräume, der Fontänen, Kaskaden, des Tiergartens und Aufrisse an. Heute würde man die bekanntesten Architekturfotografen holen. Damals holte man eben: Salomon Kleiner. Und er zeigte und zeichnete auf, wo auch Karl VI. die höfischen Immobilien auf den aktuellen Zustand des Reiches upgraden ließ. Denn auch das war „größer" und „mächtiger" geworden. Da gab es natürlich umso mehr zu verwalten. Und dafür musste eine Reichskanzlei her. Die Hofburg brauchte also einen neuen Trakt, wo diese unterkommen konnte. 1723 wurde mit dem Bau begonnen, beauftragt wurde Lukas von Hildebrandt. Er hatte überhaupt gleich eine Art „Masterplan" für die Hofburg vorgelegt. Doch Karl VI. stoppte seine Ambitionen und übergab die Baustelle an Hildebrandts Kontrahenten Joseph Emanuel Fischer von Erlach, der auch die Karlskirche für seinen Vater Johann Bernhard beenden sollte. 1730 war der Trakt schließlich fertig. So hatten dort die obersten Reichsbehörden bis 1806 ein prunkvolles Zuhause gefunden.

Dann war das Heilige Römische Reich deutscher Nation zu Ende. Und man musste auch verwaltungstechnisch umdisponieren. Die Nachnutzung war schnell klar: Kaiser Franz Joseph I. ließ die Räume in Residenz- und Wohnräume umgestalten. Es sind die Kaiserappartements, die heute museal genutzt werden, vor allem als „Sisi Museum".

Mit einem Mal war die Hofburg das barocke Epizentrum Wiens. Vor allem die spektakulären Innenräume entstanden unter Karl VI. Die

Hofbibliothek war dabei eines der ambitioniertesten Projekte. Südlich des Schweizerhofs, am heutigen Josefsplatz, fand man den Ort dafür. Ab 1723 entstand dort ein Bauwerk, das die kaiserliche Büchersammlung würdevoll aufnehmen sollte. Der Innenraum selbst, wie schon erwähnt, erzählt von seiner Entstehung. Vor allem auf dem Fresko der Kuppel: Göttliche Hilfe, die kaiserliche Prunkliebe, die Weisheit und der Kaiser selbst – alle waren fleißig beteiligt, dass die Bibliothek so prunkvoll geraten ist. Und direkt unter der Kuppel wird Karl VI. als Statue noch einmal zur Zentralfigur des Geschehens. Die ausführenden Architekten waren wieder Vater und Sohn: Johann Bernhard Fischer von Erlach begann, Joseph Emanuel vollendete. Sie schufen einen der eindrucksvollsten Bibliotheksräume der Welt. Der Saal geriet gewaltig groß, die

Gerade in der Hofbibliothek bildet sich der Gestaltungswille von Karl VI. deutlich ab.

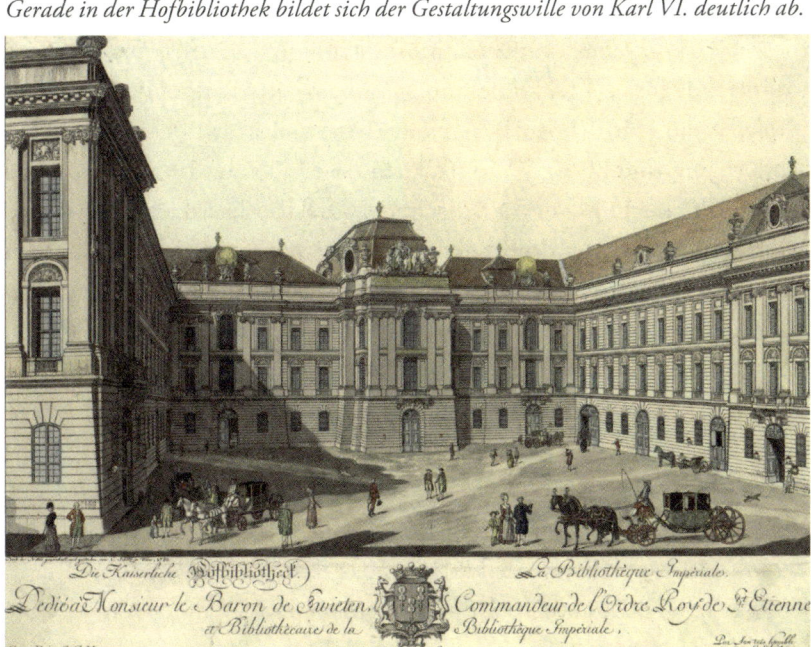

gesamte Front des Josefsplatzes nimmt er ein: Er ist fast 80 Meter lang, fast 15 Meter breit, fast 20 Meter hoch und unter der Kuppel noch höher: fast 30 Meter.

Endlich war die Bibliothek da. Schon Leopold I. hatte die Idee dazu einst formuliert. 200.000 Buchexemplare füllen in barocker Pracht nun die Regale, darunter allein 15.000 Bände aus der Sammlung des Prinz Eugen stehen geschlossen gruppiert im Mitteloval des Prunksaals. Und außergewöhnlich: Die neu erbaute Bibliothek war vom Kaiser ausdrücklich für den öffentlichen Gebrauch bestimmt. Die Praxis sah aber ein wenig anders aus, es wurden vor allem Gelehrte eingelassen. Erst 1860 wurde die Bibliothek der allgemeinen Öffentlichkeit zugänglich gemacht.

Und noch ein anderes gewaltiges Projekt stand auf der Agenda. Die Reitschule brauchte eine Reithalle, heute ist sie unter „Winterreitschule" geläufig. Dazu schuf man gleich noch einen weiteren Trakt an der Hofburg, am Michaelerplatz. Joseph Emanuel Fischer von Erlach lieferte dafür die Entwürfe, diesmal auch als Teil eines Gesamtkonzepts, mit dem man die Fassade der Hofburg zur Stadt hin vereinheitlichen wollte. Doch dazu kam es nicht, der Tod von Karl VI. im Jahr 1740 kam dazwischen. Die „Winterreitschule" aber war zu diesem Zeitpunkt längst gebaut und konnte in den kommenden Jahren nicht nur den Pferden dienen, sondern auch als Kulisse für so manche Großevents, Feste und Feierlichkeiten, etwa für die berühmten „Carousels". Der spektakuläre Saal, in dem 46 Säulen eine Galerie tragen, war perfekt dafür. Und Anlässe zu feiern, lieferte die Weltpolitik oder das Militär. So feierte man die Rückeroberung Prags 1743 mit einem ausgelassenen „Damenkarussell". Und ab 1814, als der Wiener Kongress tagte, gab's noch mehr Karusselle. Und heute reiten noch immer die Lippizaner für die Vorführungen der Spanischen Hofreitschule ein. Unter dem Riesengemälde, das Karl VI. zeigt.

Doch der Kaiser musste nicht nur die Reitschule, den riesigen Verwaltungsapparat und die gigantische Büchersammlung in neuen Immobilien unterbringen. Da waren noch mehr Pferde, die einen Stall brauchten. Und nicht irgendeinen, sondern Hofstallungen. Um 1700 waren es allein schon fast 400 Tiere, die Wasser, Futter, Pflege und Platz benötigten. Deshalb stehen jetzt gegenüber der großen Museen, des Naturhistorischen und des Kunsthistorischen, und somit auch gegenüber der Hofburg stolze 300 Meter Fassade. Damals war ihr Gegenüber die Stadtmauer. Und davor das Glacis. Vor allem mit dieser Fläche und der militärischen Logik dahinter musste sich das Projekt damals arrangieren. Denn der Entwurf von Johann Bernhard Fischer von Erlach ragte ein wenig in jene Zone hinein, die auf Erlass von Leopold I. nicht bebaut werden durfte. Auf der Breite von 200 Klaftern. Da musste der Hofkriegsrat extra ein Auge zudrücken und bewilligte schließlich „in Gnaden".

Machte man doch gern, war ja der Kaiser. Endlich ging es mit den Planungen los, das war 1718 und inzwischen waren es schon 600 Pferde, die sich auf ein Zuhause freuten. Auf einem freien Areal am Rande der Vorstadt St. Ulrich, wo das kaiserliche Geflügel ausziehen musste, um den kaiserlichen Rössern Platz zu machen. Aber es dauerte, bis der Garten bebaut war: 1723 hatte man begonnen, 1737 waren die Höfe noch immer nicht fertig. Gestaltungsvorgabe war jedenfalls: eine strengachsige Beziehung zwischen der Mittelachse der Stallungen und der Burg. Inzwischen hat sich einiges dazwischen geschoben in den Stadtraum. Aber diese Blickbeziehung, sie ist da. Und auch das Verhältnis zur Riesenimmobilie hat sich geändert: Heute ist es das Museumsquartier – das Leopold-Museum und das Museum für Moderne Kunst, MUMOK, sind hier mit zusätzlichen Baukörpern in den Höfen eingeschlagen. Genauso wie das offene Nutzungskonzept des Freiraums zwischen den Trakten: Ein Erfolg – die Flächen füllten sich mit inzwischen legendären Stadtmöbeln, den „Enzis" und regelmäßig mit ziemlich vielen Menschen.

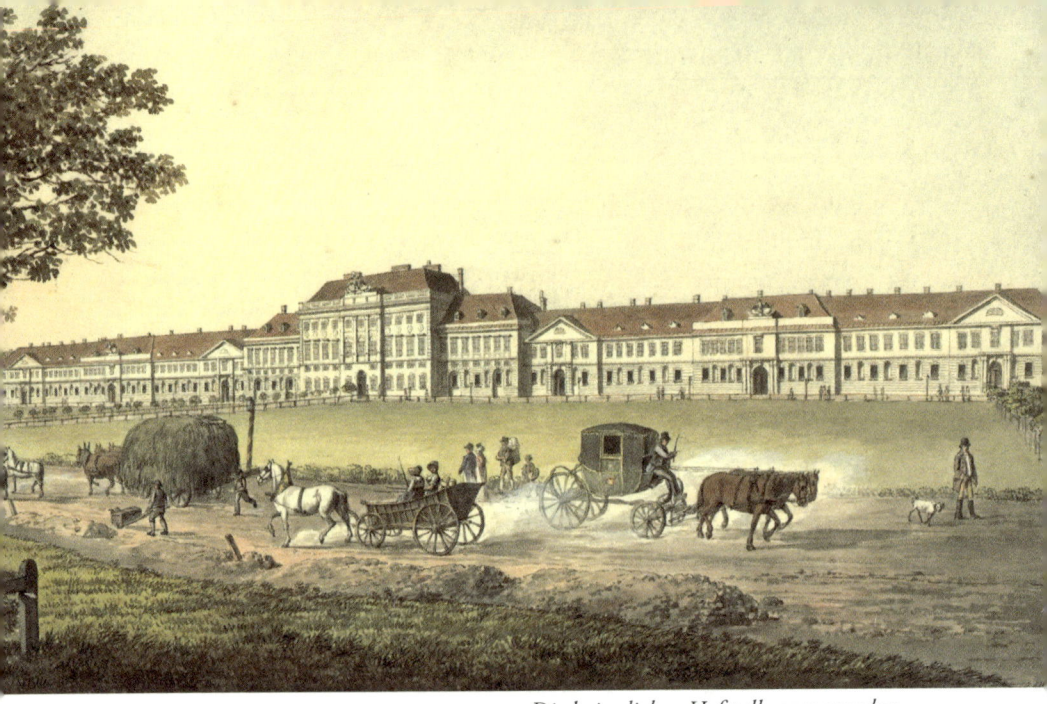

Die kaiserlichen Hofstallungen wurden
im 20. Jahrhundert zum „Museumsquartier".

1740 starb Karl VI. in der „Neuen Favorita". Jetzt war seine Tochter Maria
Theresia dran, berühmt zu werden. Und als Reformatorin wurde sie wirklich legendär. Aus Wien selbst ist sie auch nicht wegzudenken, obwohl man
seine Route schon bewusst planen muss, damit man über sie stolpert. Natürlich steht da auf dem Maria-Theresien-Platz ein Maria-Theresien-Denk-
mal zwischen den beiden so prunkvollen Museen aus der Ringstraßenära. Der Maria-Theresien-Platz hätte ja ursprünglich gemeinsam mit dem
Heldenplatz ein Kaiserforum bilden sollen. In jener Ära, als der Bau die
Ringstraße die Stadtstruktur so einschneidend umwälzte. Auf einem riesigen Sockel sitzt die Kaiserin, selbst sechs Meter hoch, seit 1888 zwischen
den Museen. Und unweit davon erzählt das Café Bellaria auch gern die
Geschichte des eigenen Namens und was er mit Maria Theresia zu tun hat:
Die Rampe, die Maria Theresia am Leopoldinischen Trakt der Hofburg
anlegen ließ, damit sie per Kutsche direkt vor ihren Gemächern aussteigen

konnte, wurde so genannt. Mit dem Stiegensteigen hatte sie es nicht so. Nur Marginalien sind es, die Wien eindeutig als „Maria-Theresien-Stadt" profilieren würden. Selbst das Denkmal wurde in Zeiten realisiert, in denen man dringend Hinweise auf glorreiche vergangene Zeiten brauchte. Für die hatte die Kaiserin durchaus gesorgt. Auf das Stadtbild hatte sich das weniger ausgewirkt. Am eindrucksvollsten kann man ihre Wirkungssphäre dem Schloss Schönbrunn samt Garten zuschreiben. Es war ihr Lieblingsplatz, Schönbrunn – das war „ihr" Schloss. Karl VI. hatte seine „Favorita", die „Neue Favorita". An Schönbrunn und was daraus werden könnte, hatte er kaum Interesse. Er schenkte es 1740 seiner Tochter. Und sie nahm es dankend als Sommerresidenz.

Nach dem Tod ihres Vaters wollte Maria Theresia nie wieder in die „Favorita" zurückkehren. In Schönbrunn konnte sie ihre Vorstellungen vom höfischen Wohnen, Residieren und Repräsentieren am ehesten verwirklichen. Den passenden Hofarchitekten dafür hatte sie jeden-

Das Schloss Schönbrunn hatte unter Maria Theresia baulich seine wichtigste Phase.

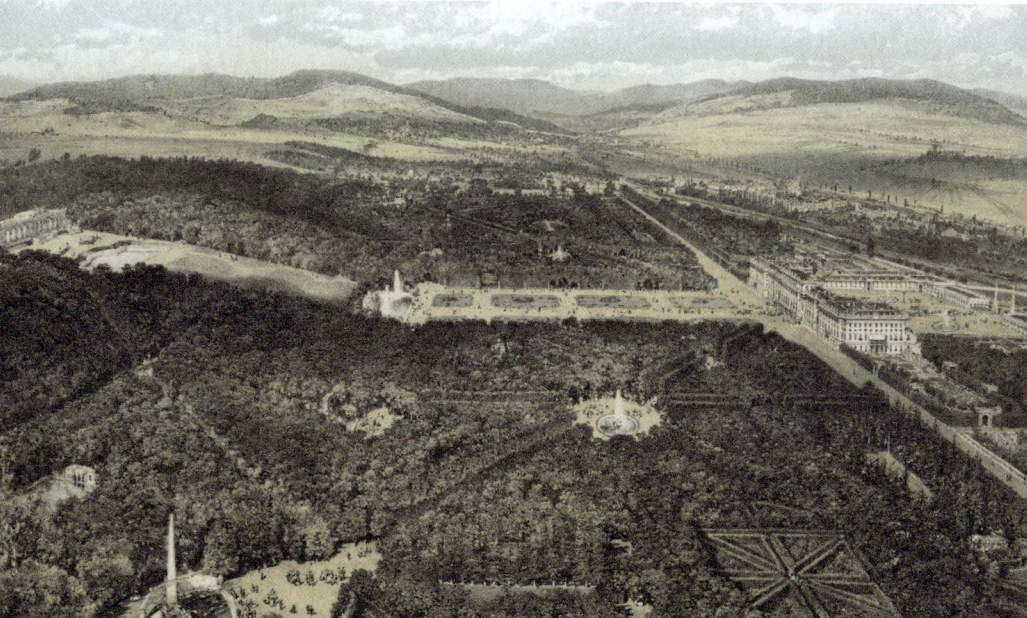

falls: Es war Nicolas Pacassi. Er unterstützte sie an jenen Stellen, an denen sie dann doch architektonisch, ästhetisch und städtebaulich auf Wien einwirken wollte. Allein dadurch, dass die prächtige Kuppel der Hofbibliothek, die gerade erst fertig geworden war, nicht einstürzte. Er sorgte auch dafür, dass die Staatskanzlei mehr Platz und ein wenig mehr Prunk abbekam. Das Gebäude selbst hatte Karl VI. zwischen 1716 und 1722 errichten lassen. Heute beherbergt es das Bundeskanzleramt am Ballhausplatz. Da gab es aber noch andere Orte in der Innenstadt, wohin Pacassi gerufen wurde, weil etwas Barock-Prachtvolles bröckelte, wie die Neue Aula der Alten Universität am Universitätsplatz etwa. Auch den Redoutensaal-Trakt der Hofburg gestaltete der Italiener neu. Aber sein Langzeitprojekt blieb das Schloss Schönbrunn. Unter Pacassis Leitung gedieh die Residenz zu spätbarocker und Rokoko-Blüte. Zwischen 1743 und 1749 war er hauptsächlich damit beschäftigt. Er erhöhte das Gebäude um ein Stockwerk, erweiterte den Garten, ließ 1763 den Botanischen Garten anlegen. Und das ganze Ensemble krönte schließlich noch die Gloriette, auf der Anhöhe, auf der ursprünglich das Schloss selbst hätte stehen sollen. Doch für diese Aufgabe wurde Johann Ferdinand Hetzendorf von Hohenberg engagiert.

Zwischen oben und unten sowie auch in der Ebene rund um das Schloss dominiert die Gerade als Linie der Wahl. Und diesen Ansatz zog Maria Theresia auch jenseits der Parkanlage durch, indem sie eine Achse legte von ihrem Lieblingsschloss Schönbrunn bis nach Laxenburg. Entlang dieser ließ sie eine Allee gestalten, als kaiserliche Diritissima zwischen den Wohn- und Sommersitzen. Denn die Gerade fädelt noch ein Schlösschen auf: jenes in Hetzendorf, wo ihre Mutter lebte. Heute kann man diese Achse und ihre Geradlinigkeit aus dem Gebäude- und Gewerbepatchwork der Stadtperipherie kaum noch herausschälen, weder visuell noch gedanklich.

Ein Kaiser und seine „Direktiven"

Einer der Söhne Maria Theresias, jener, der auch ihr Mitregent wurde, Joseph II., hatte dagegen seine eigenen Lieblingsplätze. Einer davon mag der Wiener Bevölkerung vielleicht besonders seltsam vorgekommen sein, wenn er da oben hockte in seinem Holz-Oktagon über dem Dach des Narrenturms. Ein rundes Gebäude auf dem Areal des Allgemeinen Krankenhauses, das den psychisch Kranken gewidmet war, die man früher die „Irrwitzigen" und anders nannte. Einer seiner großen Verdienste für die Stadt. Und das Oktagon, als geometrische Form, sollte Joseph II. als Exempel für seinen zahlenmystischen Spleen auch durch die Stadtgeschichte begleiten. Von 1765 bis 1780 teilten sich Maria Theresia und Joseph II. die Regierungsgeschäfte. Und wären Ressorts wie „Städtebau" und „Stadtplanung" zu vergeben gewesen, Joseph II. hätte sie übernommen. Gemeinsam sind sie berühmt geworden für ihre ausgiebigen Reformen. Doch direkt in Wien wirksam mit seinen Haltungen und Entscheidungen war wohl eher Joseph II.

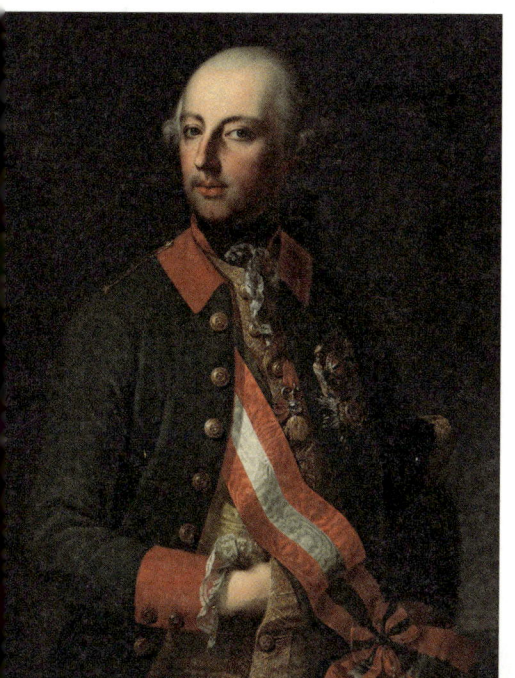

Gestaunt haben aber beide – Mutter und Sohn – nicht schlecht, als sie sich über den Plan beugten, den ihnen ein Militärkartograph auf dem Tisch ausbreitete: So detailliert hatten sie ihre Reichshauptstadt wahrscheinlich

Der Sohn Maria Theresias, Joseph II., wusste ziemlich genau, was er wollte: auch architektonisch und städtebaulich.

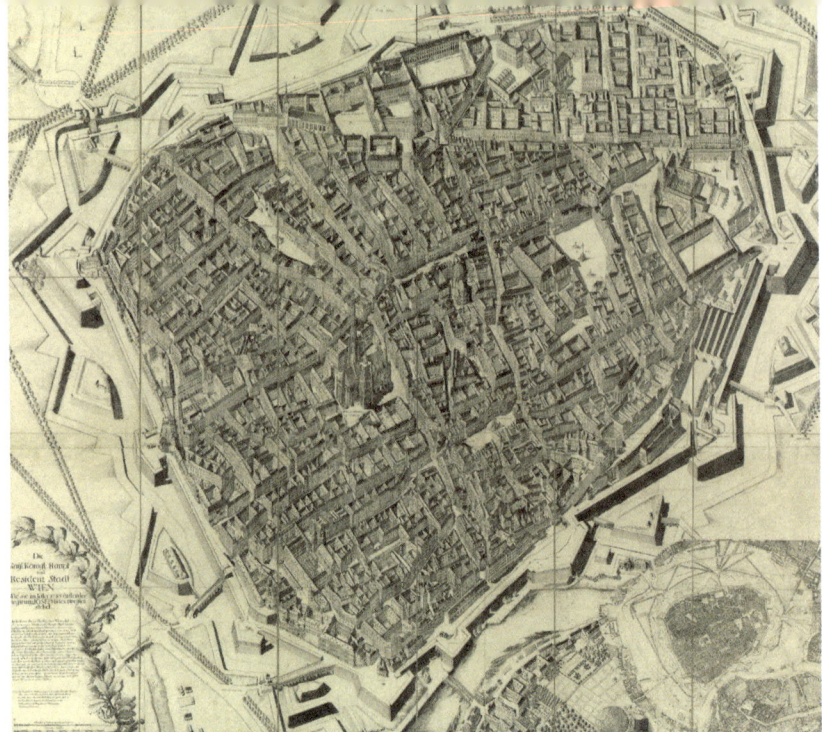

Ein Ausschnitt aus der berühmtesten aller Wien-Ansichten:
jener von Daniel Huber aus dem Jahr 1773.

noch nie von oben gesehen. Joseph Daniel Huber hatte den Plan gezeichnet. Vier Jahre zuvor hatte ihn das Kaiserhaus damit beauftragt. 1773
war er fertig und was er da vorlegte, weitete die kaiserlichen Augen. Es
ist wahrscheinlich der heute berühmteste Plan der Stadt, auf dem sich
so einiges gleichzeitig deutlich abzeichnete: Aber vor allem, wie sehr
die Stadt seit dem Jahr 1683 zugelegt hatte. An Größe, zumindest vor
den Stadttoren, an dichter Verbauung. Und vor allem auch an barocker
Pracht und städtebaulicher Symmetrie. Sogar die Handschrift Joseph II.
konnte man aus dem Plan herauslesen, wenn man wollte. Obwohl er zu
jenem Zeitpunkt erst ein paar Jahre wirklich etwas mitzureden hatte.
Die weiten Flächen vor den Stadttoren und die geraden Linien, die sich
dort kreuzten, deuteten schon etwas an: Hier hat sich jemand Gedanken
gemacht. Sogar an allerhöchster Stelle.

Joseph II. liebte zweierlei: die Symmetrie. Und fast noch mehr: die Ordnung. Die geometrische und visuelle sowieso. Aber vor allem auch die soziale und öffentliche Ordnung. „Das mutwillige Schreien und Händeklatschen auf der Gasse ist bei angemessener Strafe ohne Rücksicht des Standes verboten", wies er etwa im Sommer 1781 an. Ruhe, bitte. Und das galt für alle. Joseph II. machte da keinen Unterschied. Er hatte es einfach gern ordentlich, vor allem auch auf der Straße. 1782 verfügte er, dass ab Juni vor jedem Haus in Wien zweimal am Tag aufgespritzt werden müsse. Damit allein hat er sich noch nicht in die Geschichtsbücher eingetragen. Eher damit, dass er auch gern Traditionen und Konventionen hinterfragte. Das wurde schon in eher frühen Amtshandlungen klar. Etwa mit der Aufhebung der „zu vilen und überhäuften Galatage und die gänzliche Abschaffung der Glückwunschaufzüge an sämtlichen Geburts- und Namenstagen von Mitgliedern der kaiserlichen Familie". Na geh, dachte sich das Volk. Der Herrscher, eine Spaßbremse.

Am liebsten war Joseph II. aber Ordnung überhaupt, wenn sie vom Typ „Neuordnung" war. Egal ob in der Politik, in der Verwaltung oder „nur" im Städtebau. Als Reformator konnte er sich auch schon bald profilieren. Abzuschaffen und zu hinterfragen, gab es zuhauf. Allein die Klöster, die er schließlich auflösen ließ. Er war ein wichtiger Gestalter der Stadt. Nicht nur durch bauliche Maßnahmen. Auch dadurch, dass er versuchte, die Gesellschaft neu zu ordnen. Allein sozial. Das zeigte Wirkung in Wien. In kaum einer Zeit zuvor, mutmaßen Historiker, ist so viel für die Armen getan geworden. Der Kaiser war Kümmerer und Aufräumer zugleich. Er wollte wirken, wo er konnte, das sagte er selbst. Und wenn, dann möglichst unmittelbar. Das ging ganz gut per Dekret. Vor allem, wenn er die eine oder andere Agenda zur persönlichen Angelegenheit erhob. Da gefiel er sich in der Rolle des „Anordners". Selbst für einige gestalterischen Details im Stadtraum hat er persönliche „Direktiven"

ausgesendet, wenn er etwa beschrieb, wie die Bäume auf dem Glacis gepflanzt werden sollten oder wie groß die Buchstaben sein sollten, die die Gassennamen an allen Straßenecken an die Mauer schrieben. Da hatte er ganz konkrete Vorstellungen. Wie auch bei den Wegen, die er durch Wien legen ließ. Egal, ob sie innerhalb der Parks und Gärten die Lustwandelnden führten. Oder ob sie sich quer durch die Stadt zogen. Hauptsache, sie waren möglichst gerade. Eine hübschere Linie, die gab es nicht für ihn. Und wenn sie dann noch Jagdrevier und Auwald miteinander verbanden, sind sie besonders schön geraten. Ein paar Alleen ließ er zunächst durch das Gehölz zwischen Donau, der heutigen Oberen Augartenstraße schlagen. Wenn sich dann ein paar Geraden in einem riesigen Stern mit anderen treffen, umso besser. Wie in der Nähe des Praters. Dort begegnen sich noch heute ein paar Straßen vom Typ „Diritissima", die Joseph II. in dieser Form in die Landschaft legen ließ. Eine zieht sich vom Augarten, einer der Lieblingsplätze von Joseph II.,

Eine symmetrisch gezähmte Insel auf der Aufwald-Insel: der Augarten.

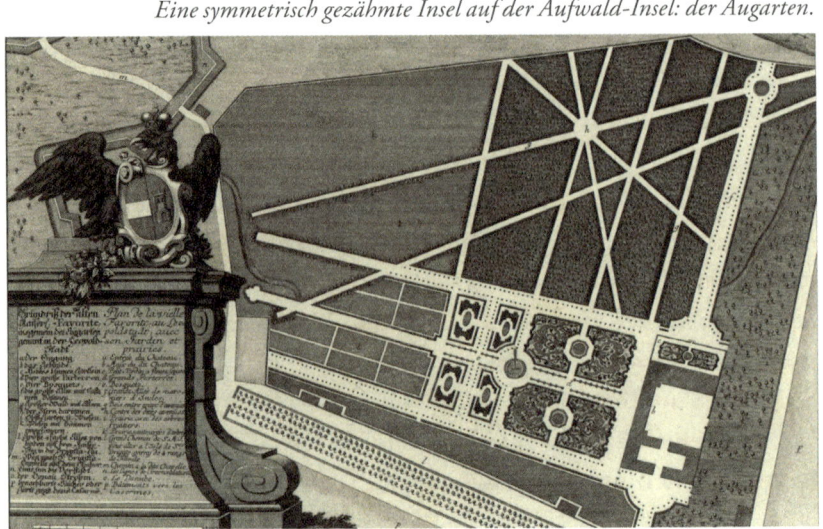

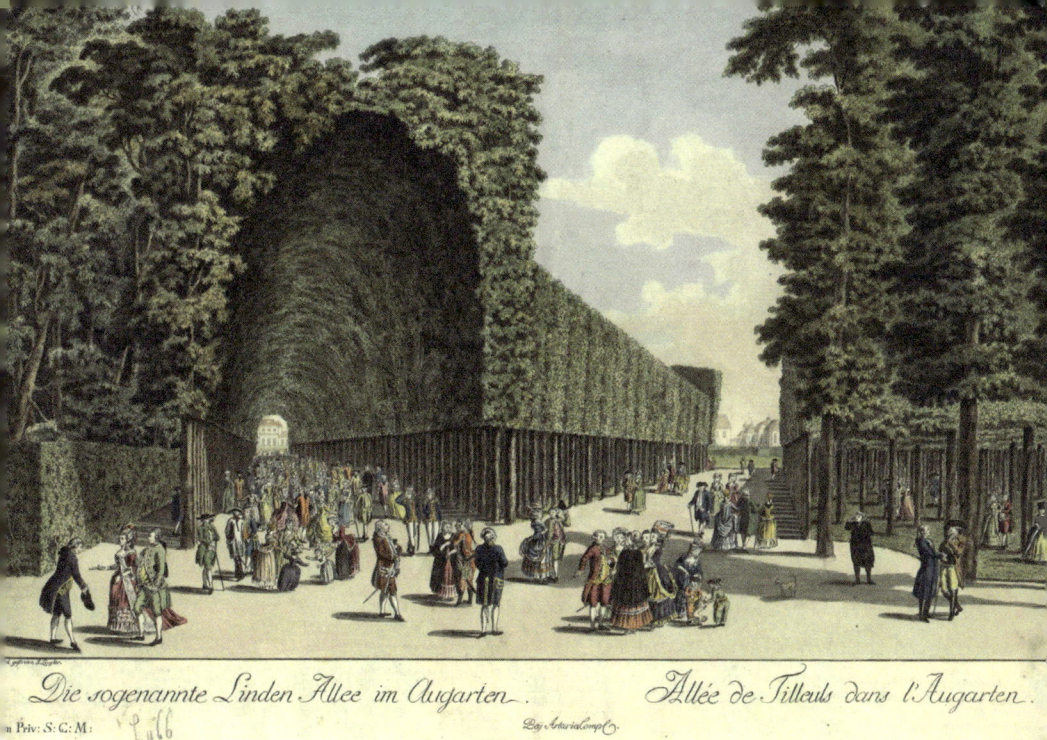

Die sogenannte Linden Allee im Augarten. Allée de Tilleuls dans l'Augarten.

n Priv: S: C: M: Bey Artaria Comp.

Grün für alle: Joseph II. erweiterte für die Stadt den öffentlichen Raum.

quer durch den Auwald in Richtung Prater, die heutige Heinestraße folgt ihrem Weg. Und der Verlauf einer Anordnung aus dem Jahr 1780. Nach dem Praterstern geht es genauso gerade weiter, quer durch das Jagdgebiet, als Prater Hauptallee. Diese allerdings ist keine von Josephs Erfindung. Sie lag damals schon viele Jahrzehnte genauso schnurgerade dort, wie ihr heute all die Radfahrer, Inlineskater und Läufer folgen. Wichtig war Joseph II. nur, dass die Wege die Punkte der Stadt auch visuell und inhaltlich verbanden. Auch die Ausstellungsstraße und die Lassallestraße ließ er als Alleen anlegen und sich beim berühmten Stern in Praternähe kreuzen.

Gerade nördlich des heutigen Donaukanals fand Joseph II. sein ganz persönliches Revier, um „wirksam" zu werden. Natürlich auch mit seinem Faible für die Zahlenmystik. In seinem Hofarchitekten Isidore

Canavale hatte er darin den idealen Komplizen gefunden. Er war überall umtriebig, wo sich der Kaiser landschaftsarchitektonisch und städtebaulich selbst einbrachte. Der Architekt zirkelte dem Kaiser dort die Geraden und Geometrien hin, wo er wollte. Vor allem eben auch das hochgeschätzte „Oktagon". Ein solches fädelt ja sogar die Prater Hauptallee in ihrem Verlauf auf. Nämlich das Prater Lusthaus, das Joseph II. errichten ließ. An einer Stelle, an der schon seit dem 16. Jahrhundert ein kleines Jagdhaus gestanden war, Kaiser Maximilian II. hatte es damals in Auftrag gegeben.

Hof und Adel, alle schön isoliert vom Rest der Bevölkerung in ihrer geschützten, zeremoniellen Blase. So waren sie es gewohnt. Hauptsache, es flattert dann und wann ein Fasan vorbei. Oder ein Wildschwein taucht im Unterholz auf. Abgesehen davon tummelten sich im Prater nicht allzu viele Lebewesen. Vor allem nicht auf zwei Beinen. Dann kam Joseph II. und ließ die Blase platzen. Er öffnete den Prater für die Allgemeinheit. Sprich: für jeden. Oder wie er es 1766 formulierte: für „Jedermann ohne Unterschied". Für jene, die gern ihr eigenes abgetrenntes Revier zum Lustwandeln und Spazierenfahren hatten, war das natürlich ein Affront. Denn die Allgemeinheit, das konnte ja nur eines bedeuten: der Pöbel. Vor allem auf dem anderen Terrain, das Joseph II. ebenfalls öffnete, befürchtete man Schlimmstes in dieser Hinsicht. Denn auch den Augarten, ausgewiesener Lieblingsort von Joseph II., gönnte er nicht nur einer kleinen Zahl von Privilegierten. Nein, alle sollte etwas davon haben. Und deshalb ließ er auch auf das Eingangsportal des Augartens, sein Hofarchitekt Isidor Canavale hatte es natürlich gebaut, eine Widmung schreiben: „Allen Menschen gewidmeter Erlustigungs-Ort von ihrem Schätzer".

Das war zu viel Bruch der Konvention auf einmal für den Adel. Er ersuchte Joseph II., die Anordnung wieder zurückzunehmen. Darauf soll dieser eine legendäre Antwort gegeben haben, die leider eben

hauptsächlich Legende ist: „Wenn ich desselben Sinnes wäre und mich nur unter meinesgleichen bewegen wollte, gäbe es für mich in Wien keinen anderen Aufenthaltsort als die Kaisergruft bei den Kapuzinern." Also musste sich der Adel mit den geschaffenen Tatsachen arrangieren und notgedrungen auch mit dem Pöbel. Doch der wagte sich anfangs ohnehin nicht in seine Nähe, das hatten manche Beobachter schon so prophezeit. Außerdem stand da auch ein Wächter am Eingang, der Gesindel seines Weges schickte. Und der sollte nicht durch die großen Flächen führen, die Joseph II. extra noch einmal hübsch gestalten ließ. Das Areal wurde erweitert, neue Alleen mit schattenspendenden Bäumen angelegt, Bänke aufgestellt. Und sogar für die Geräuschkulisse wurde gesorgt: Dafür wurden extra Nachtigallen ausgesetzt. Joseph ließ sich auf seinem Lieblingsareal auch eine Unterkunft hinbauen, das sogenannte „Josephstöckl" oder „Kaiser-Joseph-Stöckl". Ein vergleichsweise schlichter Sommersitz, ein ursprünglich ebenerdiger Pavillon. Natürlich noch ein Projekt von Isidor Canavale. Und wie üblich redete der Kaiser selbst ausgiebig bei der Gestaltung mit. Heute beherbergt das Gebäude die Musikvolksschule der Wiener Sängerknaben. Dort residierte Joseph II. am liebsten. Hier fühlte er sich deutlich wohler als in Schönbrunn, in dem Schloss, das seine Mutter so liebte. In jenem Umfeld bleibt sein Name zumindest in einem gastronomischen Projekt sichtbar: „Joseph II." nennt sich das Lokal im sogenannten „Kontrollorstöckl", nahe des Meidlinger Tores. Es referenziert nämlich auf eine weitreichende Entscheidung, die sich damals wahrscheinlich gar nicht so wichtig anfühlte: Indem Joseph II. den Winzern erlaubte, alles auszuschenken, was sie selbst ernteten und produzierten, hatte er auch eine Kultur gestiftet. Eine typisch Wienerische. Der Heurige war erfunden. Im Jahr 1784. Und darauf verweist der Name des Lokals.

Einem gestalterischen Gestus blieb Joseph II. jedoch an verschiedensten Stellen treu: dem „Öffnen". Und das begann sogar in der Innenstadt,

rund um die Hofburg. Dieser fehlte seiner Meinung nach ohnehin ein gestalterisches Merkmal, die Harmonie. Die Burg war eher Patchwork als Ensemble. Und das sollte man ihr zur Stadt hin nicht mehr so sehr ansehen, eine einheitliche Fassade sollte sie bekommen. Nicolò Pacassi, der für Josephs Mutter Maria Theresia das Schloss Schönbrunn schon so prachtvoll upgedatet hatte, wurde damit beauftragt. Und nicht nur das: Die Hofburg öffnete sich zur Innenstadt. Denn 1767 wurde der Augustinergang abgetragen, bis dahin hatte er die Hofburg mit dem Augustinerkloster verbunden und damit den Platz, der nichts weiter war als ein „Reit – und Tummelplatz", auch von der Stadt abgetrennt. Jetzt entstand ein von drei Seiten eingefasster „Ehrenhof" – neuer öffentlicher Raum in der ohnehin so engen Innenstadt. Es ist der heutige Josefsplatz, der schon seit 1786 diesen Namen trägt. 20 Jahre später ließ Joseph II. seinen Namen noch einmal an dieser Stelle in der Stadt zurück: Seit 1806 steht ein Reiterstandbild des Namensgebers auf dem Platz.

Doch auch direkt vor der Stadt war genügend Grün und Raum, was man besser nutzen könnte, meinte der Kaiser. Aufgefallen war nämlich das Glacis vor den Stadtmauern bislang hauptsächlich dadurch, dass es unbebaut, eben und leer war. Das war gewollt so. Oder besser: verfügt so. Schon von Kaiser Leopold I. Auf der Breite von 450 Metern durfte sich kein Bauwerk und kein Baum ins Sichtfeld schieben. Alles musste weg: Hecken, Hügel, Mauern. Da blieb nichts als karge Landschaft, die einmal zu staubig und einmal zu schlammig war. Je nach Wetterlage. Die militärische Logik der freien Schusslinie wollte es so. Und auch auf dem Plan, den Joseph Daniel Huber dem Kaiser ausgebreitet hatte, fällt das weitläufige unbebaute Terrain deutlich auf. Aber nicht nur als Leerstelle, sondern auch dadurch, dass sich dort bereits baumgesäumte Linien kreuz und quer übers Feld ziehen. Denn Joseph II. wollte es zwar weitgehend frei, aber nicht ungestaltet belassen. Wenn nicht gerade Heu-, Pferde-, Getreide, Holz- oder Obstmarkt anstand, war ja nicht besonders viel los da

draußen. Aber: Menschen und Wagen durchquerten das Terrain täglich. Und schon bald konnten sie das auf befestigen Fahr- und Fuhrwegen tun. Hier auf dem Glacis fand der Kaiser die Spielwiese, auf dem er ordentlich „aufräumen" konnte. „Mistgstettn" waren die Flächen zuvor genannt worden. Jetzt sollte es auch als öffentlicher Erholungsraum taugen, auf dem man spazieren gehen konnte – der Kaiser hatte das räumliche Potenzial entdeckt. Und ließ es sogar beleuchten, von Bäumen beschatten. Über diesen Aspekt wachte Joseph II. sogar höchstpersönlich, 3000 Bäume hatte er entlang der neu angelegten Straßen auf dem Glacis angeordnet.

Und während sich Jagdgebiete auf der einen Seite Wiens an neue „Erlustigungen" gewöhnen mussten und das Glacis sich allmählich zur Spielwiese der Spazierer wandelte, geschah in Richtung Westen im Grün des Wienerwaldes etwas anderes: Hier wollte man ein Jagdrevier schützen, also umschließen, nicht öffnen. Die Konsequenz des Vorhabens: eine lange, lange Mauer und ein „Armer Schlucker", der als Redewendung zumindest im Wortschatz Wiens erfolgreich war, wenn schon nicht als Bauunternehmer. Kaiser Joseph II. ordnete an, eine Mauer rund um das Hofjagdgebiet, den Lainzer Tiergarten, zu ziehen. Sie sollte das Revier vor Wilderern schützen und das Umland vor dem Revier. Oder eher vor den Wildtieren, die Siedlungen in der Nähe gerne heimsuchten. Ein niederösterreichischer Maurergeselle namens Philipp Schlucker hat angeblich dem Kaiser eine besonders kostengünstige Offerte zur Errichtung der Mauer vorgelegt. Dem Kaiser blieb nichts anderes übrig, als den Bestbieter zu beauftragen. Den Job erledigte er zur vollsten Zufriedenheit, aber der Herr Schlucker war danach zwar ein angesehener, aber ein ziemlich „armer" angeblich. Mit seiner Offerte dürfte er sich selbst finanziell zu sehr verausgabt haben. Belohnt wurde Schlucker trotzdem: mit einer Stelle als Waldamtsbaumeister und angeblich mit einem Grundstück in der Nähe von Baden. Ganz so schlimm, wie der Volksmund vermutete, war es dann für Schlucker wohl doch nicht gekommen.

Joseph II. und die Fürsorge

Das Glacis war bei Weitem nicht das einzige Terrain, auf dem Joseph II. systematisch aufräumte. Auch politisch war diese Vorgehensweise für ihn nahezu Standard. So sehr, dass in die Geschichtsbücher schließlich der Begriff „Josephinismus" eingegangen ist. Ein paar Laternen aufstellen, schön und gut, Parks öffnen, noch schöner, noch besser. Aber auch ganz grundsätzlich wollte er möglichst viel neu ordnen. Vor allem auch in der Gesundheitspolitik. Und in der Armenfürsorge. Der Kaiser als alleroberster Kümmerer. So wollte er sich profilieren, schien es zumindest. Aber eines stimmte natürlich auch: Wenn er sich um andere kümmerte, kümmerte er sich dabei auch immer ein wenig um sich selbst, um seine Position, um seine Macht, um seinen Staat. Nur die Liebe zum Menschen wird es nicht gewesen sein, die ihn antrieb, sozialpolitisches Engagement zu zeigen. Für eine stabile Monarchie brauchte Joseph II. nämlich vor allem eines: Volk, viel Volk. Und noch dazu: möglichst gesundes Volk. Denn nur dann könnte es nachhaltig mehr davon geben. Denn so sehr sein Reich auch territorial angeschwollen war, so sehr zur Weltmacht explodiert, um es mit Untertanen stabil zu füllen, waren einfach zu wenige Menschen da. Weil zu viele von ihnen starben und noch dazu meistens viel zu früh. So hatten die Gesundheitsreformen insbesondere ein Ziel: Sie sollten die Lebenserwartung nach oben schrauben. Und dafür sollte Wien, die Reichshauptstadt, mit gutem Beispiel vorangehen: Wien sollte gesünder werden. Das bedeutete vor allem auch: sauberer.

In einer Stadt wie Wien zu wohnen, konnte oft tödlich enden. Rascher als gedacht. Hungersnot, Epidemie, sonstiges Elend, Armut: So einiges konnte einen dahinraffen im Wien jener Tage. Denn so prunkvoll und prächtig die Stadt auch gediehen war, sie war trotz allem eines: ziemlich dreckig. Das bemerkte man schnell, wenn man aus dem privaten Barockgärtchen abbog hinaus in die Stadtrealität. Da waren sie plötzlich

überall, die Armen, die „Siechen", die „Irren", die „Wahnwitzigen", die Obdachlosen und die Invaliden. Mit anderen Worten: die Gesellschaft. Allein die Kriege – man hatte ja mittlerweile reichlich Territorium, das man verteidigen musste – spülten stetig neue Bedürftige in die Stadt. Und diese Menschen brauchten Versorgung, Zuwendung und Häuser, in denen sie unterkommen konnten. Auch darum wollte sich Joseph II. kümmern, nicht nur darum, dass die Alleebäume auch gesunde Wurzeln schlagen konnten auf dem Glacis.

Seine Reformen prägten Stadt und Stadtbild. Denn viele Häuser, Bauwerke und neue Areale waren eine Konsequenz der politischen Entscheidungen. Viele Funktionen und Aufgaben, denen diese neuen Häuser dienten, hatte es in Wien in dieser Form überhaupt noch nicht gegeben. Auch Joseph II. hat Ähnliches auch erst auf seinen ausgiebigen Europareisen, vor allem nach Frankreich, entdeckt, wenn er etwa zu Besuch bei seiner Schwester Marie Antoinette war. Wie etwa im Jahr 1777. Einige medizinische Institutionen und Einrichtungen der Armenfürsorge hatte sich der Kaiser dort zum Vorbild genommen. Besonders das „Hôtel-Dieu" in Paris hatte ihm imponiert. Aber auch andere Wohlfahrtsanstalten, Spitäler, Findel- und Waisenhäuser hatte er besucht. Genauso wie eine Ausbildungsstätte für Militärchirurgen. Auch die hinterließ ganz schön Eindruck.

Die Konsequenz für Wien: Hier ließ Joseph II. 1783 die „K. K. Medizinisch-Chirurgische Militärakademie" errichten, kurz „Josephinum" genannt. Der Haus- und Hofarchitekt des Kaisers durfte in gewohnter Architekturqualität wieder abliefern: diesmal einen Entwurf im Stil eines klassizistischen Pariser Stadtpalais. Heute beherbergt das Gebäude einzigartige Sammlungen der Medizinischen Universität Wien, wie etwa die berüchtigten anatomischen Wachsmodelle. Und das ist nur ein Gebäudekomplex von mehreren, die aufgrund der damals innova-

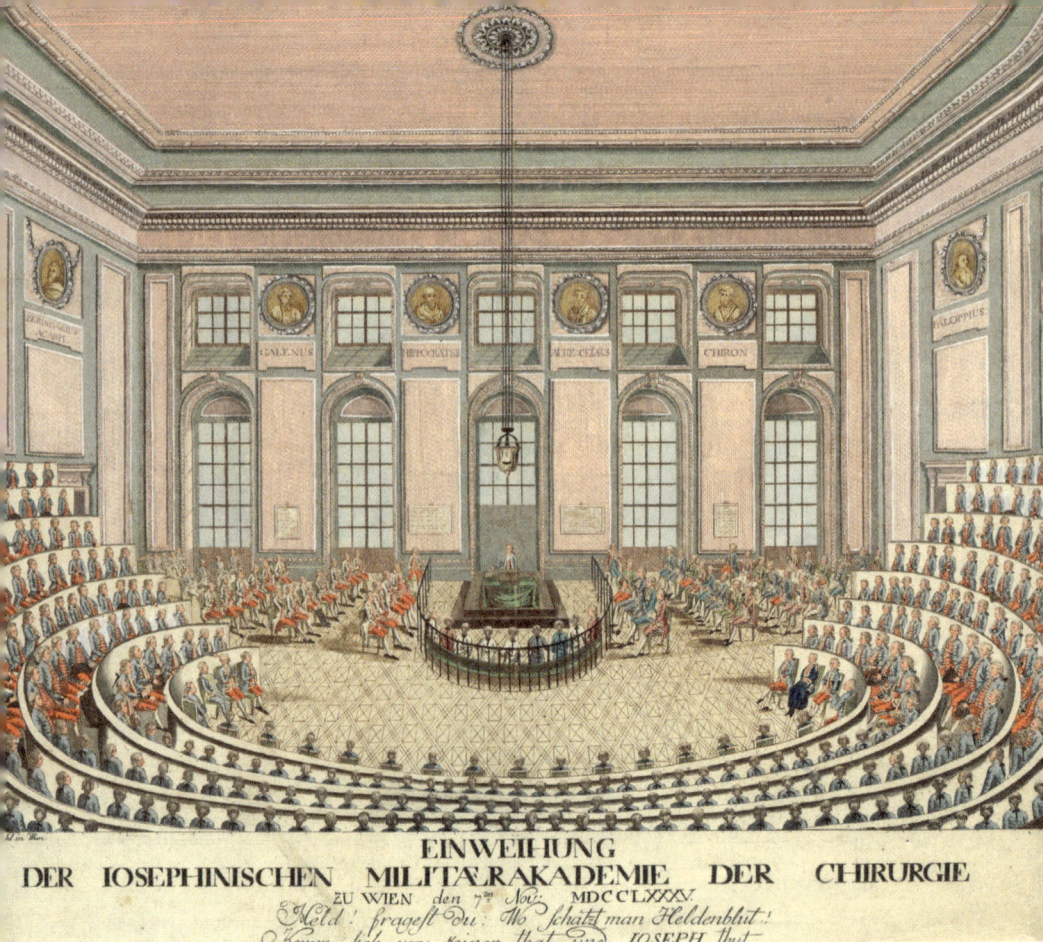

EINWEIHUNG
DER IOSEPHINISCHEN MILITÆRAKADEMIE DER CHIRURGIE
ZU WIEN den 7ᵗᵉ Nov: MDCCLXXXV.
Held: fragest du: Wo schätzt man Heldenblut:
O komm hieh von Kaiser that und JOSEPH thut

Das „Josephinum": auch so ein Prestigeprojekt von Kaiser Joseph II.

tiven Gesundheitspolitik von Joseph II. im 9. Bezirk, dem Alsergrund, entstanden. Eine Gegend, die sich in jener Zeit so dynamisch veränderte wie die ganze Stadt. Ein Wachstumsschub hatte die Einwohnerzahl 1779 auf 200.000 Menschen hochgetrieben. Zwischen Stadtmauern und Linienwall waren schon fast 4000 Häuser gebaut, in der Alservorstadt vielleicht knapp 200. Aber schon von jenen widmete sich das eine oder andere besonderen Aufgaben, jenen der Armenfürsorge. Wie etwa das „Bäckenhäusel" auf der heutigen Währinger Straße, auf jener Höhe,

wo heute das Neue Chemische Institut liegt, es diente auch früher als Pest-Lazarett. Oder der „Kotumaz-Hof", der hauptsächlich Aussätzige und „sieche" Bettler beherbergte.

Aber noch „größer" angelegt, das sagt dann schon sein Name, war das „Großarmenhaus". Es war das bauliche Fundament für jene Einrichtung, die sich am großflächigsten in die Stadtmorphologie des 9. Bezirks einschreiben sollte: das „Allgemeine Krankenhaus", eine „Erfindung" von Joseph II. Oder wie man es in etwas älteren Geschichtsbüchern nannte: eine „Machtschöpfung". Gleichsam als Leuchtturmprojekt seiner Vorstellung von innovativer Gesundheitspolitik. Und nicht nur baulich-strukturell war das Krankenhaus etwas völlig Neues, auch von seinem sozialen Ansatz her. Denn da kam wieder dieser Faktor „alle" ins Spiel, den Joseph II. schon im Prater, Augarten und anderer Stelle forciert hatte. Denn alle sollten im „Allgemeinen Krankenhaus" Platz und Betreuung finden. Und zwar jeder so, wie er es benötigte, nicht wie zuvor, wo es in der Versorgung keinen Unterschied gab, egal wohin man kam. Krank oder arm sein: Das war für die Spitäler meist dieselbe Form von Elend. Egal ob es Bettler, Waisenkinder, Irrsinnige, Gebärende, Kranke, Sieche, invalide Soldaten waren. Es waren einfach „Spitäler" oder „Armenhäuser" und „Versorgungshäuser". Wer in ihnen unterkam, konnte ohnehin nicht besonders viel erwarten. Nur ein Dach über dem Kopf, Essen und geistlichen Beistand. Auch die „Bürgerspitäler" waren eine Einrichtung für Kranke, Verletzte, Schwangere, Findel- und Waisenkinder. Für alle waren sie gleichzeitig zuständig. Die Reform von Joseph II. nahm sich deshalb eines vor: bewusst einen Unterschied, eine Trennung der Aufgaben der einzelnen Häuser vorzunehmen. Wer in welchen „Häusern" betreut werden sollte, legte Joseph II. in seinen „Direktivregeln" genau fest. Mit ihnen organisierte er das System der Wohltätigkeitseinrichtungen völlig neu. Jetzt hatten die Findelkinder ihre Findelhäuser und die Wöchnerinnen ihre Wöchnerinnenheime.

Und die invaliden Soldaten eine Stelle, wo hauptsächlich invalide Soldaten betreut wurden. Auch „Wahnwitzigen" wurden speziellen Häusern
zugewiesen, sie bekamen von Joseph II. sogar noch ein Extraportion
Aufmerksamkeit, wie sich später im Projekt „Narrenturm" zeigen sollte.
Eine Menge hatte sich der Kaiser da vorgenommen. Dafür schien
ein Areal vor den Toren Wiens gerade groß genug. Jenes, auf dem sich
das „Großarmenhaus" über Jahrzehnte stetig entwickelt und ausgewei-
tet hatte. Aus ihm heraus sollte schließlich das „Allgemeine Krankenhaus" wachsen. Ein Kompromiss sicher, aus Budgetgründen. Manche
Mediziner hätten andere kleinteiligere Lösungen forciert, allein wegen
der Ansteckungsgefahr. Und manche hätten sich vielleicht sogar noch
mehr „Luft" im baulichen Konzept gewünscht. Obwohl der Plan gerade
diesem Element ohnehin schon recht viel Platz einräumte, schon allein
durch die vielen Höfe. Schließlich klammerten sich viele Mediziner noch
an die „Miasmenlehre". Sie vermutete, dass schlechte Luft und Ausdünstungen die Ursache ziemlich vielen Übels seien. Ein Arzt, Johann
Peter Xaver Fauken, formulierte die Anforderungen an das neue Spital
in der Planungsphase etwa so: „Die neue Einrichtung muss sich auf
einer Anhöhe befinden, weil die Abend- und Nordwinde die vielen Ausdünstungen eher unwirksam machen und selbe wegen ihrer Heftigkeit
leichter zertheilen." Gute Auslüftung war alles. Und der Rest war gute
Luftzirkulation. Keine Friedhöfe sollten in der Nachbarschaft liegen.
Keine Sümpfe. Diesen Anforderungen entsprechend wurden schließlich
auch die neuen Gebäude angelegt, die das Areal des „Großarmenhauses"
erweiterten.

Die noch heute typische Hofstruktur des Universitätscampus ist die
Konsequenz daraus. Die Grundlage dafür lieferte aber schon die Gliederung des „Großarmenhauses". Auch dieses war über die Jahrzehnte
Hof um Hof gewachsen. Insgesamt waren es schlussendlich fünf, wie
auf alten Plänen zu sehen ist. Das Areal selbst war ja ein Geschenk:

Johann Theobald Frankh hatte es gestiftet, sein Testament im Jahr 1686 verfügte es so, der Frankhplatz in Wien erinnert an ihn. Leopold I. hatte schließlich die Errichtung angeordnet, eines Hauses oder besser – einer Ansammlung kleiner Häuser, umgeben von Gärten –, die sich an Kriegsinvalide und Obdachlose richten sollte. Nach den Türkenkriegen gab's von ihnen zuhauf. 1000 Menschen sollten zumindest Platz finden.

Spätestens als Joseph II. aus Frankreich mit aktuellen Eindrücken sozialer Institutionen zurückkam, war klar: Die Zukunft medizinischer Versorgung sieht anders aus. Er ließ die Anlage ausbauen und adaptieren. Den Beschluss fasste er 1783. Und wie üblich waren Anordnungen und Vorstellungen schon ziemlich konkret, als er sie aussprach: Die Rauchfänge sollten versetzt werden, die Aborte verlegt, die Stiegen abgebrochen. Dazu sollten Küchen eingerichtet werden, Ventilatoren eingebaut, die Fenster vergrößert. Und eines hatten die Kranken in Wien auch selten gesehen: Jeder Kranke bekam ein eigenes Bett. Insgesamt 2000 sollten es schließlich sein. In fünf Abteilungen: das allgemeine Krankenspital, das Gebär- und Findelhaus, die Siechenhäuser, eine Art Quarantänestation und das Tollhaus. Letzteres ein für damalige Verhältnisse durchaus innovatives Gebäude. Baulich isoliert waren die Menschen darin noch immer, das waren sie davor und das waren sie danach. Nämlich „jene, die Schaden oder Eckel verursachen (…) Wahnwitzige und mit Krebsen oder mit solchen Schäden behaftete Personen, welche aus der allgemeinen Gesellschaft, und aus den Augen deren Menschen müssen entfernt werden (…)", wie es Joseph II. in seinen Direktiven formulierte. Aber das Gebäude, das für sie bestimmt war, brachte zumindest eines in eine neue Form: den Versuch, eine neue Haltung gegenüber den psychisch Kranken zu finden.

Zuvor hatten sie in Wien kaum einen Platz, der auf sie baulich abgestimmt war. Bis in die Mitte des 18. Jahrhunderts waren sie in einem Gefängnis am Salzgries untergebracht. Außer sie wegzusperren, wusste man auch in Wien

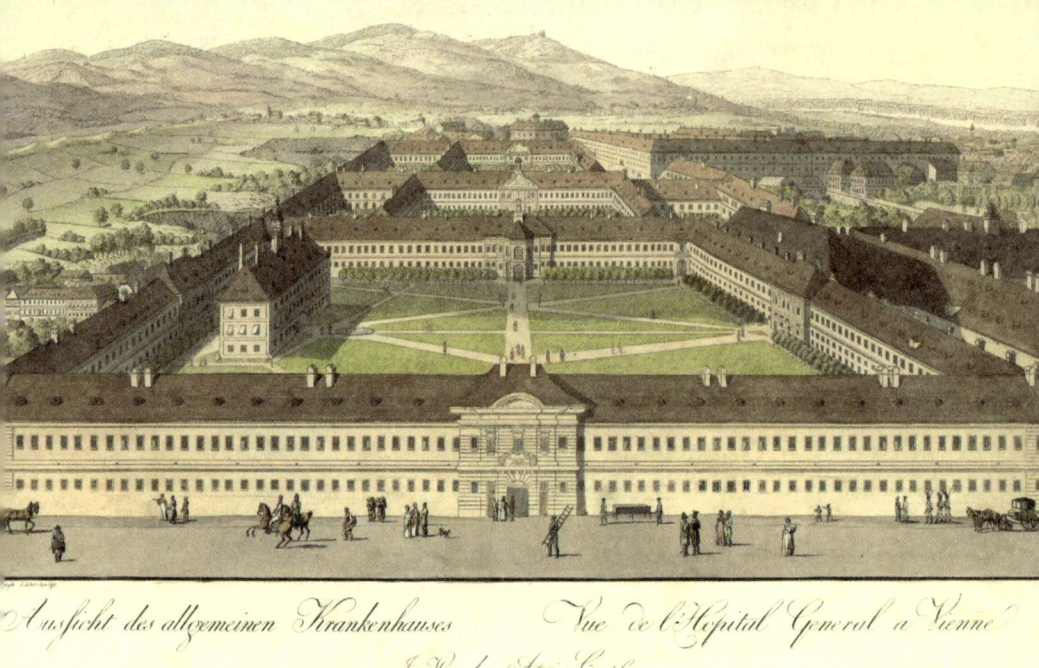

Ausicht des allgemeinen Krankenhauses   Vue de l'Hôpital General a Vienne

In Wien bey Artaria Compl.

Das Allgemeine Krankenhaus entstand auf dem
Areal des „Großarmenhauses" am Alsergrund.

lange nicht, was man mit den „Geistenkranken" anfangen sollte. Und natürlich: fernhalten vom restliche Wien. Umso lieber näherten sich am Wo-
chenende die Neugierigen. Es geriet beinahe zur Wochenendbelustigung,
den „Irren" am Salzgries zuzuschauen, wie sie tobten. Und auch in den
Hof des Allgemeinen Krankenhauses, in dem das neue „Tollhaus" stand,
kamen die Schaulustigen. Auch deshalb soll die Fassade heute so glatt
sein. Weil die neugierigen Wiener es nicht lassen konnten, immer wieder
hinaufzuklettern, um zu sehen, was die „Wahnwitzigen" denn so trieben
in ihren engen Zellen. Doch dass die Einrichtung überhaupt Fenster nach
außen hatte, galt schon als Innovation. Ein eigenes „Tollhausgebäude" zu
haben, fünf Stockwerke, ausschließlich gewidmet der „Irrenpflege", auch
das fiel unter Fortschritt. Und dass es fünf Etagen waren, muss auch kein
Zufall gewesen sein. Auch des Kaisers Faible für Zahlenmystik hatte es
sich so gewünscht. 1784 war das Bauwerk fertig, das gestalterische Vor-

bild für den damaligen Direktor des Allgemeinen Krankenhauses Joseph
Quarin sollen Festungsrundtürme gewesen sein. Er selbst soll den Entwurf
geliefert haben. Die Spitznamen blieben nicht lange aus. „Narrenturm"
nannte man das Gebäude. Oder in der Bevölkerung auch „Guglhupf".
In ihm umkreisten 139 Zellen, auch „Narrenbehältnisse" genannt, einen
kleinen runden Hof, den eine Gebäudesehne durchschnitt, über die man
in die verschiedenen Etagen gelangte. Jede Zelle verschloss eine eisenbe-
schlagene Holztür. Im Boden hatte man Eisenringe installiert. Der Kaiser
selbst schaute auf die Details, die „Wahnwitzigen", sie waren irgendwie zur
Chefsache geraten. Doch trotz all seines Engagements war die Innovation
„Narrenturm" schon 1869 wieder eine Anachronismus. Die Anstalt wurde
geschlossen. Heute ist die pathologisch-anatomische Sammlung des Naturhistorischen Museums dort untergebracht.

„Narrenturm" nannte die Wiener Bevölkerung die Einrichtung,
die Joseph II. initiiert hatte.

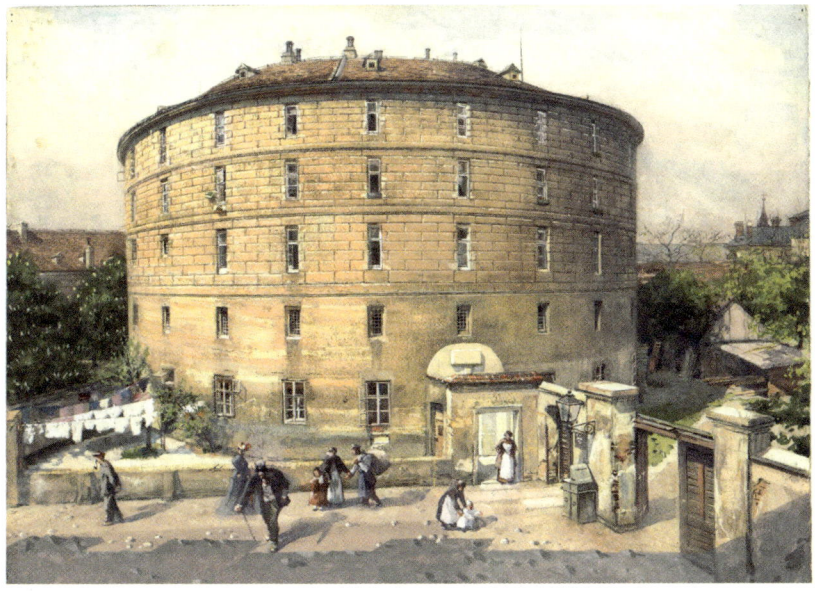

Joseph II. und die Friedhöfe der Stadt

Mit sauberer Luft war schon viel gewonnen in der Stadt, so die gängige Expertenmeinung in der Zeit von Joseph II. Deshalb verordnete er auch, dass man in der Nähe des Allgemeinen Krankenhauses keine Wäsche auf der Straße aufhängen dürfe. Und Tierkadaver so wie üblich einfach in den Alserbach hinter dem Spital zu werfen: auch verboten. Die bösen Ausdünstungen, die man so fürchtete, lauerten überall. Vor allem auch unter der Erde, wo die Toten verwesten. Gestorben wurde ja trotzdem zahlreich und regelmäßig, so musste sich der Kaiser allmählich nicht nur um die lebenden Wiener und Wienerinnen kümmern, sondern auch um die, die Kummer, Elend, Siechtum und Armut schon hinter sich gelassen hatten. Bald schon hatten die Friedhöfe der Stadt keine Kapazitäten mehr. Vor allem in der Innenstadt. Die Lösung: Die Lebendigen und die Toten voneinander klarer trennen. Vor allem räumlich. Im Mittelalter bestattete man ja die Toten noch mittendrin, im urbanen Leben, rund um die Kirchen. Nach 1683 konnte man die Flächen um die Stadt endlich auch für neue Gottesäcker nutzen. Doch auch diese füllten sich schnell mit Toten. Die Typhusepidemien grassierten.

Eine Begräbnisreform brachte der Kaiser somit auf den Weg, nämlich, dass die Friedhöfe hinaus aus der Stadt sollten. Dorthin, wo die frische Luft die Ausdünstungen günstig verweht. Zuvor beschloss man, die Menschen ohne Sarg zu begraben. Auf dass sie schneller verwesen sollten und sich die Ausdünstungsperiode verkürzt. 1772 verlautbarte Joseph II. die Friedhofsverordnung. Neue Friedhöfe sollten außerhalb des Linienwalls angelegt werden, verteilt entlang des heutigen Gürtels. Wo genau, das kann man noch ziemlich klar nachvollziehen. Denn wo einst die Gräber waren, hat das Grün im Stadtdickicht heute seine Enklaven. Denn aus den „Communalfriedhöfen" wurden später Parks. Das beschloss der Gemeinderat schließlich im Jahr 1922. Der „Zentral-

friedhof", der 1874 eröffnet wurde, hatte die kleineren, verstreuten Friedhofsanlagen längst obsolet gemacht. Wie etwa den St. Marxer Friedhof, der gleich außerhalb der Marxerlinie angelegt wurde. Er ist noch heute voller Grabstellen und Grabsteine, steht unter Denkmalschutz und wird vom Wiener Stadtgartenamt wie ein Park betreut und gepflegt. Den anderen ehemaligen Parks merkt man ihre frühere Rolle als „Communalfriedhof" deutlich weniger an. Dazu gehören der Waldmüllerpark im 10. Bezirk, der früher der Friedhof Matzleinsdorf war, der Haydnpark in Wien-Meidling, ehemals Hundsthurmer Friedhof an der Mariahilferlinie, der Vogelweidpark und der Märzpark auf dem Areal des Friedhofs auf der Schmelz sowie der Währinger Park, dem der Währinger Friedhof vorausging.

Als Wien völlig „Kaiser" wurde

Einer fehlt noch in der Reihe der Herrscher und Habsburger, die Wien erst so richtig Wien werden ließen. Es war der letzte in einer langen Reihe, der Gelegenheit hatte, in der Stadt Spuren zu hinterlassen. Und als hätte er geahnt, dass nach ihm keinem weiteren mehr viel Zeit gegönnt werden würde, hat er sie besonders auffällig gezogen: Kaiser Franz Joseph I.

Kaum ein anderer Name der Habsburger hallt lauter und nachhaltiger durch die Stadt. Er hatte ja auch besonders lange Zeit, für das Echo zu sorgen. Noch dazu ist in seiner Regierungszeit ziemlich viel passiert. Große Umbrüche standen an. Und so einige davon hat der Kaiser selbst mit angestoßen, mit ebenso großen Entscheidungen, manchmal vermeintlich lapidar per Handschreiben. Ständig war irgendetwas anzuordnen, auf den Weg zu bringen, in Gang zu setzen. Und ein paar Jahre danach dementsprechend zu enthüllen oder einzuweihen. Schließlich wollte die Monarchie, so kurz vor ihrem Ende, noch einmal alles

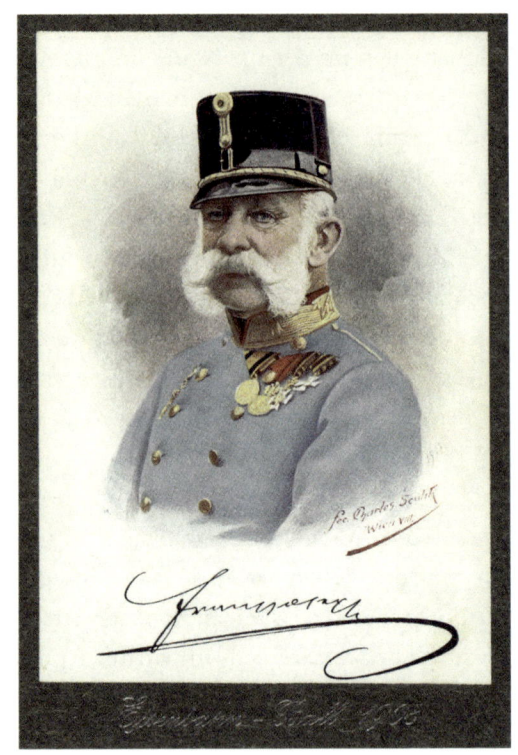

Kein anderer Kaiser prägte Wien so nachhaltig mit seinen Entscheidungen: Franz Joseph I.

ordentlich hochkochen, was retrospektiv als halbwegs glorreich und identitätsstiftend galt. Von den militärischen Erfolgen, die man in Öl gemalt und in Stein gehauen abfeierte, so viel wie möglich. Bis hin zur architektonischen Stilistik der Vergangenheit, zu der man lange keine zeitgenössische Alternative zu finden schien. Jedenfalls hat sich des Kaisers Willen und Wirken noch einmal extratief eingebrannt in das Stadtgedächtnis. Schließlich hat er auch schon früh angefangen, mit 18 Jahren, im Jahr 1848. Da kamen bis 1916 schon einige Gelegenheiten zusammen, bei denen an seiner Unsterblichkeit basteln konnte. Und noch dazu kamen die Thronjubiläen, zu denen man sich erst recht mit neuen Projekten wieder ins Rampenlicht bauen musste. Manchmal reichte es aber auch nur, dass man das gerade Gebaute nach dem Kaiser benannte. Bis zum Ersten Weltkrieg war das Usus. So alt konnte der Kaiser gar nicht sein, dass man sich seinen

Namen noch immer für Neues borgte. Allein das runde 50. Jubiläum hat sich in einem ziemlich markanten Kirchenbau niedergeschlagen: in der „Kaiser-Franz-Joseph-Jubiläumskirche" am Mexiko-Platz. An so vielen Häusern, Bauwerken und Orten in Wien haftet, hängt und klebt der Name des vorletzten Kaisers der Österreichisch-Ungarischen Monarchie. Wien wurde „Kaiser" durch und durch. Jedes Regierungsjubiläum noch mehr. Seiner Gnade, seiner Güte, seiner Umsicht, seiner Weitsicht, irgendeinem Aspekt des Monarchen war ständig irgendetwas in Wien zu verdanken. Vor allem jene Projekte, die Gnade, Güte, Umsicht und Weitsicht in Form von Architektur nach außen kommunizierten.

Brücken allein waren geeignete Objekte dafür, symbolisch aufgeladen wie sie sind. Wien war voller „Kaiser-Franz-Joseph-Brücken". Eine davon war die – eben – Kaiser-Franz-Joseph-Brücke, die heute die Floridsdorfer Brücke ist. Sie hatte ihren Ursprung gemeinsam mit einem noch viel bedeutsameren Infrastrukturprojekt, der Donauregulierung. Zwei Jahre dauert der Bau der Brücke, aber kaum war sie fertig, war sie schon fast wieder zu klein. Also musste Kaiser Franz Joseph 1913 noch einmal anrücken ans Donauufer, zur erneuten Grundsteinlegung für den Umbau. Dieser konnte erst nach dem Ersten Weltkrieg in den 1920er-Jahren eröffnet werden, dann schon unter dem Namen Floridsdorfer Brücke. Über den Donaukanal führte natürlich auch eine Kaiser-Josefs-Brücke, heute steht sie unter Stadionbrücke im Straßenregister. Einige Kilometer flussaufwärts überspannte die Kaiser-Franz-Joseph-Jubiläums-Brücke auch noch den Kanal, die heutige Heiligenstädterbrücke. Der Ursprungsnamen wurde aber nie richtig geläufig, er war einfach zu sperrig. Amtlich heißt sie trotzdem erst seit 1919 Heiligenstädter Brücke. Natürlich bekam auch das Wiental seine eigene Kaiser-Franz-Joseph-Infrastruktur, eine Brücke mit seinem Namen. Heute heißt sie Hietzinger Brücke.

Auch Krankenhäuser trugen gerne den Namen des Kaisers: etwa das Kaiser-Franz-Josef-Spital, heute Klinik Favoriten im 10. Bezirk. Weiter auf der Liste: das Kaiser-Jubiläumsspital, später das Krankenhaus Lainz, heute die Klinik Hietzing. Und natürlich das Kaiser-Franz-Joseph-Jubiläums-Kinderspital, das heutige Wilhelminenspital. Aber außer Wohlfahrt und Infrastruktur war da ja noch was: die inzwischen erfundene Freizeit. Ausflugswarten sowieso. Grünanlagen und Bäder genauso. Und die Kultur, die schrieb sich auch gern den Kaiser auf die Fahnen und Namen: Das Kaiser-Jubiläums-Stadttheater heißt heute Volksoper, die Kaiser-Jubiläumswarte nur mehr Jubiläumswarte, der Kaiser-Franz-Joseph-Regierungsjubiläums-Park nur mehr Forschneritschpark. Aber an manchen anderen Stellen der Stadt hat der Name überdauert: im Franz-Josefs-Bahnhof, oder im Franz-Josefs-Kai. Manchmal verschwand die Erinnerung an den Kaiser mit den Dingen selbst, die nicht überlebten: Der Kaiser-Franz-Joseph-Kaserne erging es so. Oder man benannte die Dinge wieder lieber nach dem,

Das „Kaiser-Franz-Joseph-Tor" der „Franz-Josephs-Kaserne".

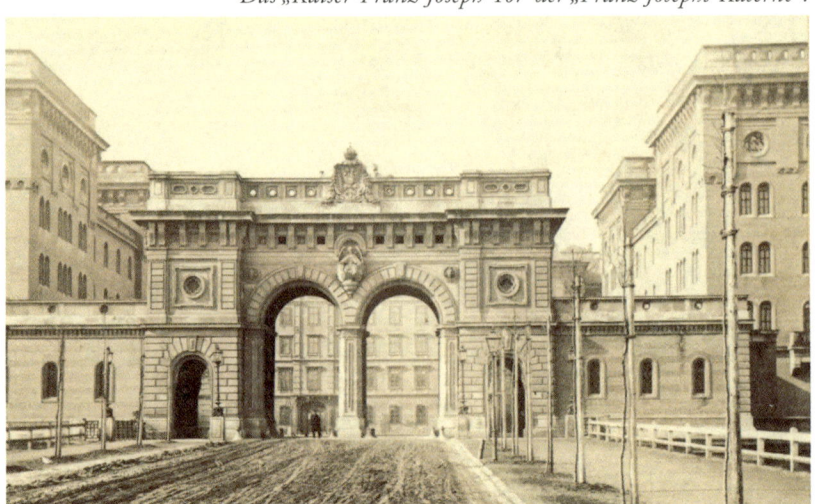

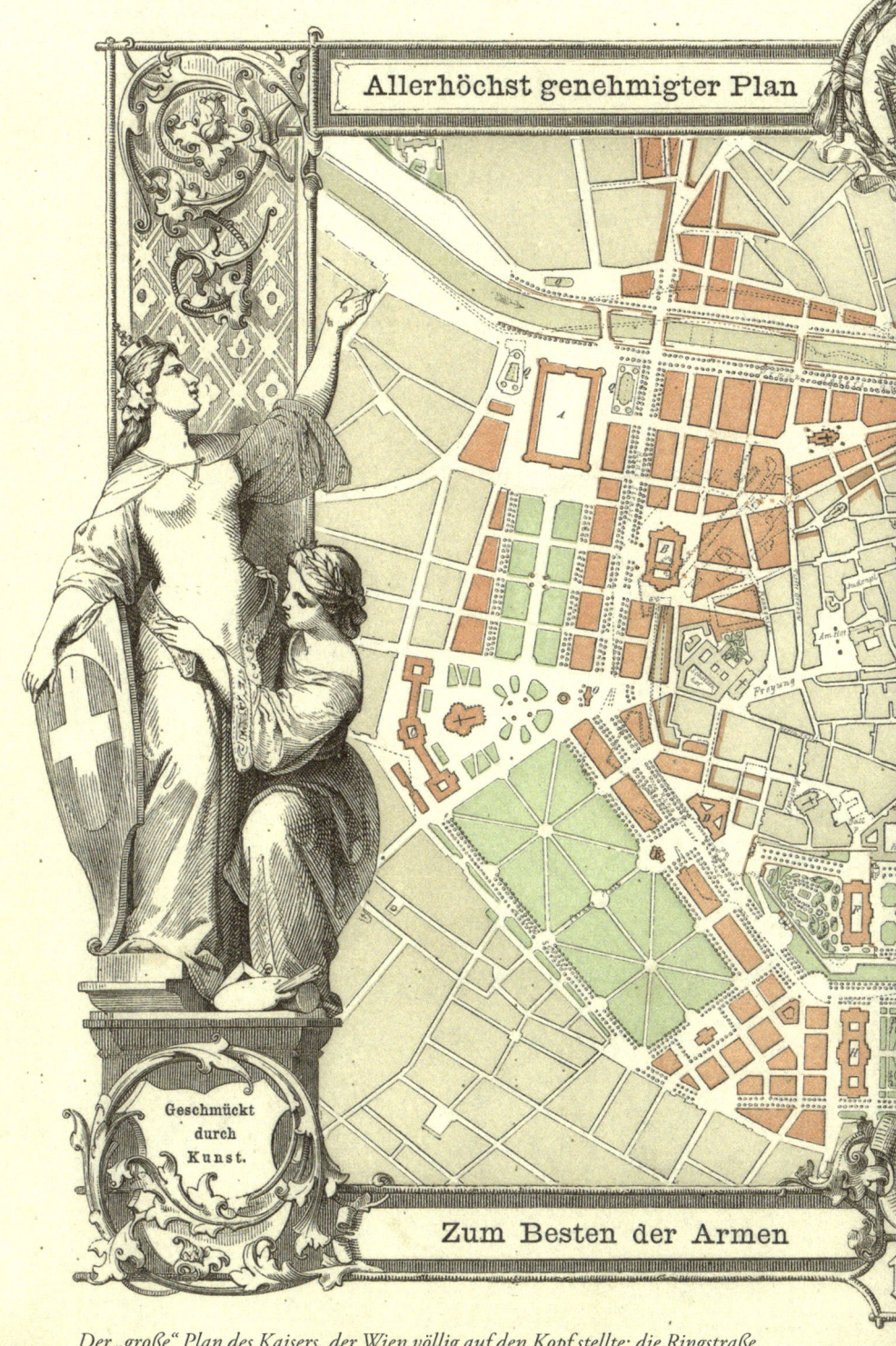

Allerhöchst genehmigter Plan

Geschmückt
durch
Kunst.

Zum Besten der Armen

Der „große" Plan des Kaisers, der Wien völlig auf den Kopf stellte: die Ringstraße.

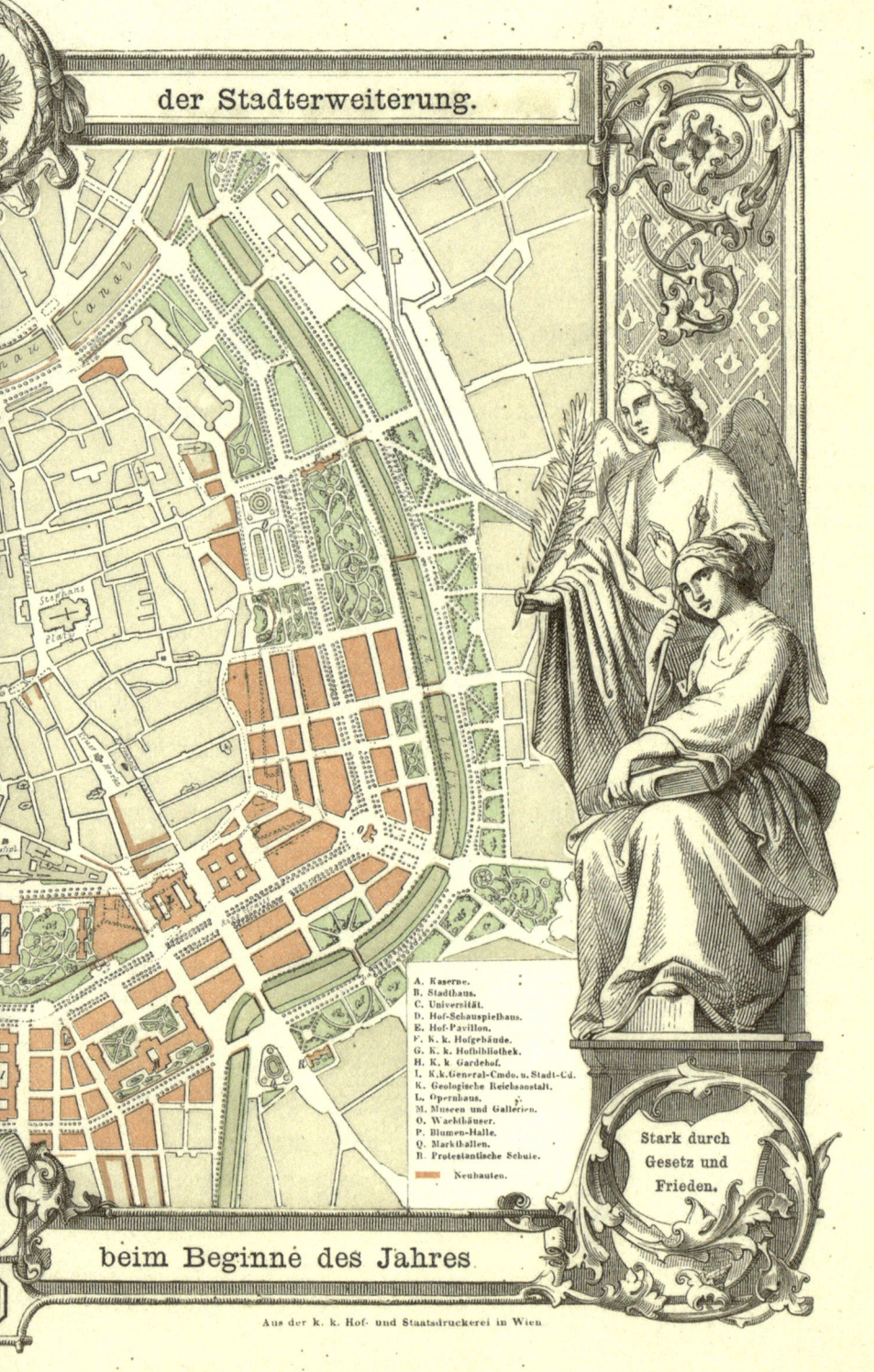

der Stadterweiterung.

A. Kaserne.
B. Stadthaus.
C. Universität.
D. Hof-Schauspielhaus.
E. Hof-Pavillon.
F. K. k. Hofgebäude.
G. K. k. Hofbibliothek.
H. K. k. Gardehof.
I. K.k.General-Cmdo. u. Stadt-Cd.
K. Geologische Reichsanstalt.
L. Opernhaus.
M. Museen und Gallerien.
O. Wachthäuser.
P. Blumen-Halle.
Q. Markthallen.
R. Protestantische Schule.

Neubauten.

Stark durch
Gesetz und
Frieden.

beim Beginne des Jahres

Aus der k. k. Hof- und Staatsdruckerei in Wien.

was sie sind, also: Erste Wiener Hochquellleitung. Ursprünglich hieß sie natürlich Kaiser-Franz-Josef-Wasserleitung.

Aber mit Worten und Namen allein hallt man sowieso nicht so lautstark nach in der Stadtgeschichte. Dazu taugen eher die Taten. Oder die großen Entscheidungen, die alles verändert haben. So wie eine Ringstraße zum Beispiel. Es war für Wien wahrscheinlich die entscheidendste Willenserklärung des Kaisers. Ein „Allerhöchstes Handschreiben" war es, das diesen Willen im Jahr 1857 formulierte. In der Wichtigkeit viel „höher" konnte man kaum ein anderes ansetzen. Das Schreiben richtete sich an den Innenminister, an den „lieben Freiherr von Bach". Und der Kaiser deklarierte gleich direkt, wie er Wien in Zukunft haben wollte. Hier und da ist es vielleicht nicht ganz so glamourös und prunkvoll ausgegangen wie ursprünglich geplant. Auf das Kaiserforum zwischen Hofburg und den zwei großen Museen musste der Kaiser verzichten. Schließlich muss man sich so schöne Visionen von „Neu-Wien" auch erst einmal leisten können. Und diese hat sich der Kaiser im Vorfeld schon ziemlich konkret ausgemalt, wie er allein im Handschreiben schon formuliert: „Auf die Herstellung öffentlicher Gebäude, namentlich eines neuen General-Kommandos, einer Stadt-Kommandatur, eines Opernhauses, eines Reichsarchivs, einer Bibliothek, eines Stadthauses, dann der nöthigen Gebäude für Museen und Galerien ist Bedacht zu nehmen und sind die hierzu bestimmenden Plätze einer unter genauer Angabe des Flächen-Ausmaßes zu bezeichnen." So stand's im Handschreiben, das zur Wiener Ringstraße führte und für Wien gleichzeitig eine neue Ära einläutete. Bei der Ausgestaltung der Ringstraße wurden die Vorgaben des Kaisers stellenweise sogar noch detaillierter: „100 Wiener Klafter" sollten in gerader Linie frei und unbebaut belassen werden. Eine Fahrstraße, ein Fuß- und ein Reitweg, sollte den Boulevard rund um die Innenstadt begleiten. Und die Straße obendrein „in der Art

angelegt werden soll, dass dieser Gürtel eine angemessene Einfassung von Gebäuden abwechselnd mit freien zu Gartenanlagen bestimmten Plätzen erhalte".

Zu ein paar städtebaulichen Entscheidungen musste man den Kaiser aber dann doch ein wenig später überreden. Vor allem der Bürgermeister Cajetan Felder hatte einen guten Draht zu ihm. Und konnte ihn überzeugen, den Exerzierplatz am Josefstädter Glacis, an den sich der Kaiser lange geklammert hatte, aufzugeben. Das machte endlich genügend Stadtraum frei für das neue Wiener Rathaus und den Rathauspark davor. Bei anderen Projekten allerdings war der Kaiser sturer. Doch solange es um die imperiale Repräsentation oder Verklärung der Vergangenheit ging, konnten Projektbetreiber mit offenen Ohren rechnen. Auch wenn die Architektur in die Vergangenheit schaute und die Politik gerne genauso, hatte die vom Kaiser betriebene Stadtplanung doch auch die Zukunft im Auge. Das Projekt der Ringstraße sollte einem Masterplan folgen: „Zur Erlangung eines Grundplans ist ein Konkurs auszuschreiben", hieß es da im Handschreiben. Natürlich war auf dem Boulevard auch die militärische Gestaltungslogik nicht ganz wegzureden und zu -denken. Der Ring war eben auch implizit als Aufmarschweg der Armee angelegt. Denn auf geraden und breiten Straßen ließen sich etwaige Revolutionen auch leichter niederschlagen als im engen Gasslwerk. Doch auch Stadtgrün war von Anfang ein wichtiger Teil des Konzepts. Schon begann die staubigste Phase Wiens. Und das noch dazu an fast jeder Ecke dieses markantesten aller Kreise, der Wien städtebaulich für immer verändern sollte. Aber auch nicht ausschließlich dort. Da entstanden Kasernen, die rund um den Ring Aufstellung nahmen, natürlich ein Parlamentsgebäude, ein Justizpalast, nebenbei eine Staats-Telegraphen-Direktion, ein Hauptzollamt, eine Universität, die Akademie der bildenden Künste, eine Universitätssternwarte mitten im Grünen auf der Türkenschanze – der Kaiser pendelte von einer

Grundsteinlegung zur nächsten feierlichen Eröffnung. Und wenn es nicht gerade ein öffentliches Gebäude war, dann war höchstwahrscheinlich gerade ein Theater, ein Warenhaus oder ein Hotel dran, das es einzuweihen galt. Vor allem stand da auch die eine oder andere Kirche auf der Liste der Bauwerke, die einen Grundstein brauchten oder gerade vollendet waren. Allein die Votivkirche ist eng mit Kaiser Franz Joseph verknüpft. Schon allein deshalb, weil er der Grund ist, dass es sie gibt. Oder besser: Weil ein ungarischer Schneidergeselle, Janosch Libenyi, auf ihn eingestochen hatte. Der Kaiser überlebte das Attentat. Und Erzherzog Ferdinand sprudelte gleich zwei Tage später mit dieser Idee heraus: Lasst uns diese Kirche bauen, mit den Votivgaben aus allen Ländern der Monarchie. Als Architekt wählte man den damals noch ziemlich jungen Heinrich Ferstel, der später der Stadt noch ein paar Baujuwelen liefern sollte. Allein die Universität am Ring. Aber auch das Palais Ferstel in der Herrengasse. Zwei Jahre nach dem missglückten Attentat war Baubeginn, im Jahre 1855. Fertig wurde es erst, als viele andere Prunkbauten schon ein paar Jahre geglänzt hatten am Ring, im Jahre 1879. Auch die Oper hatte schon etwas früher ihren großen Auftritt an der Ringstraße. Nämlich schon 1861, als erster Monumentalbau am Ring überhaupt. Die Geschichte jenes Hauses ist auch eng mit ihren Architekten verknüpft: Es waren Eduard van der Nüll und August Sicard von Sicardsburg. Kritiker hatten über ihren Entwurf ziemlich drastisch gespottet, ihn etwa „Königgrätz der Baukunst" genannt. Ein paar Jahre mussten die beiden Architekten den Spott erdulden. 1868 starben beide. Der eine, Eduard von der Nüll, hatte sich umgebracht. Da passierten größere und kleinere Tragödien in Wien, während die Stadt sich endlich, wie die meisten meinten, zur „Weltstadt" aufblähen durfte.

Die Vorstädte längst eingemeindet, jetzt waren, ab 1890, die Vororte dran, prächtige Bahnhöfe sogen die Migrantenströme direkt aus allen Himmelsrichtungen in die Stadt, das Wasser für die Bevölkerung ließ

man über eine steinerne Leitung aus den Bergen holen, die Donau wurde gezähmt, die Weltausstellung eröffnet, die Cholera bekämpft. Es war viel los in Wien. Und der Kaiser hatte ständig eine Wien-Agenda, die er abhaken musste oder wollte. Und vieles davon, was die Stadt in seiner Regierungszeit beschäftigte, hatte Kaiser Franz Joseph persönlich dekretiert und nach seinen ganz konkreten Wünschen ausgestalten lassen. Wenn die Mariahilfer Straße etwa als einer der ersten Verkehrswege der Stadt durchgehend beleuchtet wurde, lag das auch daran, das der Kaiser immer diese Route nahm, wenn er nach Schönbrunn unterwegs war. Und die Einkaufsstraße, die heute als die populärste der Stadt gilt, wäre auch nicht so wichtig geworden. Heute steht in seinem ehemaligen kaiserlichen Privatgarten, im Burggarten, ein Denkmal des Kaisers. Vergleichsweise bescheiden in Größe und Ausgestaltung, wenn man hinüberschaut auf die andere Seite und Maria Theresia thronen sieht zwischen den großen Museen. Aber in Wien direkt, baulich, baukünstlerisch, stadtplanerisch, hat Kaiser Franz Joseph I. deutlich mehr Eindruck hinterlassen.

3.

Wie das Wasser Wien formte

und wie sich Wien dafür revanchierte

Wien ist ein Produkt des Zufalls. Aber auch des unbedingten Willens. Es ist ein Statement der Beharrlichkeit. Wien ist einfach so passiert. Und Wien ist genauso geworden, wie es sein sollte. Zumindest an jenen Stellen, an denen Menschen Einfluss darauf nehmen konnten. Und dafür mussten

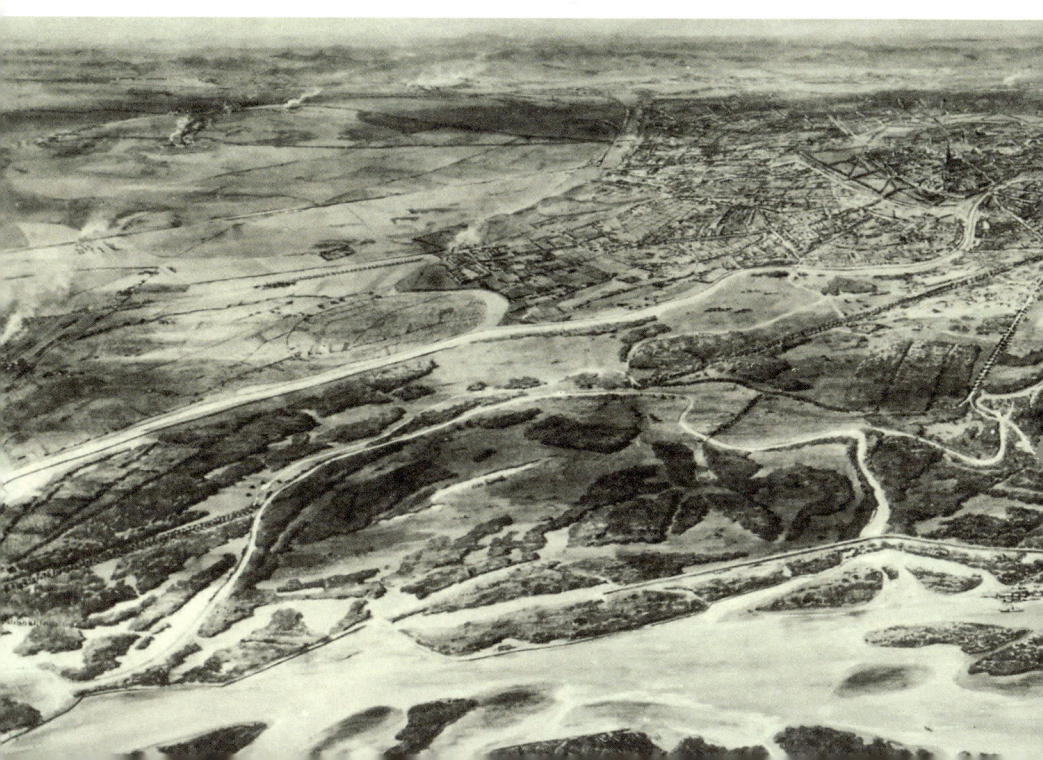

sie vor allem eines sein: reich oder mächtig, beides zugleich oder sehr, sehr viele auf einmal. Menschen formten Wien. Mit ihren Bedürfnissen, Wünschen, kleinen Schwächen, großen Eitelkeiten und Allüren. Gerade für die Mächtigen war klar: Ruhm und Ehre konserviert man am besten in Kunst und Architektur. Damit die Nachwelt auch davon etwas hat. Große Taten halten am längsten an, wenn man sie vorsorglich in Stein meißelt. So trickst man die Vergänglichkeit historischer Momente aus.

Wer Wien bewusst formte, wollte oft eines so gerne mitdefinieren: das Bild, das sich die Welt von ihm selbst machen sollte. Doch kein Habsburger, kein Industrieller, kein Bürgermeister und kein Geistlicher modellierten die Stadt so wie die stärkste aller Kräfte: die Natur. Wie ihre Willkür, so brachial, so konsequent, manchmal so unerwartet, konnte der Wille des Menschen doch gar nicht wirken. Die ungestüme Energie der Natur hat sich dementsprechend tief verewigt in der Stadt-

Das Wasser der Donau prägte von Anfang an die Stadtgeschichte.

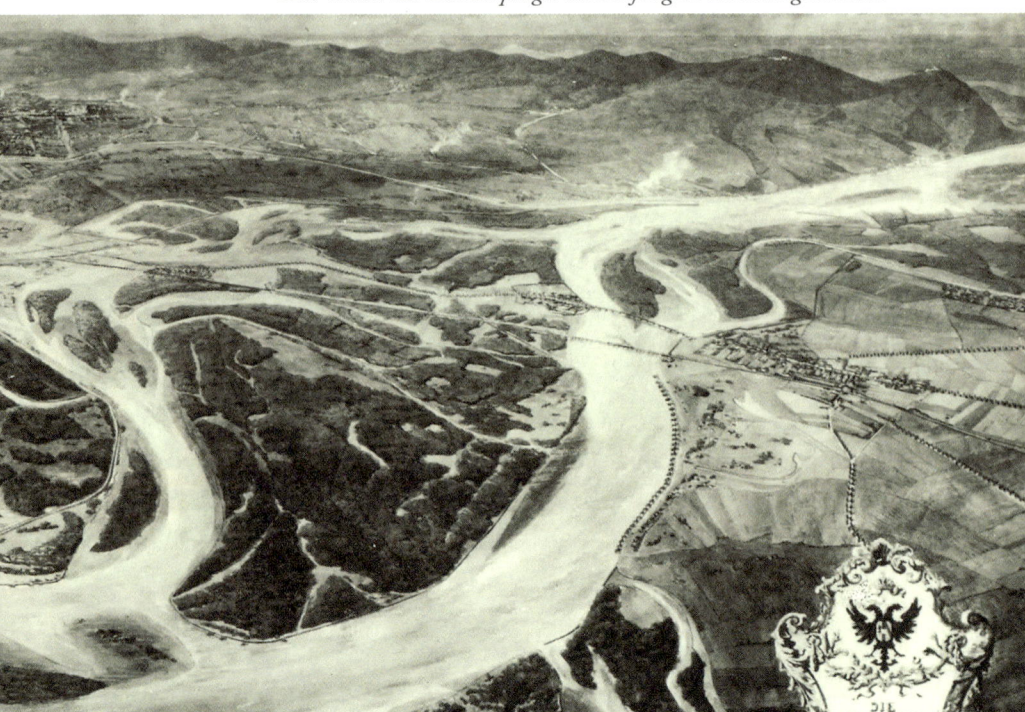

morphologie. Allein dadurch, dass die Stadt ihre Täler, ihre Terrassen, ihre Hänge in Anspruch nimmt. Einfach, um Stadt zu sein und um weiterzuwachsen. Aber nur so weit, wie es die Natur wiederum zulässt. Bis zu den Ufern der Gewässer. Dort musste Wien enden, ganz zwangsläufig. Aber auch diese Regel hat die Stadt im Laufe ihrer Geschichte immer wieder neu ausgelegt. Doch bis dahin war das Wasser das Element, dem Wien ausgeliefert war. Und mit dem man sich arrangieren musste. Denn seine Kraft war viel zu gewaltig. Beharrlich hat es sich durch die Landschaft geschaufelt, gegraben und gewälzt. Das Wasser war der Spaten, der Wien den Boden bereitet hat, der Stadt die Täler eingeschnitten hat, in denen sich später die Mühlräder drehen durften, der Wien die Hügeln gewölbt hat, auf denen Wein und Obst so gut gedeihen durften. Die Natur nahm sich ausgiebig Zeit zum Formen und Modellieren. Eile kannte sie keine. Im Gegensatz zu manchem Habsburgerherrscher, dem nur ein oft kurzes Leben blieb, um unauslöschliche Spuren in der Stadt zu ziehen.

Das Wasser legte seine eigenen Linien direkt in den Stadtplan. Viele Kilometer Straße ziehen sie heute noch deutlich nach, wenn sie sich dort schlängeln, wo einst die Flüsse mäanderten. Wie etwa die Jörgerstraße, die sich kurz vor dem Gürtel stadteinwärts so windet wie der Alserbach, der unter ihr eingetunnelt worden war. Oder die Porzellangasse, die sich zur eleganten Kurve schwingt, weil es ihr ein Donauufer einmal früher so vorgegeben hatte. In jener Gegend wird es ohnehin klar: Kein Wasser prägte Wien so sehr wie jenes, das die Donau auf die Stadt einfluten ließ. Die Donau formte Wien seit Ewigkeiten. Und die Wiener brauchten Ewigkeiten, um endlich auch die Donau ein wenig zu formen.

Bis die Stadt begann, sich ein wenig der Natur zu widersetzen, hatte sie unter den unterschiedlichsten Katastrophen schon reichlich geblutet, gelitten und geächzt. Wien hatte Feuersbrünste gesehen, Bomben

erduldet, Explosionen weggesteckt. Aber eine jener Kräfte, die Wien am regelmäßigsten zusetzten, war das Wasser. Wien und das Wasser, das war ein schwieriges Verhältnis. Die Stadt brauchte es. Und doch ging die Stadt regelmäßig in ihm unter. Zumindest Teile davon. Nähe und Distanz zugleich, diese paradoxe Beziehung versuchte Wien auszutarieren, vor allem baulich. Und die meiste Zeit nur mäßig erfolgreich. Das Wasser trieb in Wien wie in so vielen Städten das Mühlrad an und somit auch die Wirtschaft und das Gewerbe. Es schwemmte den Menschen Nahrung auf die Teller. Und entsorgte ihren Müll. Es spülte die Tierkadaver weg und das Blut von der Schlachtung. Es brachte Waren und Produkte herbei aus aller Welt. Und auf dem Donauwasser schickte man Dinge von Wien hinaus. Das Wasser war Lebensader, Wirtschaftsmotor, Entsorgungskanal, Faszination und Fluch zugleich.

Wasser und Wien, das ist nicht nur eine komplizierte Beziehung, sondern auch eine vielschichtige. Das äußert sich auch in einem Glas Leitungswasser zur Melange. Und heute noch in der Diskussion, ob ein Glas Wasser im Café etwas kosten darf oder soll. Wasser und Wien: Das ist aber auch der Hochstrahlbrunnen am Schwarzenbergplatz, das Gänsehäufl an der Alten Donau, der Liesingbach im Liesingtal, über das das Wasser aus der Schneeberg-Region fließt. Noch dazu überbrückt es Teile der Stadt in den imposanten, denkmalgeschützten Aquädukten der Ersten Hochquellleitung. Und das Dreckswasser, das regelmäßig an die Häuser klatschte, und die Cholera, die mit der ganzen Brühe auch angeschwommen kam. Die Fluten, die der Wienerwald so plötzlich auf Wien zuschickte, weil seine Böden das Wasser bald schon nicht mehr halten konnten – auch das ist Wien und Wasser. Und wenn man auf den Stadtplan blickt, dann zeigen nicht nur die Straßenverläufe, wie eng Wasser und Wien fast schicksalhaft verbunden sind. Dabei natürlich vor allem die Donau und die Stadt. Allein die zahlreichen Toponyme, die Ort- und Straßennamen berichten davon. Und von der geographischen

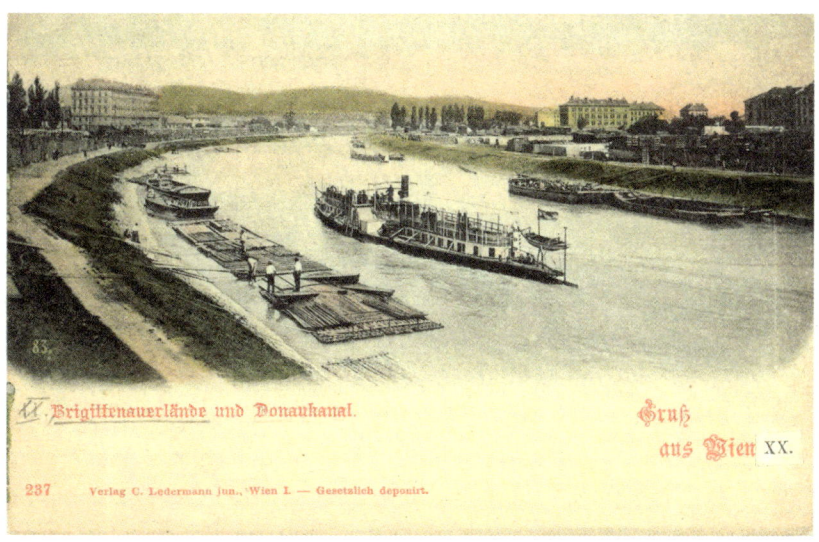

Die Donau war für Wien stets auch Wasserweg und Lebensader.

Nähe, von der geschichtlichen Bedeutung. Die Rossau, ohne Donau wäre sie nicht die „Rossau" geworden, der Ort, wo man die Pferde tränkte, auf den Wegen zwischen Auwald und Fischerdörfchen. Und wo sich heute Wien breitmacht, beanspruchte nur das Wasser Platz. Und der dichte Auwald. Das halbe Wien von heute war eine Insellandschaft im mächtigen Strom. Fischer und Flößer besiedelten den „Unteren Werd", die heutige Leopoldstadt, die größte der Inseln. Bis auch die Adligen mit ihren Sommersitzen begannen, der Donau Terrain abzuringen. Umgeben von einem System aus Tümpeln, Wasserläufen und Altarmen. Dabei schien es viele Jahrhunderte sowieso, als wolle der Strom mit der Stadt nicht mehr viel zu tun haben. Den Hauptarm der Donau verschlug es immer weiter nach Nordosten, weg vom Stadtkern. Und trotzdem kam das Wasser den Häusern viel zu oft viel zu nahe.

Im 19. Jahrhundert wurde es Zeit, die Beziehung von Wien zum Wasser neu zu regeln. Vor allem: nach den Regeln der Stadt. Endlich war man auch halbwegs dazu in der Lage. Technisch, finanziell, kulturell. Die Ströme hatten lange genug Wien modelliert. Jetzt wollte Wien das Wasser modellieren, zwang Bäche und Flüsse in steinerne Wege und Betten, auch unter der Erde. Es war höchste Zeit dafür. Denn die Industrialisierung war ja längst über die Stadt geschwappt. Und die hatte endlich auch alles, was sie brauchte, das Wasser zu dominieren und zu zähmen. Die Werkzeuge, die Technologien und noch das wichtigste: die dazugehörigen Visionäre, die all das nutzen wollten zum Wohle Wiens.

Zwei Menschen waren es, die es in der zweiten Hälfte des 19. Jahrhunderts besonders engagiert mit dem Wasser aufgenommen haben. Einerseits, um Wien davor zu schützen, und andererseits, damit Wien so viel davon bekommt, wie es braucht. Es waren Cajetan Felder und Eduard Suess. Der eine war Bürgermeister und Jurist, der andere Geologe und Politiker. Sie waren nicht die einzigen, die die Donau bändigen und das Quellwasser aus den Bergen nach Wien leiten wollten. Aber sie waren vielleicht jene, die ihre Visionen am engagiertesten verfolgten. Und dabei demonstrierten, dass Beharrlichkeit keine exklusive Eigenschaft des Wassers ist. Denn Felder und Suess bewiesen unermüdliche Ausdauer und Zielstrebigkeit. Vor allem wenn es darum ging, politische Querelen, Querschüsse von Opportunisten und all die Sitzungen durchzustehen. In einem zähen Prozess, den die gesellschaftliche und urbane Dynamik jener Zeit seltsam konterkarierte. Die Walze des Wandels war längst eingefahren in Wien, die Stadt eingetaucht in die große Staubwolke des radikalen Umbaus. Und Cajetan Felder und Eduard Suess wollten nicht nur der Welt zusehen, wie sie eine andere wird. Sie wollten selbst diejenigen sein, die umwälzen. Etwa indem man einem riesigen Strom ein neues ebenso riesiges Bett gräbt. Oder indem man frisches Wasser über 90 Kilometer aus den Bergen in die Großstadt einleitet. Dazu

musste man außer an Gott und den Kaiser womöglich noch an eines glauben: an die Ingenieurskunst. Jetzt war sie dran, die Zukunft Wiens mitzuformen. Und etwa die Stadt mit Wasser zu versorgen. Allein dieses Vorhaben zeichnet sich noch heute mehrfach im Stadtbild ab. Durch Aquädukte, Wassertürme, Hochstrahlbrunnen – allesamt architektonische Rufzeichen einer gewaltigen Ingenieurs- und Willensleistung: der Ersten Wiener Hochquellenleitung.

Wasser, das man nicht direkt aus dem Boden schöpft, auch das war sehr lange ein exklusives Privileg des Adels. Wenn er sich etwa eine private Leitung leistete. Wie die Schönbornsche Wasserleitung, die natürlich ins Palais Schönborn führte, sie wurde 1722 errichtet. Auch das Palais Schwarzenberg hatte seine eigene Wasserversorgung. Und natürlich nutzte auch das Kaiserhaus sein Privileg und seine finanziellen Möglichkeiten. Die erste „Siebenbrunner Hofwasserleitung" versorgte die Hofburg, aber auch das Schloss „Favorita", das heutige Theresianum. Nebenbei blieb für manches Adelspalais oder Kloster auf dem Weg auch noch etwas übrig. Schon Kaiser Ferdinand I. hatte sie installieren lassen, die Leitung zapfte in Oberreinprechtsdorf, im heutigen 5. Bezirk, Quellen an. Doch gusseiserne Rohre führten nicht nur in adlige Residenzen, auch in Kasernen oder etwa in die Hofstallungen. Genauso auch dorthin, wo das Gewerbe danach dürstete: auf den Brilliantengrund, im heutigen 7. Bezirk. Ein Gewerbegebiet, das ab 1805 etwa von der Albertinischen Wasserleitung versorgt wurde, das Wasser stammte aus dem Tal des Halterbachs, der am Fuße der Sophienalpe im heutigen Penzing entspringt.

Je größer Wien geriet, desto größer war auch der Durst der Stadt. Doch noch gehörte das Schöpfen aus dem hauseigenen Brunnen zum Alltag, jedes Haus musste sich selbst um sein Wasser kümmern. Bis die erste Leitung entstand, die es auf ganz Wien abgesehen hatte. Das war im Jahr 1835 die „Kaiser-Ferdinand-Wasserleitung". In Heiligenstadt, am rechten Ufer des Donaukanals, holte sie sich über einen 38 Meter

langen Kanal das Wasser aus dem Grundwasserstrom, den wiederum hauptsächlich der Donaukanal speiste. Auch dieses Projekt deutet sich noch im Wiener Stadtbild an, wenn auch nur zaghaft. Nämlich durch zwei Wasserreservoirs, einer davon ist der Wasserturm Michelbeuern, der heute noch im Anton-Baumann-Park in Währing erhalten ist. Er wurde um 1836 nach Plänen von Paul Sprenger erbaut, einem der bedeutendsten Architekten des Österreichischen Klassizismus. Doch die Wasserqualität wurde schlechter. Und die Menge, die man nach Wien leiten konnte, reichte schon gar nicht aus, um die ständig wachsende Stadt zu versorgen. Mehr und mehr Menschen wurden Wiener und Wienerinnen. Und alle brauchten Wasser.

Der richtige Zeitpunkt für Cajetan Felder und Eduard Suess, um auf der Bühne einzulaufen.

Die Stixenstein-Quelle: gemalt von Rudolf von Alt.

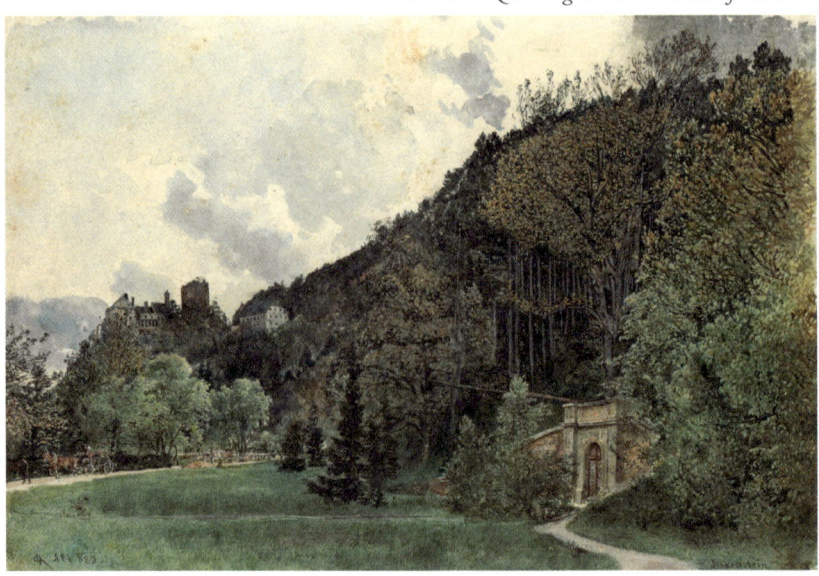

Am Bahnhof von Leobersdorf hatten sie einen Schwur geleistet. Dort saßen beide, warteten auf ihren Zug zurück nach Wien, den mächtigen Schneeberg in ihrem Rücken, von dem sie gerade gekommen waren. Und wie Visionäre nun einmal sind, sahen sie Dinge, die in der Zukunft lagen, als sie durch das Hochquellengebiet reisten. „Da sah ich vor meinem geistigen Auge bereits über dem Kaiserbrunnen das Wasserschloss erstehen, das gewaltige Gestein durchbohren, Täler und Ebenen von riesigen Viaduktbögen überspannt und das kostbare Quellwasser an den Mauern Wiens angelangt", berichtet Cajetan Felder in seiner Autobiographie. Und als sie so dasaßen auf dem Provinzbahnhof, stand Eduard Suess urplötzlich auf und sagte: „Lassen wir diese Stunde nicht nutzlos vorbeigehen, meine Freunde. Geben wir uns, erfüllt von dem Eindrucke dieses reizenden Landschaftsbildes, das unser großer Gedanke beleben

Schon Kaiser Karl VI. soll sich während der Jagd
an den Quellen des Höllentals gelabt haben.

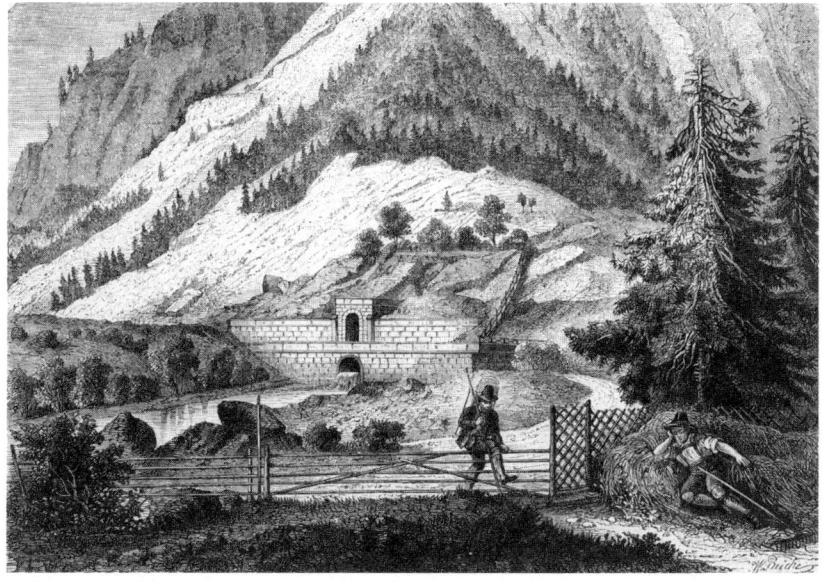

soll, das unverbrüchliche Wort, vereint mit allen unseren Kräften, unverdrossen und beharrlich dahin zu wirken, dass die große Idee, die uns hieher gebracht, auch ins Leben gerufen und durchgeführet werden." Felder nannte später die kleine Veranda des mickrigen Bahnhofs den Schauplatz des „Rütli-Schwurs der Hochquellenleitung". Felder und Suess, vereint in der gemeinsamen Vision und Ambition.

Dass nicht alle gleich so derart euphorisiert waren wie Suess und Felder am Leobersdorfer Bahnhof, verwunderte nicht. Schließlich war das Projekt ja ein durchaus gewagtes. Ganz schön viel Landschaft musste das Wasser von den Quellen bis nach Wien überbrücken. Die Widerstände und Gegenargumente waren fast so zahlreich wie die Rohrkilometer des Wassers in die Stadt. Der Weg bis zum Beschluss im Gemeinderat war deutlich beschwerlicher als jener des Wassers vom Schneeberg bis zum Wasserreservoir am Wiener Rosenhügel. Nicht nur gegen physikalische Gesetze und geologische Gegebenheiten musste sich das Projekt durchsetzen, nein, was noch viel schwieriger war: auch gegen vorgefasste Meinungen, zumal im Gemeinderat. Denn Querschießer gab es zuhauf. Einer von ihnen war Florian Pasetti, der schon in der Donauregulierungskommission als Verhinderer unangenehm aufgefallen war. Einwände und Kritik fluteten nur so auf die Befürworter des Projekts ein. Manche davon ziemlich absurd. Wie jener eines Chemikers, der behauptete, dass das Wasser sich durch die Reibung in den Rohren so erwärmen würde, dass man es in Wien nicht mehr trinken könnte. Doch Suess und Felder ließen sich nicht beirren. In den unzähligen Sitzungen im Gemeinderat beschworen sie immer wieder die Größe und Bedeutung des Projekts – mit dramatischen Worten. Da fielen bedeutsame Sätze wie etwa: „Wir werden jetzt urteilen als Männer, unsere Richter werden unsere eigenen Kinder sein."

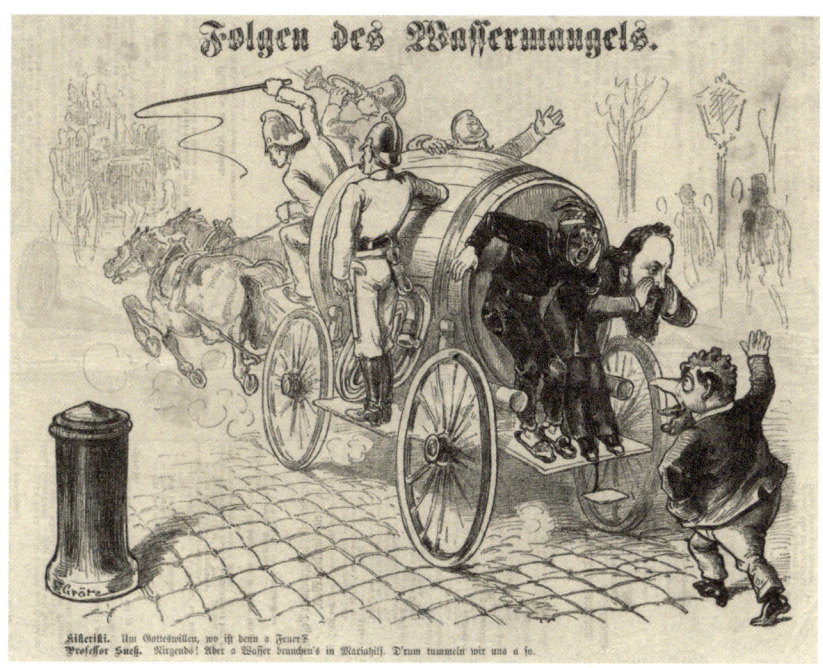

Wien hatte ein Wasserproblem. Und Eduard Suess eine Lösung.

Felder und Suess wussten: Die Großstadt braucht auch die Infrastruktur einer Großstadt. Der eine war der Ideenvater. Der andere der konsequente Lobbyist dieser Idee. Suess war Geologe und hat in seinem Leben, schon vor dem Kampf für seine Wasserleitungsidee, ganz schön viel Reputation auf sich gehäuft. Allein schon mit seiner geologischen Analyse „Der Boden der Stadt Wien". Das war ein wichtiger Input für die Diskussion darüber, wo denn in der Stadt ein zentraler Friedhof entstehen sollte. Diese Frage wurde in der zweiten Hälfte des 19. Jahrhunderts in Wien zum Thema. Die Suche nach dem geeigneten Standort geriet schwierig. Leicht zu graben sollte der Boden sein, einerseits. Aber die Toten sollten auch schnell in der Erde verwesen. Das waren die wichtigsten Ansprüche an das Terrain.

Und jenes des späteren Zentralfriedhofs erfüllte beide. Eduard Suess hatte das so beurteilt: „In Beziehung auf die Leichtigkeit der Verwesung dürfte der Grundkomplex von Kaiser-Ebersdorf aus dem Grunde einen Vorzug verdienen, weil der größere Gehalt des Lößes an Sand die Verwesung nach den auf den Wiener Friedhöfen Währing und St. Marx, wo ebenfalls Löß vorhanden ist, gemachten Erfahrungen besser vor sich gehen läßt, da hiedurch auch das Durchsickern der meteorischen Wässer in die unteren Sandschichten erleichtert wird." 1866 wurde der Wiener Zentralfriedhof beschlossen im Gemeinderat, da war Eduard Suess selbst schon drei Jahre sein Mitglied, ausgiebige Diskussionen also durchaus gewohnt.

Aber so zäh wie die neue Wasserinfrastruktur für Wien war bisher kaum eine geraten. Gerühmt und beklatscht wurde Suess trotzdem für seine Verdienste um Boden und Wasser. Eduard Strauss komponierte zu Ehren seines 80. Geburtstags eine Polka, „Die Hochquelle". Und auch der Kaiser selbst sprudelte nur so vor Lob und Anerkennung: „Für die Reichshauptstadt haben Sie mit der ersten Hochquellen-Wasserleitung ein Werk geschaffen, das ihre Bewohner jeden Tag als Wohltag empfinden." Heute erinnert eine Gasse im 15. Bezirk an ihn, aber auch ein Denkmal auf dem Schwarzenbergplatz. Gleich nebenan schoss am 24. Oktober 1873 die erste Fontäne frischen Quellwassers in den Wiener Himmel, am Hochstrahlbrunnen, der architektonisch und szenographisch die erfolgreiche Fertigstellung der Ersten Wiener Hochquellenleitung feiern sollte. So selbstverständlich dort heute noch das Wasser zischt und plätschert, so selbstverständlich es aus Hunderttausenden Wiener Wasserhähnen rinnt, so hartnäckig und bitter war es erkämpft. Suess hatte auch ausgesprochenes Glück. Nämlich mit seinem Co-Visionär Cajetan Felder, einem geübten Politiker. Was ihm so durch den Kopf ging all die Jahre, weiß man heute ziemlich gut. Schließlich hat er selbst davon ausgiebig erzählt, in seinen Memoiren.

Die Hochquellenleitung war aber bei Weitem nicht das einzige Projekt, das Felder über Jahre hinweg betrieb. Auch das neue Rathaus konnte erst entstehen, weil Felder nicht lockerließ. Dieses baum- und schattenlose, öde, schmutzige, staubige Niemandsland, es erschien ihm ideal, um dort Wien ein neues administratives Zentrum zu bauen. Das Terrain war kaum beleuchtet, galt als gefährlich in der Nacht. Trotzdem hielt der Kaiser lange fest an „seinem" Paradeplatz, gelegen zwischen der Innenstadt und der Josefstadt, und das obwohl rundherum entlang der neuen Ringstraße schon einige Prunkbauten gewachsen waren. Doch die Bebauung scheiterte jedes Mal am Militär. Auch wenn sich von dem zentralen Exerzierplatz die eine oder andere Kugel schon verirrt haben soll in angrenzende Wohnungen. Viermal pro Tag musste Felder, er wohnte in der Josefstadt, „täglich diese Partie durchwandeln", schrieb er in seinen Lebenserinnerungen, „in Sonnenbrand und Nachtnebel, in Sturm und Unwetter, in Regen und Schneegestöber, in Staubwolken oder in einem Kotmeer". Doch dank seines „geschickten Agierens als Stadtoberhaupt", so Felder über Felder, wurde aus dem Niemandsland dann doch noch die „prunkvollste Zierde" der Stadt, so Felder über das Rathaus. Ursprünglich war dieses ja auf einem Grundstück gegenüber des Stadtparks vorgesehen. Doch Felder konnte durch konsequentes Lobbying, ähnlich wie bei der Wasser-Agenda, ein noch viel größeres Grundstück organisieren, nämlich den Paradeplatz. Am 25. Mai 1872 erfolgte der Spatenstich, die ersten Gemeinderatssitzungen im neuen Haus fanden 1885 statt.

In seinen Memoiren erzählt Felder auch von scheinbar unwesentlichen Momenten. Wie jenen, als er morgens einmal auf dem Weg in den Stadtpark war. „Der Morgen war so trüb, dass mir das Wort buchstäblich im Mund gefror", schrieb Felder. Es war in jener Zeit, in der es ständig etwas einzuweihen oder zu eröffnen gab in Wien. Diesmal

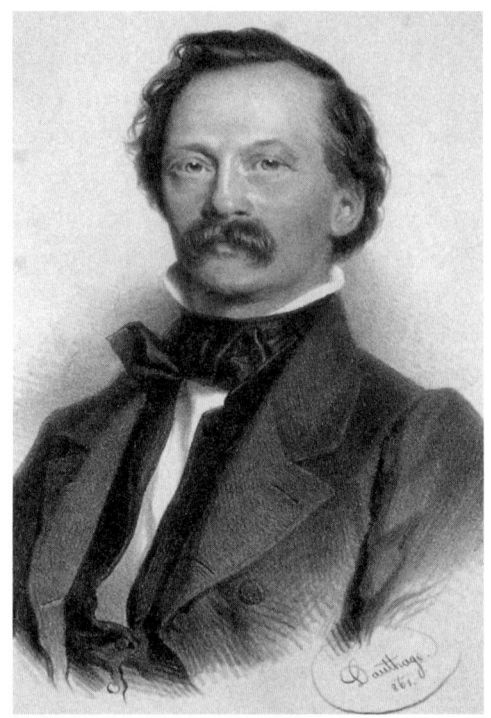

Bürgermeister Cajetan Felder kämpfte für die Erste Hochquellenleitung und für die Donauregulierung.

war eine Enthüllung dran: die Büste seines Vorgängers im Rathaus, Andreas Zelinka. Ihm wollte man ja auch den Verdienst für die Donauregulierung und das Hochquellwasser umhängen. Aber das wäre zu viel der Ehre gewesen. Eingeläutet hat er aber etwas anderes: die Vorherrschaft der liberalen Politik im Rathaus. Und auch den Zentralfriedhof hat er als Projekt auf Schiene gebracht. Und ja, Zelinka war ebenfalls an Planungen für die Wiener Wasserversorgung beteiligt. Die Idee von Suess in dieser Hinsicht hielt er aber für eine „Narrenheit", erinnerte sich Cajetan Felder später in seinem Buch „Erinnerungen eines Wiener Bürgermeisters". Und Zelinka soll laut Felder ungefähr so argumentiert haben: „Man solle doch nicht Wasser mit einem Millionenaufwand vom Schneeberg herbeiholen, während dasselbe in der Donau an uns vorüberfließt." Doch Suess beharrte auf seinem Vorschlag. 100 Kilometer wollte er das Wasser führen, vom Kaiserbrunnen im Rax-Schneeberg-Gebiet nach Wien. Es gebe keine bessere Lösung. „Suess, Sie sind ein Narr", soll Zelinkas Antwort gewesen sein.

Und jetzt musste Felder, der gleich Feuer und Flamme für Suess' Idee war, zur Einweihung des Denkmals marschieren, jenes Mannes, der für dieselbe Idee nur taube Ohren übrig hatte.

An andere Momente seiner Karriere erinnerte sich Felder lieber, etwa an eine Audienz beim Kaiser, bei der sie auch die Verkehrssituation in Wien besprachen. Die Straßen seien zu eng, da pflichtete Franz Joseph I. ihm bei, die Kutschen wären längst zu viele, auch dazu konnte der Kaiser nur zustimmend nicken. Und bot auch aus diesem Grund gleich an, die Durchfahrt durch die Hofburg wieder zu genehmigen. Erfolgreiches Lobbying an höchster Stelle war das. Doch keinen Moment beschreibt Felder in seinen Memoiren euphorischer als diesen: „Nie wird meinem Gedächtnisse der erhebende Augenblick entschwinden, als sich an einem schönen Oktobermittage des Jahre 1873 auf dem Schwarzenbergplatz zum ersten

Idyllisch gelegen: der Kaiserbrunnen im Höllental.

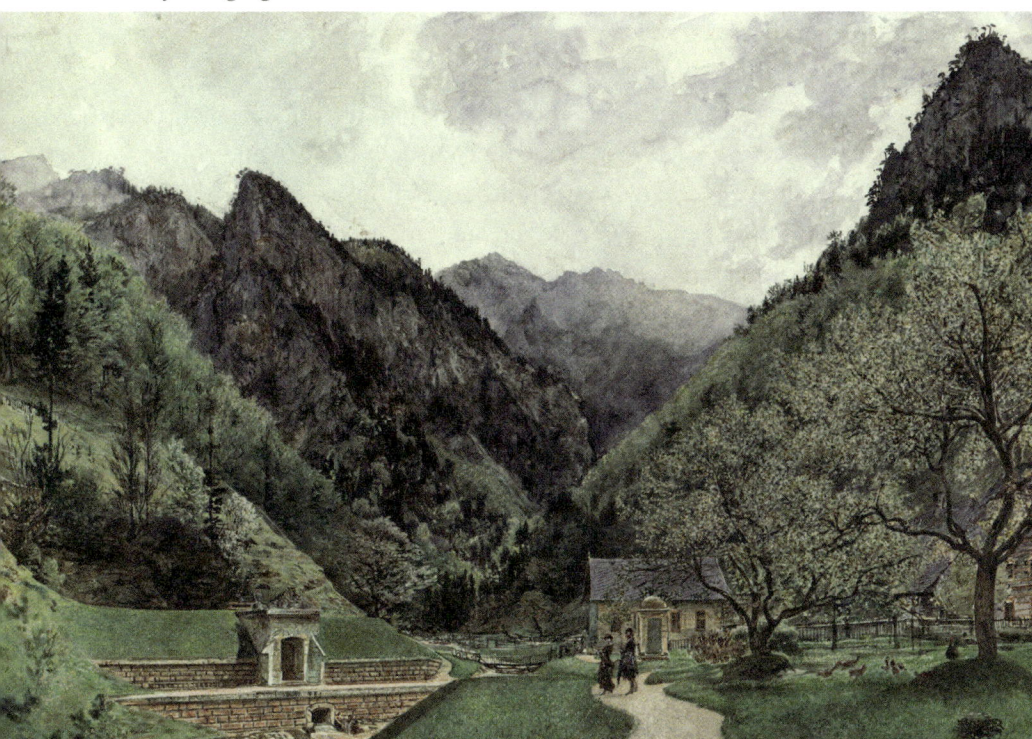

Male majestätisch der Strahl des Hochstrahlbrunnens erhob, allmählich höher und höher stieg, um sodann in perlendem Schaum aufgelöst, den Sonnenstrahl in vielfältige Regenbogen zu brechen, niederzustürzen." So beschrieb Felder das Spektakel. 15 Jahre zuvor hatte die zuständige Kommission zum ersten Mal getagt. Dazwischen lagen allerlei Hindernisse. Zum einen war das Projekt technisch eine riesige Herausforderung, zum anderen musste auch einmal dieser politische Brocken ins Rollen kommen. Und fachlich war man sich auch lange nicht einig, was die sinnvollste Lösung in der Wasserfrage wäre. Nahes Grundwasser oder fernes Quellwasser? Sachverständige und Politiker deponierten über Jahre hinweg ihre Expertise und Meinungen, damit sie danach die Kommission ausführlich hin- und herwälzen konnte. Wie jene Idee aus dem Jahr 1856, das Flusswasser aus der Schwarza und aus der Pitten zu entnehmen und zu filtern. Laufend kamen neue Flussnamen und neue Quellen in der Kommission auf den Tisch, wie etwa die Fischa-Dagnitz-Quellen. Dann war wieder das Grundwasser bei Urschendorf in Diskussion.

Und irgendwann holten die Experten mit ihren Ideen geographisch besonders weit aus, eben bis zu den Bergen, dem Schneeberg-Rax-Gebiet. Schon Kaiser Karl VI. hatte dort aus Quellen getrunken. Jagdausflüge führten ihn regelmäßig ins Höllental, sein Leibarzt schwor auf die Wasserqualität. Der Kaiser trank und schon war die Quelle der „Kaiserbrunnen". Sein Arzt verordnete ihm täglichen Genuss. Zum Glück führte ab 1732 eine Straße dorthin und die Pferde konnten volle Fässer mit Wasser nach Wien schleppen. Zweieinhalb Tage hatten die Pferde mit den Fässern am Rücken dafür gebraucht. Heute braucht jeder Tropfen ungefähr 24 Stunden, bis er in Wien eintrudelt. Das Wasser hat ja keine Eile. Besonders nachdem sich auch das Projekt so sehr in die Länge gezogen hat. Nach all den Mühen der Arbeiter, Ideenväter, Politiker und Ingenieure erscheint es heute ganz mühelos und selbstverständlich, wie

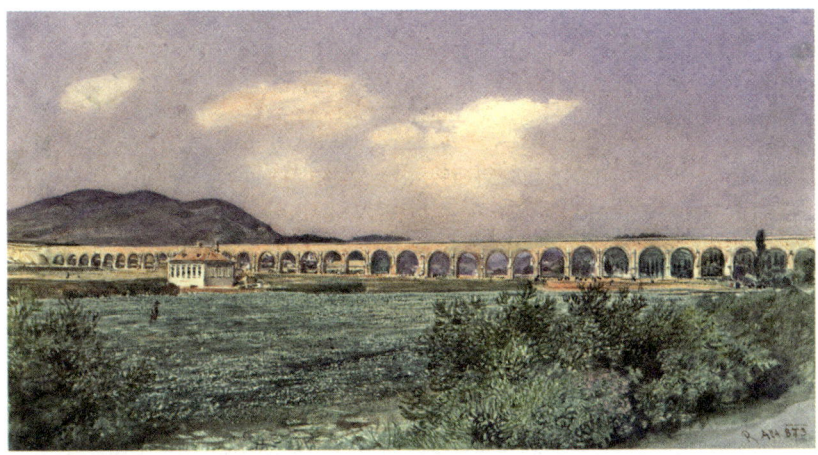

Eindrucksvolle Aquädukte überspannen die Landschaft auf dem Weg des Wassers nach Wien.

das Quellwasser da in die Großstadt einplätschert. Und ja, ist das Wasser einmal in der Leitung, kommt es wirklich wie von selbst. So als „Gravitationsleitung" folgt es einfach dem leichten Gefälle. Von 521 Meter Seehöhe beim Kaiserbrunnen bis zum Reservoir Rosenhügel auf 245 Meter. Dazwischen liegen fast 90 Kilometer, von denen 76 Kilometer ein gemauerter Kanal sind. 1,60 breit und 2 Meter hoch. Die Aquädukte sind recht spektakulär. Allein das in Wien-Liesing überspannt auf 43 Pfeilern und einer Länge von 785 Metern das Liesing-Tal, das in Mauer 190 Meter, das in Speising 197 Meter. Da war einiges zu überbrücken und zu überwinden. Gut, dass man einen der besten Ingenieure jener Zeit für das Projekt gewinnen konnte: Karl Junker, ein Spezialist für Aquädukte und Wasserleitungen. In Triest hatte er schon eine gebaut und nebenbei auch das Schloss Miramare in Grignano bei Triest für Erzherzog Ferdinand Maximilian von Österreich. Ab 1864 konzentrierte er aber seine Erfahrungen in der Hydrographie auf die Kaiser-Franz-Josefs-Hochquellenwasserleitung in Wien. Er war verantwortlich für den Entwurf

und für das Baumanagement von den Quellen bis zum Hochbehälter am Rosenhügel im 13. Bezirk. Als die Vorstudien beendet waren, der Schlussbericht mit fast 300 Seiten abgeliefert, die letzten Expertenmeinungen deponiert, konnte es losgehen. Graf Ernst Hoyos-Sprinzenstein überließ der Stadt Wien die Stixensteiner Quellen. Den Kaiser musste man bitten, den Kaiserbrunnen ebenfalls zur Verfügung zu stellen, das war reine Formsache.

Und dann, am 6. Dezember 1869, knallte es zum ersten Mal im Höllental. Der Spatenstich für den Speicher am Rosenhügel, wo das Wasser ankommen sollte, erfolgte am 21. April 1870. Entlang der Bauphase und der Wasserleitung kam es zu einigen Problemen und „Röhrenkalamitäten", wie es Cajetan Felder in seiner Autobiographie nannte. Und wenn Felder nicht gewesen wäre, das meinte zumindest Felder selbst, dann wäre alles böse ausgegangen. Die Rohre, die eine Berliner Firma geliefert hatte, waren viel zu dünn. Felder forschte nach auf eigene Faust,

Im Reservoir am Rosenhügel endet die Erste Hochquellenleitung.

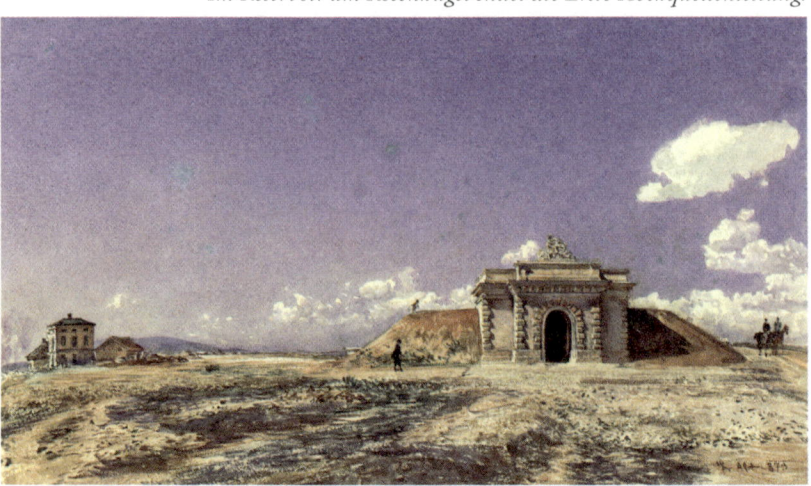

holte neue Expertise von Fachleuten ein. Und rettete das Projekt. „Noch heute überläuft mich ein kalter Schauer, wenn mir in den Sinn kommt, was denn aus unserer mit so berechtigtem Stolz geplanten und ausgeführten Hochquellenleitung geworden wäre, hätte nicht ich, der Laie, den Mut und die Energie aufgebracht, die Lösung der Röhrenfrage mit der ganzen mir zu Gebote stehenden bürgermeisterlichen Autorität in die Hand zu nehmen." Danke Cajetan Felder an dieser Stelle. Natürlich musste sich alles kurz vor der Fertigstellung noch dramatisch zuspitzen. Im Jahr 1872 versagte die Kaiser-Ferdinand-Wasserleitung ihren Dienst. Wasser wurde knapp, die Filter waren verschlammt, die Bevölkerung musste ungefiltertes Wasser trinken. Sicherheitshalber kommunizierte man das nicht nach außen, wie Cajetan Felder selbst zugab: „An die große Glocke durfte dieser Umstand nicht gehängt werden", schrieb er. Lieber agierte er auf der Hinterbühne des Projekts, ließ die Arbeiten

Am 24. Oktober 1873 wurde der Hochstrahlbrunnen
am Schwarzenbergplatz eingeweiht.

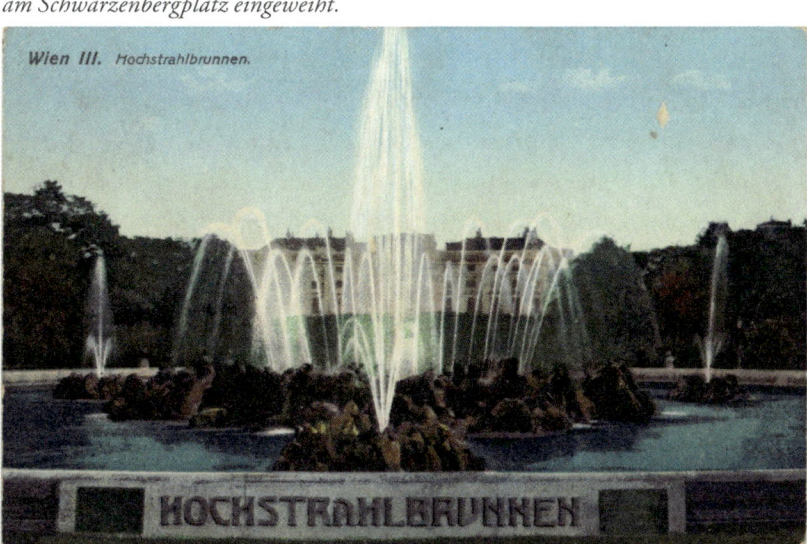

beschleunigen, verhandelte neu mit den Bauunternehmen. Dann kam 1873 und es wurde auch nicht besser. Börsenkrach, Cholera und noch ein paar andere kleinere Katastrophen. Aber im September 1873 durfte das Wasser das Reservoir am Rosenhügel endlich fluten. Und im Oktober war der Festakt im Kursalon Hübner beim Stadtpark dran. „Man war nur erstaunt, dass sich unter den Festgästen nicht auch der geistige Urheber der Wasserleitung, Professor Suess, befand", schrieb Felder. Um sich auf derselben Seite seiner Memoiren noch ein wenig Eigenlob aufs eigene Haupt zu träufeln: „Es wird mir immerdar Stolz und Genugtuung sein, dass es mir beschieden war, dem Träger dieser genialen großartigen Idee, Professor Eduard Suess, bei ihrer Realisierung zur Seite gestanden zu sein."

Wien und die Donau

Wiens Geschichte ist durchtränkt von Wasser. Jenes, mit dem die Stadt am meisten verbindet, fließt seit jeher durch die „Wiener Pforte" in das „Wiener Becken", mit anderen Worten: in die Donau. Und da beginnt es gleich, das Wiener Wortschatzfeld „Wasser". Allein die Landkarte und das Straßenregister sind voll mit Wasser-Toponymen, Au-Referenzen oder auch Namen von Menschen, die in verschiedenen Kommissionen saßen, die mit Wasser zu tun hatten. Etwa um das Verhältnis von Wien zur Donau ein für allemal zu regeln, zugunsten der Stadt nämlich. Die „Venediger Au" im 2. Bezirk, der „Augarten" ebendort oder die „Brigittenau", sie alle sagen es: Wien und Wasser, das gehört zusammen. Natürlich auch die „Rossau" oder die „Spittelau" im 9. Bezirk. Und die Augasse ebendort berichtet auch dem Namen nach davon, wer zuerst hier war, lange vor den Häusern: viel, viel Auwald. Ein Drittel der heutigen Stadt war früher dicht damit bedeckt. Geblieben ist nur eine Gegend,

die „Au" heißt und auch noch zum Teil „Au" ist: die Lobau. Ebenso haben sich unzählige Donauufer längst verzogen. Viele ihrer Linien sind inzwischen Straßen:

Der Verlauf der Liechtensteinstraße und der Porzellangasse sind der Beweis. Aber auch an weiteren Stellen der Stadt sind andere Flussufer im Stadtplan noch deutlich nachvollziehbar: die Auhofstraße, da ist sie wieder die „Au", an manchen Stellen zumindest, oder die Schönbrunner Straße, in der Nähe des Schlosses, krümmen sich, weil sich die Flusswege der „Wien" einst so gekrümmt haben. Und im Westen der Stadt sieht man dadurch auch deutlich: Das Wasser kam nicht nur mit der Donau. Es ergoss sich auch von den Hügeln des Wienerwaldes. Wenn es viel geregnet hatte, dann in viel zu großen Mengen auf einmal. Auch wenn die Bäche die Lebensadern der Vororte und Vorstädte waren, auch wenn sich die Mühlräder nur ihretwegen drehen konnten, die Wasserläufe schwollen auch gerne gefährlich an, ließen ihre Fluten an die Häuser klatschen und umspülten die Siedlungen mit Dreck und in Folge mit Cholera. Denn die Menschen nutzten nicht nur das Frischwasser. Sie nutzten die Bäche auch für ihr Schmutzwasser. Die Bäche waren das natürlich Entsorgungssystem. Für Tierkadaver, Müll und alles andere, was man loswerden wollte. Der Bumerang dieser Praxis: die Seuchen, die verlässlich vorbeikamen. Da konnte man noch so viel verordnen. Etwa, dass man Fleischabfälle nicht mehr in den Wienfluss werfen dürfe. Und dass die Fleischhauer ihre Knochen und Abfälle nicht einfach auf die Straßen schütten sollten. Ebenso wenig Kot, Pferdemist und Kehricht. Auch das Schwemmern der geschlachteten Pferde und Schweine im Wienfluss musste man unterbinden. Gerade dieser schwemmte regelmäßig Unheil in die Stadt. Schon Ende des 18. Jahrhunderts dachte man eine Regulierung an. Später im 19. Jahrhundert sollten zwei große Sammelkanäle, parallel zum Wienfluss, die „Cholera-Sammelkanäle", weiteres Unheil abhalten. Aber es stand fest: Das Wasser musste verschwinden. Zumindest aus den Augen und weg

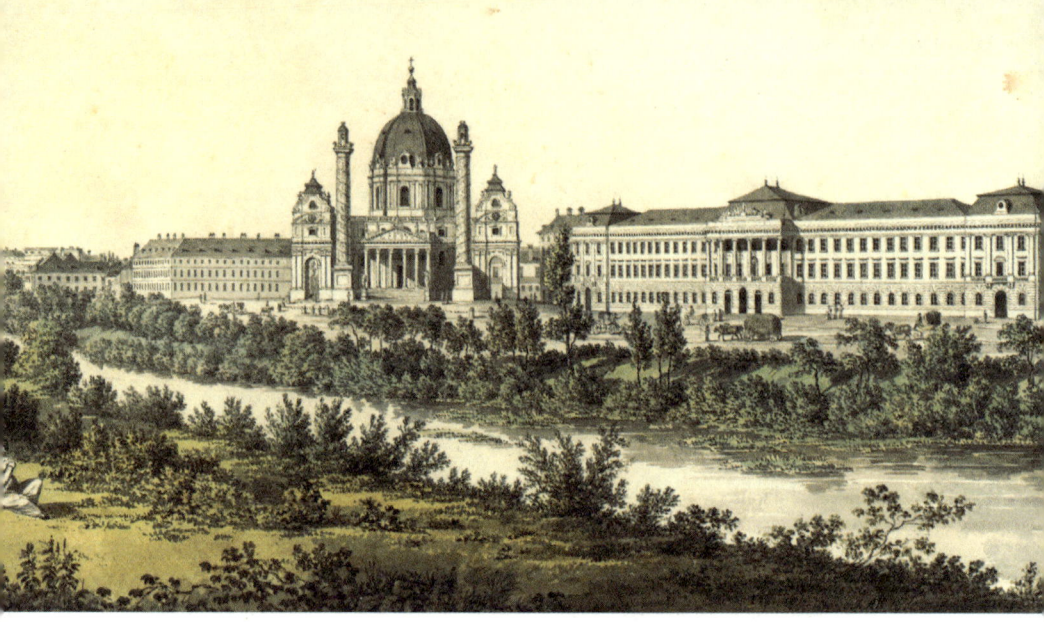

Der Wien-Fluss schlängelte sich auch lange ungezähmt bis ins Stadtzentrum.

vom Geruchssinn. Am besten gleich unter die Erde, wo es denn ging. In steinerne Tunnel und wenn das Geld nicht reichte, im Notfall auch in ein steinernes „U". Seit Ende des 19. Jahrhunderts muss der Wienfluss mit so einem Vorlieb nehmen. Und es klappte: Vom Fluss bemerkt man auf seinen 17 Kilometern, die er durch Wien fließt, tatsächlich kaum etwas. Ein paar Kilometer wurde er sogar gänzlich überwölbt, während er seiner Bestimmung, der Mündung in den Donaukanal, zufließt. Gerade dort, wo noch Jahrzehnte zuvor Wäscherinnen die Kleidung in das Wasser getaucht haben, in einer idyllischen Auenlandschaft, die sogar der berühmte Maler Rudolf einmal bildlich verklärt hat. Doch nicht nur vor der Karlskirche wurde das Wasser überwölbt und überplattet. Auch überall dort, wo die stinkenden Bäche gern über die Ufer traten. Der Ottakringer Bach war etwa schon 1837 dran, die Als 1845 und 1846 schließlich schon der Währinger Bach. Als Wien ziemlich drastisch angewachsen war, fungierten die Fließgewässer ohnehin fast nur mehr als Abwasserkanäle. Da konnte

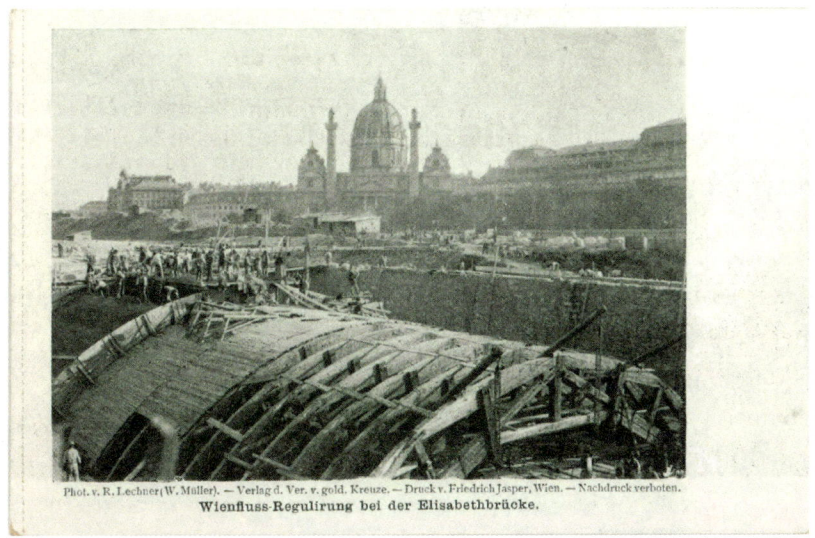

Phot. v. R. Lechner (W. Müller). — Verlag d. Ver. v. gold. Kreuze. — Druck v. Friedrich Jasper, Wien. — Nachdruck verboten.
Wienfluss-Regulirung bei der Elisabethbrücke.

Irgendwann war die Idylle vorbei: Das Wasser musste von der Oberfläche verschwinden.

man sie gleich ins Kanalsystem integrieren. Und das machte man dann auch. Die Innenstadt war sowieso schon vergleichsweise früh vollständig kanalisiert, schon in den 1730er-Jahren. Und 100 Jahre später waren auch bereits 90 Prozent der Vorstadthäuser mit dem Kanalnetz verbunden.

Doch der Hauptstrom des Ungemachs hatte woanders seinen Verlauf. Oder besser: seine unzähligen Verläufe. Es war die Donau. Mit ihr musste sich die Stadt andauernd auseinandersetzen. Wien und sein Strom, eine Schicksalsgemeinschaft. Doch für den Verlauf dieser Beziehung schaufelten die Menschen zwischen 1870 und 1875 die allergrößte Weiche: Sie zwangen die Donau, sich in ein eigenes, neues Bett zu legen. Und die entscheidenden Kräfte dabei waren wieder: die Ingenieurskunst einerseits und die Beharrlichkeit der Visionäre andererseits. Cajetan Felder war wieder mit von der Partie, als es diesmal darum ging, für die

endgültige Regulierung der Donau zu lobbyieren. Diese schien unausweichlich. Jetzt, da man die technischen Mittel in der Hand hatte und die hellen Köpfe, die sie einsetzen konnten. Die Bagger, die auch den Suezkanal gruben, hatten schon bewiesen, wozu sie imstande waren. Zeit, die Donau zu bändigen. Ein für allemal.

Bei allen sanften Arrangements mit dieser Urgewalt war der Verlierer immer Wien. Die Donauregulierung sollte das ändern. Jetzt musste sich das Wasser fügen. Zuvor hatte der Strom launisch seine unzähligen Arme dorthin gelegt, wo es ihm passte. Ein dynamisches Wechselspiel war das, aus Flussarmen, die neu entstehen, und jenen, die gerade verlanden. Diese Willkür stoppte der Eingriff der Ingenieure abrupt. Wie ermattet von ihrer jahrhundertelangen Umtriebigkeit liegt die Donau heute in Wien. So frei und wild hatte sie sich selbst ins Wiener Becken ausgeschüttet, nachdem ihr Wasser durch die „Wiener Pforte" geflossen war. Ein riesiges Gewirr und Geflecht aus Armen und Verästelungen, an manchen Stellen

Verheerende Überschwemmungen setzten den Stadt seit jeher zu.

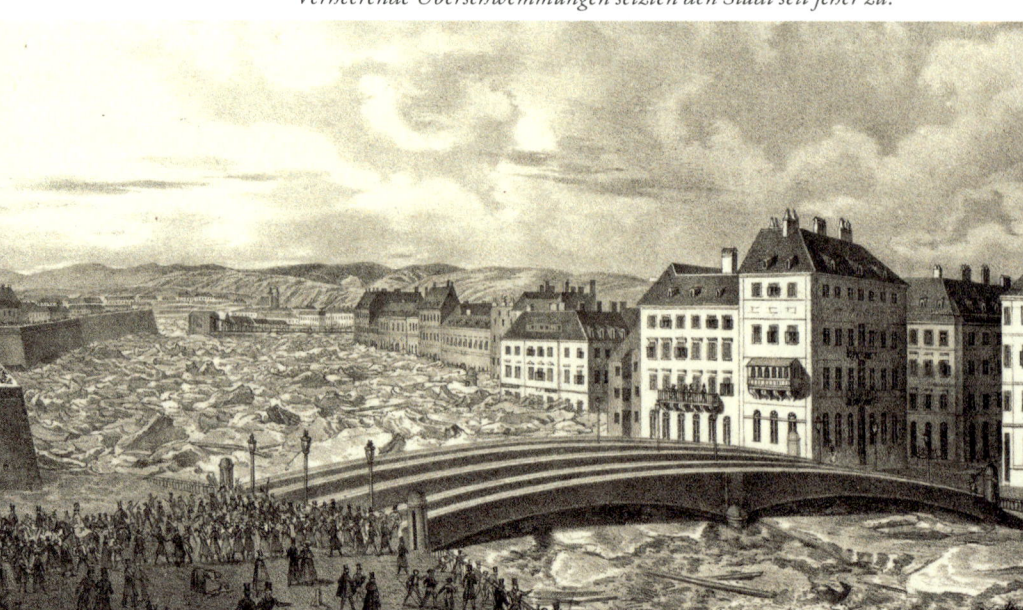

bis zu sechs Kilometer breit. Dazwischen lagen Inseln, Schotterbänke, Auwälder. Launisch wechselte die Donau gerne von einem Bett in das andere, änderte ständig ihren Lauf. Viel Bewegung, das Gefälle hoch, viel Geschiebe, die Wassermengen stark schwankend – das alles modellierte das Wiener Becken stark. Hier trug das Wasser Uferbänke ab, dort schüttete es neue auf. Inseln traten zutage, andere gingen unter. Doch ein Arm von vielen hatte für Wien besondere Bedeutung: Man nannte ihn den „Wiener Arm", heute folgt der Donaukanal zum Großteil seinem Verlauf. Er war stets einer der verlässlicheren Wasserwege, der Wien nahe des Zentrums streifen sollte und vergleichsweise träge in seinem selbst gegrabenen Bett lag. Ohnehin schien es, dass die Donau nichts zu tun haben wollte mit Wien. Die Wassermassen verlagerten sich seit dem Mittelalter weg von der Stadt in Richtung Nordosten, die Donau ging auf Distanz, jedes Jahr fast um 20 Meter mehr. Daran waren auch die Wienerwaldbäche schuld, die fleißig Sedimente vom Westen her in die Donau spülten. Der Mensch war natürlich auch nicht unbeteiligt: Einiges an Wald hatte er abgeholzt, weil er Ackerflächen wollte. Das bedeutete aber auch: mehr Erosion. Das Geröll häufte sich, da tauchte schon die Insel auf, die später die „Rossau" sein sollte, der „Wiener Arm" drohte zu verlanden. Die Stadt fürchtete seinen Zugang zum Wasser, dann wurde ausgegraben. Und wo die Stadt noch Schlimmeres fürchtete, die Hochwässer, da wurde aufgeschüttet. Ständig musste Wien auf die Donau reagieren. Wer einen Grund besaß, hatte ein paar Monate später manchmal einen, der unter Wasser lag. Jahrhundertelang versuchte die Stadt sein paradoxes Verhältnis zum Wasser auszutarieren: Man wollte den Zugang nicht verlieren, aber auch nicht in den Fluten untergehen. Nähe und Distanz zugleich, das sollte der paradoxe strategische Zugang werden. Zumindest den „Wiener Arm" wollte man schiffbar halten. Schließlich war die Donau auch Güter- und Transportweg.

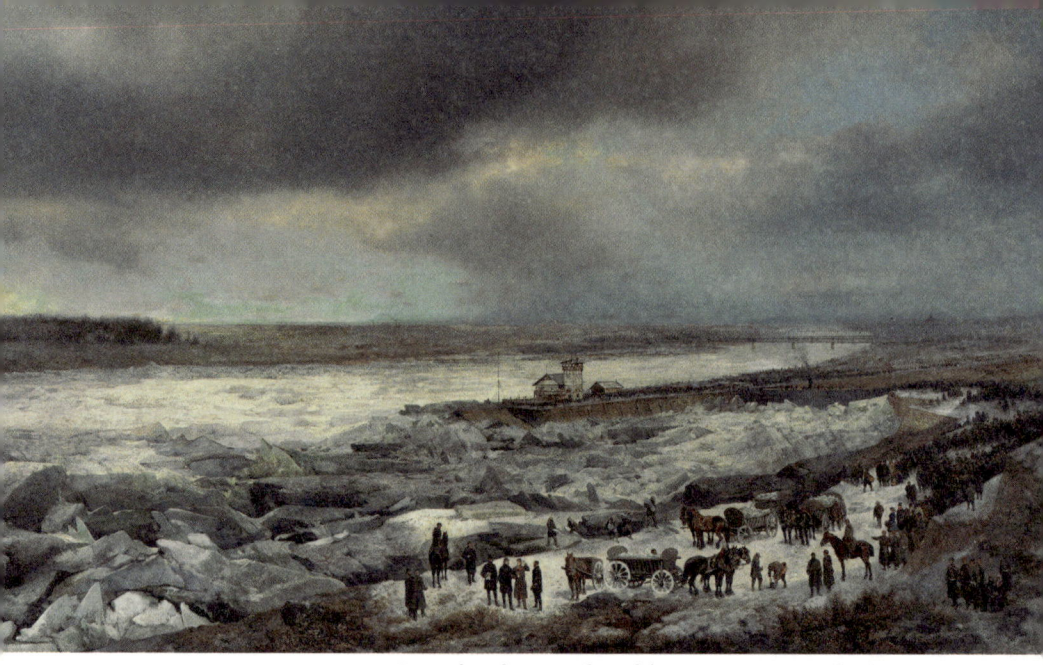

*Besonders die Eisstöße auf der Donau waren gefürchtet,
als der Strom noch unreguliert war.*

Also schüttete, grub und modellierte man, wo man konnte. Mit kleineren Durchstichen und Dämmen, um die Allüren der Donau ein wenig zu zügeln, vor allem zum Schutz der Siedlungen. Auch der Prater war natürlich ständig in Gefahr, sprich das kaiserliche Jagdrevier samt Lusthaus. Das wollte man auch nicht wegspülen lassen vom nächsten Hochwasser. Genauso wenig die Sommerpalais oder die Felder, die schon auf den beiden größten Donauinseln, dem „Unteren Werd", dem heutigen 9. Bezirk, und dem „Oberen Wird", den heutigen 2. und 20. Bezirk angelegt waren. Doch die Donau blieb unberechenbar. Mitte des 17. Jahrhunderts wanderte der Donaubogen nördlich des Praters plötzlich in Richtung Süden. Dem Kaiser drohte jetzt wirklich sein Jagdrevier davonzuschwimmen, samt des „Langen Gangs", dem Vorläufer der Prater Hauptallee. Wieder war es Zeit für neue Dämme. Aber irgendwann ging es nicht mehr um das eine oder andere Kloster, um ein Lusthaus hier und ein kleines Dörfchen dort. Es ging um die Stadt selbst. Schon 1012 ist in den Chroniken von

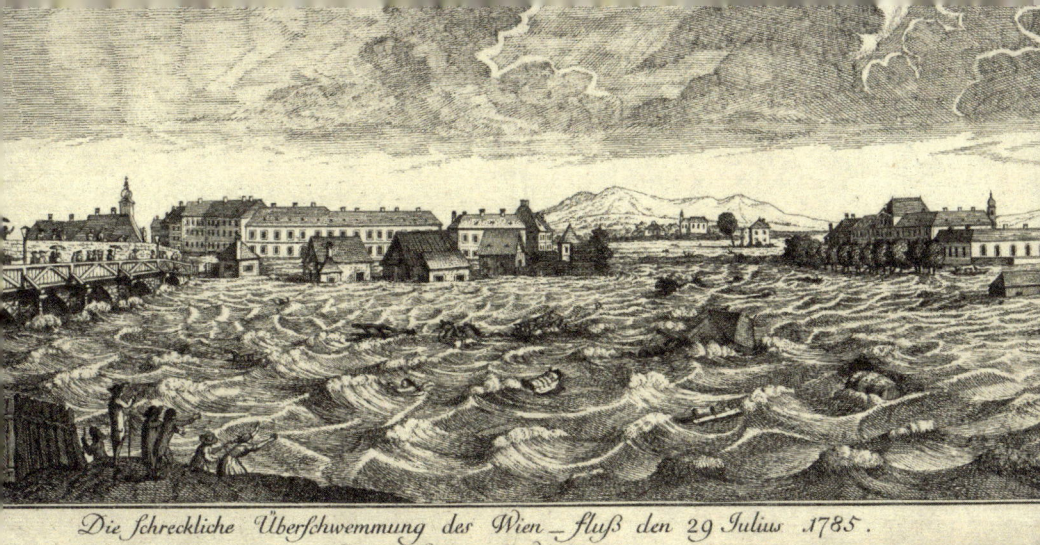

Die schreckliche Überschwemmung des Wien_fluß den 29 Julius 1785.
Von dem Kärntnerthor gegen die Vorstädte Wieden und Wien anzusehen.

Auch der Wien-Fluss trat regelmäßig über seine unbefestigten Ufer, wie hier im Jahr 1785.

Hochwassern zu lesen, nach 1550 nahm die Häufigkeit deutlich zu, nach 1768 kamen sie regelmäßig. Eine Katastrophe nach der anderen flutete auf Wien ein. 1784 Hochwasser, ausgelöst durch Eisstoß und Schneeschmelze. 1785 Hochwasser auf der Donau, dem Alser Bach, dem Wienfluss. Das „Allerheiligenhochwasser" von 1789, ein fatales Ereignis, das zweitgrößte Hochwasserereignis des Jahrtausends. Dabei wurde das erste ernsthafte Regulierungsprojekt, der Hubertusdamm, zerstört.

In einem Zeitraum von 21 Jahren zählte Wien 36 Hochwässer. Kein Wunder, dass damals zum ersten Mal die Idee keimte, die Donau mithilfe eines „Durchstichs" zu begradigen. Bilder von 1830 zeigen aber: Bis dahin war noch gar nichts ansatzweise reguliert. Das Donauwasser flutete in verheerender Weise durch die Leopoldstadt. In der Nacht auf den 28. Februar hatte sich ein Eisstoß bei Korneuburg gelöst. Und innerhalb kürzester Zeit ergossen sich Wassermassen samt Eisschollen in die Vorstädte und Dörfer nördlich der Donau. Wenn der Winter schneereich war, versank danach das halbe Marchfeld im Wasser. Und wenn der Winter

besonders frostig war, wurde es genauso gefährlich: Dann kündigten sich die berüchtigt verheerenden Eisstöße an. Dabei schoben sich Eisplatten übereinander, verkeilten sich, stauten dadurch den Fluss auf, drängten das Wasser aus seinem Flussbett ins Umland. Und als das wiederum passierte, im Februar 1862, war auch die erste Donauregulierungs-Kommission endlich zusammengetreten. Wenn sich Wien in Ruhe wandeln wollte, konnte es auf dem Sprung zur Weltstadt sich solche Unsicherheiten nicht mehr leisten. Und weil man schon beim „Größerdenken war, dachte man auch die Schutzmaßnahmen ein wenig größer. Jahrhundertelang hatte die Donau Wien modelliert. Jetzt modellierte die Stadt zurück.

Doch der erste Konsens war lediglich der, dass etwas geschehen müsse. Viel weiter war man einige Jahre nicht gekommen. Bis die richtigen Menschen wieder an den richtigen Stellen agitierten. Da kam wiederum Cajetan Felder ins Spiel. Auch er wurde in die Kommission berufen, als Obmann, er wusste gar nicht warum, er war doch Jurist:

Durch die Donauregulierung konnten ganze Stadtteile neu entstehen, wie hier eingezeichnet.

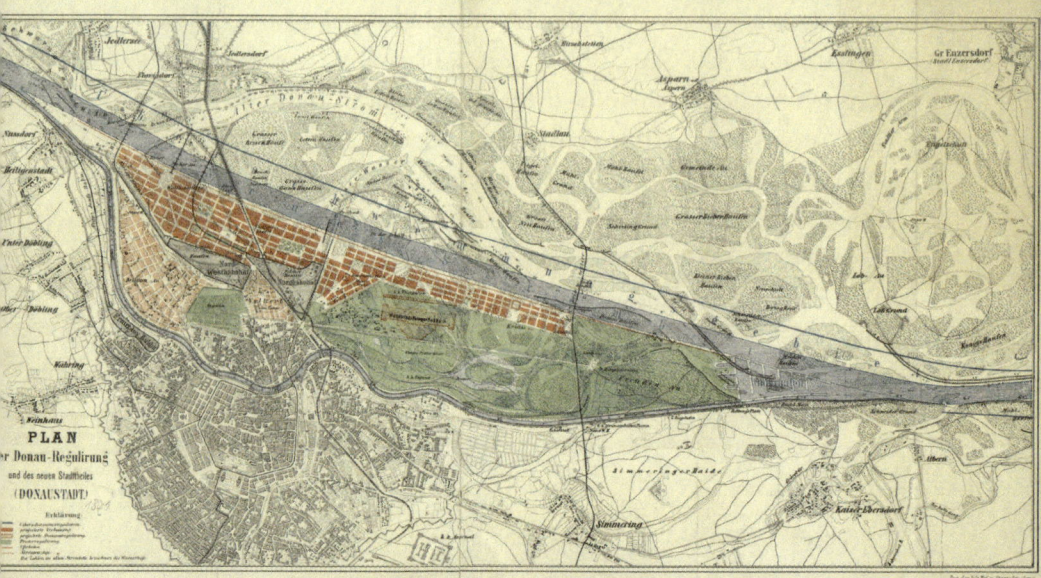

„Gewiss war es aber die allergrößte Anomalie, mich als Delegierten des Gemeinderates in die Regulierungskommission zu entsenden, in welcher die Ingenieure das große Wort zu führen hatten", schrieb er dazu in seinen Memoiren. Doch als Fürsprecher der „großen" Lösung, eines Donaudurchstichs, tat auch er sich schwer. Denn zwei Meinungen standen sich ziemlich eingemauert gegenüber: Die einen Experten wollten den Donauverlauf beibehalten, aber den Hauptstrom mit zusätzlichen Maßnahmen sichern. Die anderen waren für den radikaleren Zugang: Wenn Menschen den Suezkanal ausgegraben haben, dann kann man doch auch der Donau ein riesiges neues Bett graben, meinten sie. Und in diesem sollten sich alle Donauarme vereinigen zu einem einzigen Strang. Auch Eduard Suess outete sich bald als Verfechter dieser Durchstichvariante. Doch manche Stimmen trauten ein solches Projekt Mensch und Maschinen noch nicht so. Noch nie hatte eine Großstadt so radikal ihre unmittelbare Umwelt umgestaltet.

Und dann kam noch dieser notorische Querschießer Pasetti hinzu, Hofrat Florian Ritter von Pasetti. Schon bei der Frage der Wasserleitung war er vor allem gegen eines gewesen: gegen alles. Und auch schon in der ersten Donauregulierungskommission, die bereits nach 1848 angetreten war, agierte er kaum anders. Ok, er hatte seinen eigenen Vorschlag diesmal bei der Hand. Und breitete seine Pläne vor Cajetan Felder aus. Sein Projekt bestand aus drei Donauarmen: dem Hauptstrom, den Donaukanal und dem Kaiserwasser. Er hielt den „Durchstich" technisch schlicht für unmöglich. Obwohl die Mehrheit damals schon für eine andere Maßnahme war: für ein einziges konkav geschwungenes Bett. Aber Pasetti hatte Einfluss. Er verhinderte eine Einigung. Als 1862 die nächste Katastrophe über Wien hereinbrach, hatten es plötzlich alle wieder eilig. Die zweite Donauregulierungskommission stand an, auch wenn sie erst 1866 zum ersten Mal tagte. Mit dabei wieder Florian Pasetti. Und mit dabei wieder: seine strikte

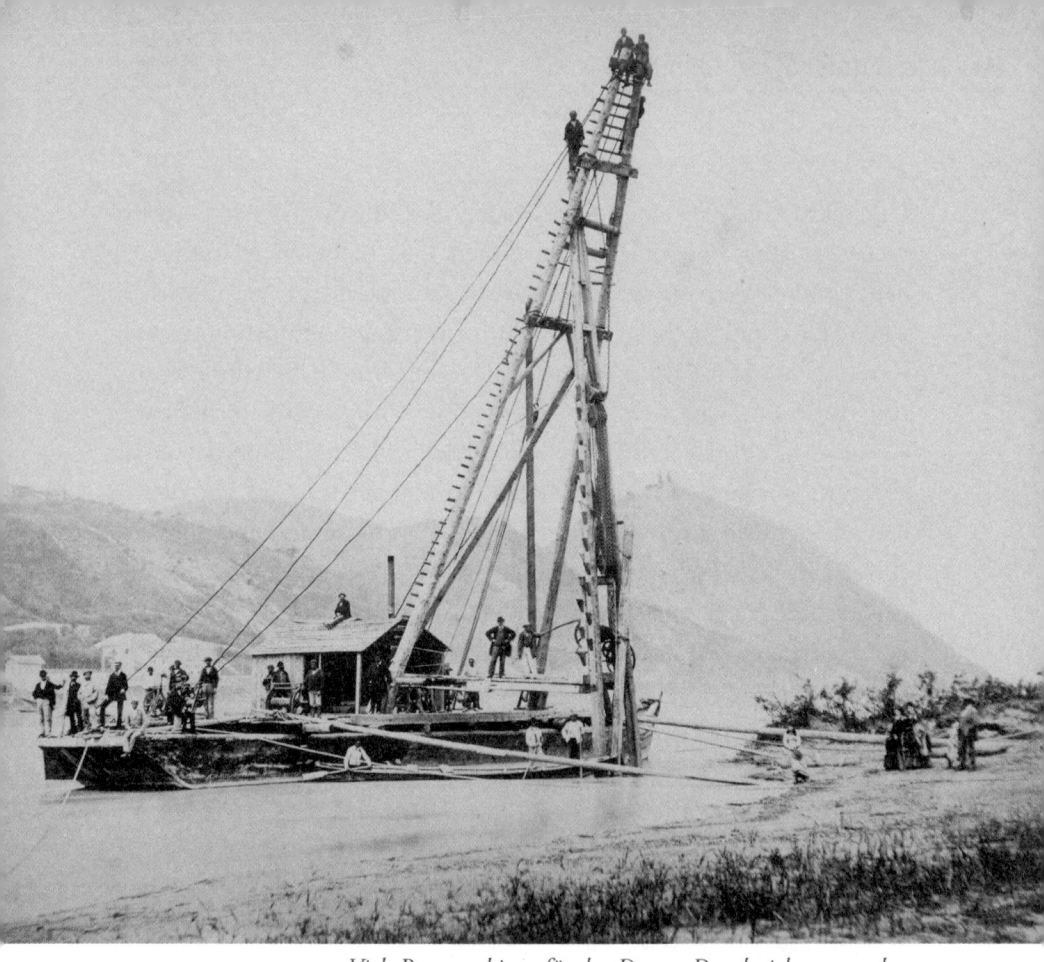

Viele Baumaschinen für den Donau-Durchstich waren schon beim Bau des Suezkanals erprobt worden.

Verweigerungshaltung. 20 Jahre lang hatte Pasetti blockiert. Erst seine Pensionierung machte den Weg frei: für den „Durchstich", für den einen großen künstlich angelegten Donauarm. Am 14. Mai 1870 erfolgte der Spatenstich, fünf Jahre später war der Durchstich errichtet, mit einem Wasserbett in der Breite von 285 Metern. Ihm schloss sich seitlich noch ein Inundaditonsgebiet an, 475 Meter breit. Es war vollbracht. Das neue Bett konnte geflutet werden.

Und seither ist Wien eine andere Stadt. Allein die Brigittenau hatte immens viel neues Bauland dazugewonnen. Und in diesem mussten viele neue Straßen benannt werden. Darum griff man dabei gerne auch zu jenen Herrschaften, die in der Donauregulierungskommission gesessen waren. Und sogar Pasetti bekam seine eigene Straße. Seit der Regulierung ist Wien nicht mehr zerfurcht von unzähligen unberechenbaren Gewässern, dafür geteilt in zwei ungleiche Hälften. Eine davon ist, aber nur von der diesseitigen Hälfte aus und noch dazu mit Vorurteilen betrachtet, die unterprivilegierte, die man im Volksmund und durchaus abwertend gemeint „Transdanubien" nennt. Aber die Donauregulierung schlug nicht nur eine trotz Brücken unüberbrückbare Kerbe in den Stadtraum. Sie kreierte auch ungekanntes Potenzial: nämlich die Donau als Erholungsraum. Das begann auf den „Donauwiesen", jenem Terrain entlang des Stromverlaufs, das zunächst geschottert war, später

Doch auch nach dem Donau-Durchstich drohten Überschwemmungen.

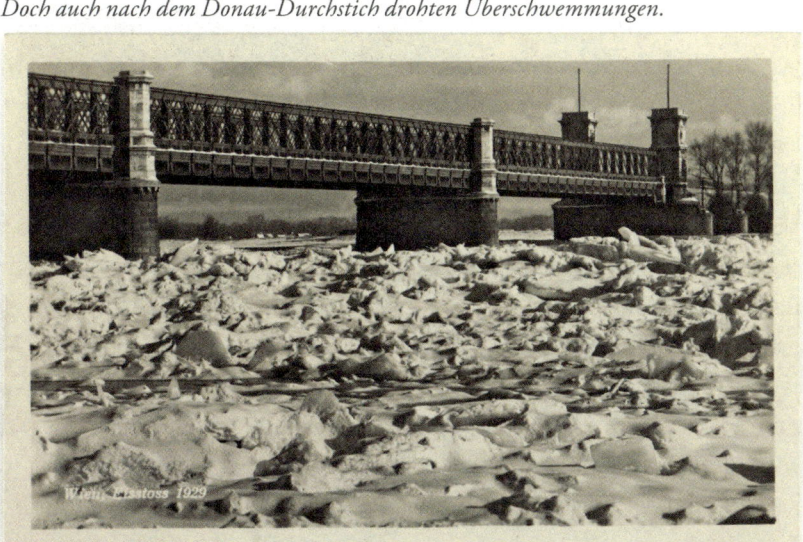

von Gras überwachsen. Und das kulminierte in dem gigantischen Projekt der Donauinsel, das das Freizeitverhalten der Wiener Bevölkerung auf eine ganz neue Ebene gehievt hat. Diese erneute riesige Intervention wurde im 20. Jahrhundert dann doch noch notwendig. Denn der Durchstich konnte längst nicht alle Katastrophen von der Stadt abwenden. Erste Zweifel kamen schon bald auf, als innerhalb kürzester Zeit zwei Hochwasser, 1897 und 1899, Wien heimsuchten. Danach schienen einige Jahrzehnte noch viel größere Probleme noch viel dringender – die Weltkriege, die Wirtschaftskrisen. In der Zwischenzeit hatten die Wassermassen aber umso mehr Gelegenheit gehabt, ihr eigenes Bett mit Sedimenten auszufüllen und aufzuschütten. Dann kam das Hochwasser von 1954 und es zeigte sich: Das Wasser kann nicht mehr schnell genug abfließen.

Die Donau selbst brauchte dringend Entlastung. Da kam ein Vorschlag auf, im Überschwemmungsgebiet eine zusätzliche Rinne für die Donau zu legen, eine „Entlastungsrinne". Und da die Stadt schon eine Donau hatte, sollte dieses neue Bett die „Neue Donau" sein. In den 1950er-Jahren formulierte ein beherzter Planer noch eine weitere Idee: Mit dem Material, das man ausgraben würde, sollte man eine Insel zwischen den Rinnen aufschütten, eine „Donauinsel". Der Mann hinter diesem Vorschlag hieß August Zotter. Und es entwickelte sich ähnlich wie bei den riesigen Infrastrukturmaßnahmen 100 Jahre zuvor: nämlich zäh. Doch Zottl kämpfte weiter für seine Idee und ihre Umsetzung. Auch wenn er die Meinung anderer Experten und noch dazu die öffentliche in Form der „Kronen Zeitung" lange gegen sich hatte. Eine 20 Kilometer lange Insel sollte das Strombett nun teilen. Der Vorteil: Man konnte das Überschwemmungsgebiet, das außer als Picknickplatz für nicht allzu viel taugte, endlich nutzen. Schließlich stimmte 1969 der Wiener Gemeinderat für die Idee des Entlastungsgerinnes und der

Donauinsel. Wien sollte noch eine Donau bekommen, die „Neue Donau". Und damit, was anfangs gar nicht geplant oder klar war, noch
Dutzende Kilometer Uferlinie als Erholungsraum. Jedenfalls wurde ab
1972 eine Insel aus dem Überschwemmungsstreifen herausgebaggert.
Definiert war lediglich: Die Insel sollte unbebaut bleiben. Schließlich
übernahmen verschiedenste Planer und Gestalterinnen die Rolle, die
früher exklusiv der Natur gehörte: Sie modellierten die Flusslandschaft.
Und noch dazu zu einem Freizeitareal, für das es kaum Vorbilder gab
und später kaum Nachahmer. Zwischen 70 und 200 Metern ist sie heute
breit, teils mit Wiesen bedeckt, teils mit Wald, ihre Ufer sind manchmal
steil und manchmal flach. Jedenfalls hat sich das Konzept bei einigen
Hochwasserereignissen danach bewährt. Die Hochwassergefahr für
Wien ist gebannt. August Zottl, der Ideenvater, hat die Eröffnung des
Projekts nicht mehr erlebt. In den letzten Jahren der Umsetzung hatte
längst sein Sohn Hermann Zottl die Planung übernommen. Heute
erinnert an ihn ein kleines Stück Uferpromenade auf der Höhe des
Kahlenbergdörfls, die Hermann-Zottl-Promenade.

4.

Herzblut und Haltung

Menschen, die es besonders gut mit Wien meinten

Irgendein Wien wär sich wahrscheinlich dann doch ausgegangen. Aber ziemlich sicher nicht dieses Wien, das die Stadt auch heute noch so gerne herzeigt. Auf Ansichtskarten, in Tourismusprospekten, auf Instagram und Architektursymposien. Es ist genau dieses Wien, auf das Wien selbst so stolz ist. Weil es an manchen Stellen doch ziemlich schön geraten ist und – umso erstaunlicher – sogar geblieben ist. Es ist das Wien, mit dem man ein bisschen angibt in der Welt, diese Stadt, in dem die Stadtmorphologie und die Kultur ganz augenscheinlich und doch unerklärlich eine natürliche Verbindung eingegangen ist – scheinbar. Wenn schon „natürlich", könnte man ja vielleicht auch „Evolution" dazu sagen, so von außen betrachtet. Wien als Produkt einer natürlichen Zwangsläufigkeit. Als ein Zustand, der sich wie eine Kultur nicht künstlich implementieren lässt. Und schon gar nicht kurzfristig. Wien brauchte Zeit, um Wien zu werden und um seine Wesenszüge zu entwickeln.

Aber es war nicht nur der natürliche Lauf einer geopolitisch ziemlich wichtigen Residenzstadt. Es waren die Menschen, die maßgeblich auf Wien eingewirkt haben. Und darauf, dass sich die Stadt heute in ihren Eigenkampagnen „lebenswert" auf die Plakate schreiben kann. Auch so ein Zustand, der sich nicht so leicht innerhalb eines Menschenlebens herstellen lässt. Da waren schon einige Generationen nacheinander daran beteiligt. Ohne all die klugen Köpfe und engagierten

Herzen wäre das alles nichts geworden. Herzblut und Haltung, auch das waren die treibenden Kräfte der Veränderung, nicht nur Eitelkeit und Machtgebaren. Menschen wollten Wien wandeln. Zum Besseren. Zum Schöneren. Mit maßgeblichem Engagement. Und maßgeblichen Entscheidungen. Da waren Menschen darunter, die es besonders gut meinten mit der Bevölkerung. Denen die Stadt so sehr am Herzen lag, dass alle Generationen danach die Stadt umso mehr ins Herz schließen konnten. Macht war natürlich immer ein wirksames Mittel der Veränderung. Oder auch Geld. Aber am besten Einfluss nahm man mit beidem zugleich. Baulich, kulturell, wirtschaftlich und sozial. Aber die Menschen wirkten nicht nur damit. Auch mit ihren Ideen, ihrer Haltung, manchmal mit ihrem Eigensinn, mit ihrem individuellen Charakter, ihrer Großzügigkeit, ihrer Beharrlichkeit. Das alles brachte Steine ins Rollen, Veränderung in Gang. Es waren Mäzene und Philanthropen, die zu Kümmerern und Wohltätern wurden. Und sich dabei manchmal natürlich noch um etwas kümmerten: um das eigene Renommee. Das verzeiht man gern, solange es baukünstlerisch gut ausgegangen für das Stadtbild. Oder auch nachhaltig für die soziale Infrastruktur. So einige Namen und Familien bilden sich auf diese Weise in Wien ab. Nicht nur weil Gedenktafeln und -schriften sie nennen, auch weil die Zeugnisse ihrer Haltung noch immer Teil der Stadt sind. Manche dieser Familien waren schon Generationen in der Stadt verwurzelt. Andere waren erst ein paar Jahre zuvor in Wien gelandet. Viele Menschen, die Wien veränderten, im 19. Jahrhundert etwa, stammten aus adligen Verhältnisse. Sie waren hineingeboren in die Privilegien, überhaupt großzügig sein zu können. Andere Familien, großbürgerliche zumal, wurden dagegen erst geadelt, weil sie sich eben so großzügig geriert und so viel bewirkt hatten.

Die Juden in Wien

So viel steht fest: Wien wäre ohne Juden nicht Wien geworden. Die Ringstraße wäre nicht so prachtvoll ausgefallen. Die Wiener Moderne wäre nicht ganz so „modern" geraten. Wahrscheinlich würde der Name Wien in vielen Ohren nicht gleich nach „Musik" klingen. Wenn nicht einige Juden und Jüdinnen ganz schön viel dazu beigetragen hätten. Vieles wäre nicht gegründet, initiiert, gebaut, verwirklicht worden, wenn nicht Mitglieder der jüdische Community in Wien zwei wichtige Faktoren eingebracht hätten: ihr Geld. Und ihre Haltung, es nicht nur für sich selbst auszugeben, sondern auch für andere, die Allgemeinheit, die Gesellschaft. Juden und Jüdinnen haben Wien reicher gemacht. Mit ihrem Engagement, ihrem Bekenntnis zur privaten Wohltätigkeit, ihrem Sinn für das Schöne, ihrem Interesse für Kunst und Kultur. Ihr Vermächtnis sind kulturelle Institutionen und Knotenpunkte, prachtvolle Häuser sowie karitative Einrichtungen.

Für Wien kam die jüdische Zuwanderung zum rechten Zeitpunkt. Denn mit den Menschen mischte sich auch ihre soziale Haltung, zuerst in die Gesellschaft, dann ins Stadtbild. Wien hatte ja einiges vor im 19. Jahrhundert, vor allem in der zweiten Hälfte. Eines der ambitioniertesten Projekte in der Gründerzeit war inoffiziell mit „Weltstadt" überschrieben. Das kostete Geld, das brauchte Investments. Wien selbst konnte das alles nicht leisten, der Staat hatte auch kaum mehr Budget übrig für seine Reichshauptstadt. Auf seiner Liste hatte er ein paar vermeintlich wichtigere Dinge abzuhaken. Dazu gehörte der Krieg. Und wenn der gerade mal Pause machen sollte, das war selten, hatte der Staat die Folgekosten der Kriege zu leisten. Krieg war teuer. Der Frieden auch, vor allem, wenn man den Krieg verloren hatte. Dazu kamen all die Verheerungen. Und die Versehrten, Armen und Kranken. So etwas wie systematische und gut organisierte Wohlfahrt konnte sich da aber im Staatshaushalt kaum

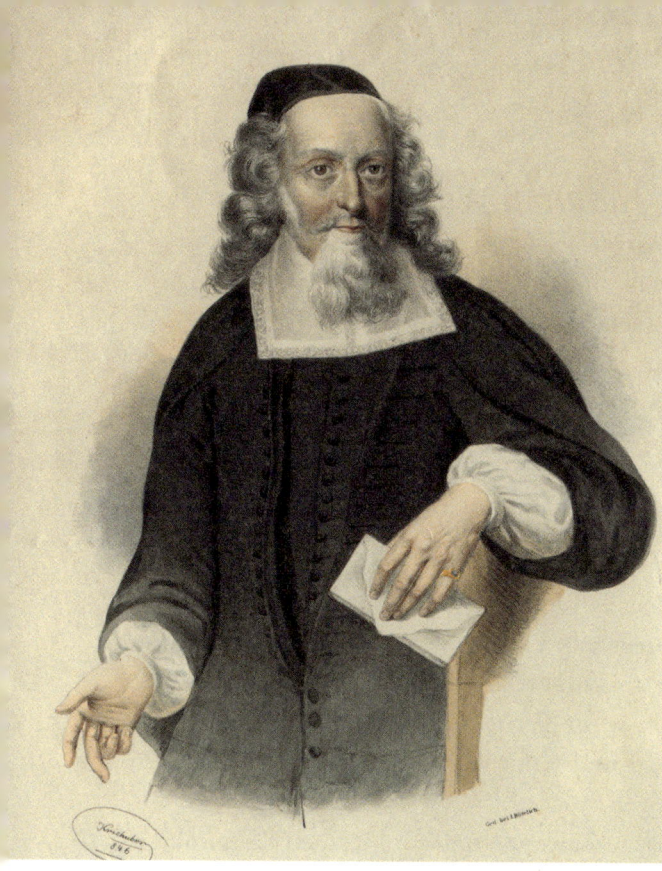

ausgehen. Neu war diese Situation nicht. Und ebenso wenig ungewöhnlich war, wie man sich deshalb behalf. Für die Finanzangelegenheiten des Staates, dafür waren der Monarchie die Juden und ihr Geld gut genug.

Samuel Oppenheimer war einer der Ersten, bei denen der Staat seine Prinzipien etwas elastischer auslegte. Und Juden dann plötzlich doch tolerierte. Nein, er hofierte sie sogar. Wegen ihres Geldes, das man sich gut borgen konnte. So wurde Oppenheimer der vielleicht berühmteste der „Kaiserlichen Hoffaktoren".

Gleich vermittelte er auch seinen Neffen Samson Wertheimer nach Wien. Das war 1684, zu einer Zeit, in der man sich gewaltige Summen borgen musste. Es war wieder einmal: Krieg. Diesmal war der „Spanische

Erbfolgekrieg" angesagt. Manchmal floss das Geld aber auch direkt in die Wiener Bausubstanz, das kam auch vor. In die Karlskirche etwa oder in die Hofbibliothek. Oder in den Umbau von Schloss Schönbrunn seitens Pacassi. Prunk war teuer. Und die Juden, die am Hof toleriert wurden, finanzierten kräftig mit. Das Schloss Schönbrunn war längst zum Rokoko-Juwel gediehen, als Joseph II. die Situation für Juden und Jüdinnen in Wien verändern sollte, in der ganzen Monarchie.

Dieser Kaiser war ja ein besonders eifriger Dekreteschreiber. Ein paar seiner Unterschriften waren für die jüdische Community aber besonders wichtig, nämlich jene unter den sogenannten „Toleranzpatenten". Durch sie sollte sich einiges ändern. Für jede Religionsgemeinschaft, die nicht die katholische, also die bislang einzige offiziell anerkannte war. Rechtlich gleichgestellt waren die Juden danach noch lange nicht. Aber zumindest gestand man ihnen ein paar Dinge zu: etwa eigene Gebetshäuser zu haben. Oder auch eigene Bildungseinrichtungen. Dazu kamen ein paar Freiheiten hinsichtlich der Religionsausübung. Zumindest mussten die Juden keine Bärte mehr tragen, aber allzu deutlich durften sie sich im Stadtbild und der Stadtgesellschaft auch nicht zeigen. Vor allem nicht in Form von Glocken oder gar Kirchtürmen und ähnlichen Auffälligkeiten. Die „Toleranz" im Namen der „Patente" hatte eindeutig zu viel versprochen: Die Migrationspolitik war trotzdem restriktiv. Nach Wien ziehen und hier leben durften nach wie vor nur die Vermögenden und ihre Familienangehörigen, sie erhielten spezielle Aufenthaltsgenehmigungen. Dabei wollten doch immer mehr Juden nach Wien. Und sie waren gut für Wien. Dann kamen noch mehr. Und noch mehr. Irgendwann war die Community dann in eine neue Ära eingebogen, die man in den Geschichtsbüchern gerne mit „Emanzipation der Juden" überschreibt. Ein Kapitel in der Stadtgeschichte, in der manche Familien besonders steile Kurven von unten nach oben nahmen, quer durch den sozialen und ökonomischen Status. Die Lebenslinien und Karriereleitern führten

sie zum wirtschaftlichen Erfolg, aber vor allem, was vielen wichtiger war, auch in Richtung Ansehen und Anerkennung. Und diese konnte man sich auch verdienen durch Großzügigkeit, durch Mäzenatentum, durch Bauherrschenschaft, vor allem, wenn man sich eine Bauparzelle am Ring gesichert hatte. In der Gründerzeit Wiens, da brachten die großbürgerlichen jüdischen Familien nicht nur das finanzielle Kapital nach Wien, sondern auch das soziale. Beides zusammen sollte Wien für immer verändern.

Dankbarkeit schlug den Juden deshalb noch lange nicht entgegen. Über die Jahrhunderte waren es ohnehin eher die Anfeindungen. Politik, Aberglaube, die Bevölkerung, die Herrscher, Ideologien – die Juden hatte viele gegen sich. In der Stadt wollte sie man sowieso fast nie haben. Vor den Stadttoren gewährte man ihnen in manchen Phasen den Aufenthalt, etwa im „Ghetto", der „Judenstadt", auf dem „Unteren Werd", der späteren Leopoldstadt, der späteren „Mazzesinsel". In dieser Gegend blendete sich die jüdische Community am ehesten, am deutlichsten und am längsten ins Stadtbild und in die Stadtgeschichte ein. Wenn sie nicht gerade wieder vertrieben wurden, wie etwa im Jahr 1670 von Kaiser Leopold I. Aber Vorurteile und Anfeindungen gegenüber Juden waren natürlich schon viel früher eskaliert. Im Jahr 1421 hatte sich Wien in seiner Geschichte dunkelschwarz befleckt: mit einem verheerenden Pogrom, bei dem die jüdische Bevölkerung brutal und systematisch vernichtet worden war. Danach wurde die jüdische Gemeinde oft genug vertrieben, verfolgt, ihre Mitglieder ermordet und diffamiert. Sie mussten stets mit dem Schlimmsten rechnen. Wien hatte unzählige Gemeinheiten, Ungerechtigkeiten, Despoten und Hetzer im Laufe der Stadtgeschichte für sie parat. Wenn sie überhaupt da sein durften. Denn lange, lange war ihnen das ja nicht einmal erlaubt. Und wenn sie dann mal da waren, durften sie keine Häuser besitzen. Erst als Wien die Juden als Bauherren an der Ringstraße für die Stadtentwicklung gewinnen

wollte, ließ man das zu. Da hatte das 19. Jahrhundert seine Mitte schon überschritten. Da brandeten die Migrationsströme schon ziemlich heftig auf Wien ein. Und auch die jüdische Community wuchs maßgeblich an. Die Aufbruchsstimmung hatte viele Menschen nach Wien gelockt. Wien war attraktiv. Wien versprach vor allem eines: Chancen, sozialen und wirtschaftlichen Aufstieg. Auch wenn die Stadt genau das für viele gar nicht einlösen konnte.

Trotzdem füllten sich täglich die Bahnsteige des Nordbahnhofs mit neuen Migranten und Migrantinnen. Gekommen waren sie über dieselben Schienen, die auch ständig neue Ressourcen wie Kohle und Stahl in die Fabriken holten, aus Böhmen, Mähren, Galizien, jenen Ländern, aus denen auch so viele jüdische Familien aufgebrochen waren. Ab 1865 kamen sie in einer der prachtvollsten Wiener Bahnhofshallen an. Im Nordbahnhof begrüßte sie der steinerne Stellvertreter von Salomon Rothschild als Statue. Er hatte die Nordbahn initiiert, das Projekt beharrlich betrieben, schließlich das Privileg dafür erhalten und sie finanziert. Auch den Bahnhof hat er errichten lassen. Zu diesem Zeitpunkt waren die Rothschilds längst eine der mächtigsten und reichsten jüdischen Familien in Wien. Ihre Investments flossen in unterschiedlichste Bahnprojekte. Jene nach Norden sollte die Kohle heranrollen lassen, die Passagiere erst später. Schließlich kam beides. In Massen. Wien war plötzlich die Stadt mit dem dritthöchsten jüdischen Bevölkerungsanteil. Zwischen 1857 und 1869 erreichte die Welle ihren Höhepunkt.

Der Nordbahnhof blieb für viele, gerade für viele Juden, der erste Kontaktpunkt mit der Hauptstadt der Habsburger Monarchie. Manche von ihnen kamen in ihrer Lebenszeit nicht über die „Mazzesinsel" hinaus. Andere jedoch führte der Lebensweg bald in viel prestigeträchtigere Stadtteile, an die Ringstraße gar. Oder später noch in die Villenviertel, die allmählich die dichte Innenstadt umkreisen sollten. Gerade in diesen Stadtteilen zeigte sich der ökonomische und soziale Aufstieg später

überdeutlich. In Form von Architektur. Zuvor musste sich die jüdische Community aber meist noch verstecken. Auch wenn die „Toleranzpatente" Bethäuser prinzipiell schon erlaubt hatten, sichtbar in der Stadt durften sie deswegen noch nicht sein. Der Wiener Stadttempel entstand zwar schon im Jahr 1826, Josef Kornhäusel baute ihn, aber er machte sich hinter einer Zinshausfassade selbst unsichtbar.

Danach veränderte das Revolutionsjahr 1848 auch für die jüdische Gemeinde einiges. Oder besser gesagt: Ab jetzt konnte sie erst offiziell entstehen. 1852 wurde dann tatsächlich die Israeltische Kultusgemeinde gegründet. Der nächste maßgebliche Schritt folgte 1867, mit dem „Staatsgrundgesetz", das einiges erleichterte. Endlich war die bürgerliche Gleichheit der österreichischen Juden mit allen anderen de jure hergestellt. Lange genug hatten sie darauf gewartet, endlich anerkannter Teil der Stadtgesellschaft zu sein. Ganz schön viel Ehrgeiz und gestalterische Energie hatte sich scheinbar bis zu jenem Zeitpunkt aufgestaut. Jetzt war die Schleuse offen, endlich sein Engagement, sein Geld, seine Ideen auf die Stadt, auf Wien, loszulassen. Wien war ohnehin im Taumel. Vor lauter Wandel, den Optimismus, neue Technologien und die industrielle Revolution angezettelt hatten. Und mittendrin ließen die Juden ihre Mittel wirksam werden: Sie stifteten, spendeten, investieren, schenkten.

Es waren die Wirtschaftsmagnaten und ihre Familien. Die Kohlenbarone, Weizenkönige, Zuckerfürsten, Bankenkaiser. Sie liebten Wien. Und sie meinten es gut mit der Stadt. Das Judentum, das emanzipierte vor allem, hatte angedockt in der Stadtgesellschaft. Und dazu noch ganz oben. Manche Familien wurden sogar geadelt, weil sie durch ihr Mäzenatentum und ihre Verdienste so sehr aufgefallen waren. Auch waren viele schon assimiliert, zum Katholizismus konvertiert, was aber nicht bedeutete, dass sie ihre vom Judentum geprägten Haltungen etwa aufgegeben hätten oder ihre moralischen Prinzipien verändert hätten. Wien war inzwischen längst eine Stadt voller Juden. Händler, Eisenbahnbauer, Kunstmäzene, Kulturför-

derer, Juristen, Nationalökonomen, Wissenschaftler, Ärzte, Architekten.
Alle waren sie da. Und alle wirkten sie in Wien, insbesondere als geistige,
wissenschaftliche und kulturelle Elite. Die Gemeinde blühte. Die Wirtschaft florierte. Die jüdischen Familien waren eine eigene Kraft. Sie trieben
an und waren selbst angetrieben. Oftmals von den eigenen Ambitionen,
endlich Teil der Gesellschaft sein zu können. Umso konsequenter bemüh-
ten sie sich darum. Und umso deutlicher wollten sie es dann zeigen, wenn
sie es geschafft hatten. Die Menschen der erfolgreichen großbürgerlichen
jüdischen Familien waren Architekturförderer, Kunstförderer, Bauherren, Philanthropen.
Am Ring bauten sie
ihre Palais. Direkt im
Zentrum wollten sie
wahrgenommen wer-
den. Vor allem auch,
weil Wien die Juden
so lange aus der Stadt
ausgeblendet hatte.

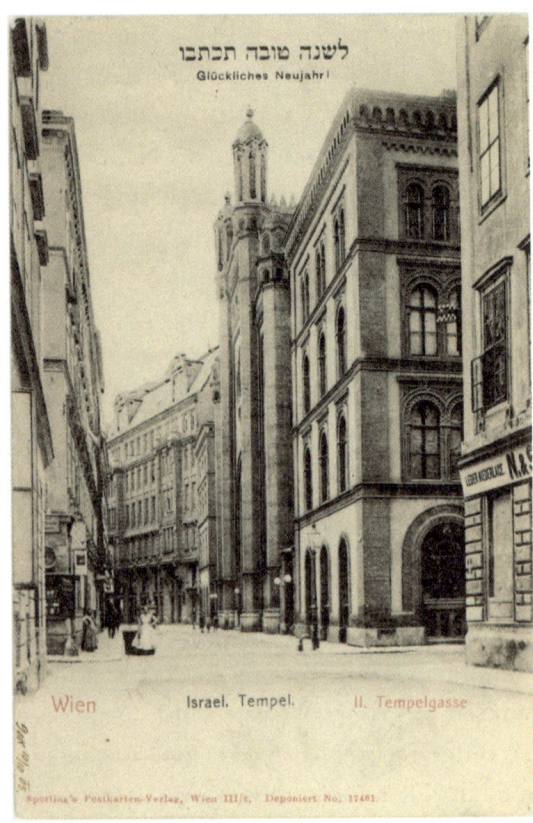

Mitte des 19. Jahrhun-
derts durften sich jüdische
Tempel erstmals im
Stadtbild zeigen.

155

Als Community wurden sie erst 1858 im Stadtbild sichtbar, mit einem architektonischen Zeichen. In diesem Jahr wurde nämlich der Leopold-städter Tempel fertig. Der erste, den man im Straßenraum als einen solchen erkannte. Der Architekt Ludwig Förster hatte den Entwurf dafür geliefert. Lange sollte er nicht überdauern. Schon nach 80 Jahren war sein Zeit 1938 zu Ende. Im Novemberpogrom wurde er vollständig zerstört. Irre Ideologien wie der Nationalsozialismus haben auch den jüdischen Anteil an Wien konsequent gelöscht. Aus dem Stadtbild, aus dem Alltag. Und vor allem auch: aus der Erinnerung. Und als sich die dunkelsten Wolken des Zweiten Weltkriegs und der Schoah erst einmal verzogen hatten, war es die Ignoranz in den Nachkriegsjahren, die einiges an baulichen Verweisen auf die jüdische Geschichte auch noch ausradierte. Vieles, was durchaus sichtbar hätte bleiben können, wie etwa das Palais der Rothschilds in der Nähe des Belvederes, wurde ausradiert. Der Nordbahnhof auch. Beides hätte gerettet werden können. Aber Wien drehte sich fast schamhaft weg von den Zeiten, als die jüdische Kultur und auch ihre ethischen Prinzipien den Wiener Alltag mitbestimmten.

Erst Jahrzehnte später traute sich Wien, wieder bewusst in seine jüdische Vergangenheit zu schauen. Vor allem weil diese einen prominenten Promoter hatte: Helmut Zilk. Als Bürgermeister unterstützte er und betrieb selbst Projekte, die den jüdischen Anteil an der Vergangenheit der Stadt wieder beleuchten sollten. Vor allem auch direkt an den Stellen, wo die jüdische Geschichte selbst so prägend auf die Stadttopographie eingewirkt hatte. Wie etwa auf dem heutigen Judenplatz. Hier war das Zentrum der ersten jüdischen Gemeinde, die so plötzlich mit dem Pogrom von 1420 zerstört worden war. Und dort steht auch heute das Mahnmal für die österreichischen jüdischen Opfer der Schoah. Zilk war sein Initiator, realisiert wurde es aber erst unter seinem Nachfolger als Bürgermeister Michael Häupl. Auch das Jüdische Museum in Wien fand in Zilk seinen größten Unterstützer. Es kam schließlich im Palais

Eskeles unter, in einem Gebäude, das einen berühmten jüdischen Namen trägt, der sich an unterschiedlichen Stellen in die Wiener Stadtgeschichte eingetragen hat. Auf Zilk geht auch das „Mahnmal gegen Krieg und Faschismus" zurück, das der Bildhauer Alfred Hrdlicka entworfen und realisiert hatte, auf dem Albertinaplatz auf der Rückseite der Oper, wo die Bomben des Zweiten Weltkriegs den Philipphof weggesprengt hatten. Es war das erste Denkmal im öffentlichen Raum, das sich überhaupt mit der NS-Vergangenheit Österreichs auseinandersetzte, enthüllt wurde es im Jahr 1988.

Das jüdische Großbürgertum und ein Friedhof

Hass, Bosheit, ideologische Verirrung, Ignoranz. Die Kräfte, die die jüdische Vergangenheit der Stadt ausradierten, waren stark und zahlreich. Ein typisches Verhaltensmuster war das bewusste Ausblenden. Das Nicht-Hinschauen. Das Gras- Drüber-Wachsen lassen. Nicht nur über all das, was Juden und Jüdinnen widerfahren war in der Stadt, sondern auch darüber, was sie für eine Stadt geleistet haben, die sie danach so lange ignorierte. An einer Stelle der Stadt wurde diese Haltung ziemlich symptomatisch, nämlich auf dem Jüdischen Friedhof in Währing. Jahrzehntelang wurde er so gut wie gar nicht wahrgenommen. Ein Friedhof aus der Biedermeierzeit, der zwischen 1784, nach der Friedhofsreform von Joseph II., bis 1889 die Begräbnisstätte der jüdischen Gemeinde in der Stadt war. Danach übernahm der Zentralfriedhof diese Aufgabe, wie für alle anderen christlichen „Communalfriedhöfe" auch. Frieden hatte der Friedhof aber danach keinen: Er wurde geschändet, verwahrloste, wucherte zu. Und gemeinsam mit dem Ort selbst auch ist eines über die Jahre völlig verwachsen, das Bewusstsein darüber, welchen Anteil die

jüdische Community tatsächlich daran hatte, dass Wien zu Wien wurde. Vielleicht war vielen das Terrain zu heikel, das gedankliche zumal. Betreten war ohnehin seit 1999 für viele Jahre verboten, das war behördlich verordnet. Man hätte ja auf dem jüdischen Friedhof in eine der offenen Grüfte stolpern können. Oder von einem Ast von oben erwischt werden, von Bäumen, die seit Jahrzehnten keiner gepflegt hatte. Dem Ort und dem Andenken an die jüdische Community drohte die Vergessenheit. Doch ein paar engagierte Menschen wollten das nicht zulassen. Vor allem, nachdem sich Österreich auch im Washingtoner Abkommen 2001 verpflichtet hatte, sich um die jüdischen Friedhöfe des Landes zu kümmern. Jener in Währing war jedenfalls in desolatem Zustand, obwohl ihm so viele Experten und Historikerinnen etwa für ein „unverzichtbares Dokument der Wiener Kultur-, Kunst- und Wirtschaftsgeschichte" hielten. Oder so bezeichneten: „Einzigartiges Zeugnis eines zerstörten und vielfach unbekannten jüdischen Anteil an Wien." In der Phase, in der hier die Mitglieder der jüdischen Gemeinde bestattet wurden, entwickelte sich Wien zu einer anderen Stadt. Und viele der Familien, die hier begraben liegen, hatten daran intensiv Anteil. Die Sprecherin des Vereins „Rettet den jüdischen Friedhof Währing", Jennifer Kickert, formulierte es so: „Hier liegen Leute begraben, die das Wien mitgeprägt haben, auf das wir uns heute berufen." Sonntags teilte sie gemeinsam mit anderen Freiwilligen die Gartenscheren aus – an noch mehr Freiwillige, die einiges vorhatten: nämlich das, was viele für ein „Zeugnis" und ein „Dokument" hielten, wieder der Vergessenheit zu entreißen, aus dem überwucherten Grün herauszuschälen und freizulegen. Und damit auch die Namen der hier Bestatteten samt ihrer Bedeutung für die Wiener Stadtgeschichte. Der Verein legte die Wege wieder frei und sicherte sie, Grabsteine wurden wieder aufgestellt. Und bald schon konnte man jene Namen wieder lesen und in Erinnerung rufen, die so viel für Wien geleistet hatten. Sie waren Akteure und Protagonistinnen des Wiener Wandels.

Der Friedhof liegt heute knapp außerhalb des Gürtels. So hatte es Joseph II. einst verordnet, weil er meinte, dass sich Stadtleben und Tod nicht so gut vertragen, allein aus hygienischen Gründen. Seit 1784 ist hier die Totenruhe heilig und für ewig, so will es der jüdische Glaube. Und hier im Tode kam die jüdische Gemeinde wieder zusammen, egal ob ihre Mitglieder reichen großbürgerlichen Familien entstammten oder einfach nur Handwerker und Dienstboten waren. Hier reihten sich unscheinbare Grabsteine an aufwendige Gruft-Architekturen. Zur Ruhe gekommen ist der Friedhof aber nicht einmal dann, als er schon lange nicht mehr genutzt wurde. Nazis wüteten hier, Vandalen schändeten Gräber. Und in den allerdunkelsten Zeiten wurden Leichen für „rassekundliche" Forschung exhumiert. Ein großer Teil des Areals wurde überhaupt vernichtet: Mit dem Bau eines Bunkers während des Nationalsozialismus, und dann wurde nach dem Krieg noch ein Gemeindebau errichtet, der Arthur-Schnitzler-Hof. Viel offensiver konnte man die Totenruhe kaum ignorieren.

Kaum einer dachte daran, dass man mit all der Ignoranz, die man für den Jüdischen Friedhof nach dem Krieg übrig hatte, selbst etwas begraben hatte: einen wichtigen Teil der Wiener Stadtgeschichte. Und das Bewusstsein, dass das Erbe Wiens auch ein jüdisches Erbe ist, das untrennbar zur Geschichte und Entwicklung gehört. Namen wie Königswarter, Epstein oder Todesco, die man hier auf dem Friedhof liest, hallen an ganz anderen Punkten der Stadt bis in die Gegenwart nach, vor allem auch an der einst glamourösen Ringstraße. Andere haben sich tief verwurzelt in österreichischen und Wiener Institutionen, die heute so selbstverständlich sind, dass man ihre Anfänge kaum noch erforscht. Auch so eine Einrichtung wie die österreichische Nationalbank nimmt man so beiläufig hin wie Burgtheater und Hochstrahlbrunnen. Dabei musste auch diese Institution natürlich erst einmal gegründet werden. Und daran waren vor allem zwei Familiennamen beteiligt, die man in

Währing in Grabsteine, die man erst kürzlich wieder aufgestellt hat, gemeißelt sieht. Arnstein ist der eine Name. Und Eskeles der andere. Beide haben sich markant in die Geschichte des Bank- und Finanzwesens eingeschrieben. Vor allem waren sie miteinander durch ihr Bankhaus verbunden: Arnstein & Eskeles. Dieses hatten Nathan Arnstein und Bernhard Eskeles gegründet. Verschwägert waren sie auch noch. Bernhard Eskeles hatte Cäcilie Izig geheiratet, die Schwester von Fanny Arnstein. Sie war wiederum Nathan Arnsteins Frau. Und sie war noch dazu viel mehr als nur „die Frau von". Sie war eine populäre Salonière während des Wiener Kongresses. Bei ihr traf sich die wirtschaftliche und kulturelle Elite Wiens. Oder besser: in ihrem Salon, in ihrem Palais am Hohen Markt, an einer Stelle, an der heute ein ganz einfacher Wohnbau steht. Alle möglichen schmeichelhaften Wesenszüge wurden Fanny Arnstein nachgesagt. Geistreich war noch das Mindeste. Jedenfalls war sie eine aktive Netzwerkerin und knüpfte konsequent einen Knotenpunkt des Wiener Gesellschaftslebens, an dem sich Hochadel, Bürgertum und „tolerierte Juden" zum Austausch auf Augenhöhe trafen. Der Salon war auch „Partyzentrale": Bei Hausbällen füllten sich die Räume am Hohen Markt mit bis zu 400 Geladenen. Den ersten Weihnachtsbaum der Stadt soll sie auch von Berlin nach Wien mitgenommen haben, so sagt es die Legende. Mit ihrem Wesen, ihren Ambitionen und ihrem Engagement hat Fanny Arnstein schon im ersten Drittel des 19. Jahrhunderts angedeutet, was später viele andere Familien in der Gründerzeit auch anstreben würden: ihre Emanzipation.

Auf dem Jüdischen Friedhof Währing liegt die Familie Arnstein begraben. Während des NS-Regimes konnte die Israelitische Kultusgemeinde die Gebeine von Nathan Arnstein gerade noch in Sicherheit bringen, sie ließ ihn exhumieren. Sonst wären die sterblichen Überreste vielleicht auch in einer dieser Kisten gelandet, die man nach dem Zweiten Weltkrieg im Keller des Naturhistorischen Museums fand. Es waren die

Knochen von Toten, die während der NS-Zeit für rassenkundliche Forschungen exhumiert worden waren. 800 Namen standen ursprünglich auf der Liste. 200 davon sind auf den Kisten im Keller aufgetaucht und schließlich am Zentralfriedhof wieder begraben worden.

Die Juden am Ring

Jede Stadt ist ein Netzwerk. Und eines wie Wien ist gewoben aus Tausenden unsichtbaren Linien. Sie spannen die Koordinaten auf, an denen sich die Menschen mit ihren Lebensgeschichten verorten und sichtbar machen. Mit ihren Handlungen, Schicksalen, Entscheidungen. An manchen Stellen der Stadt haben sich die Biographien der Menschen besonders eng an die Stadt angeknüpft. Oder auch: an größere städtebauliche Ideen. Die da im 19. Jahrhundert auch heißen konnten: Prachtboulevard. Oder im kaiserlichen Jargon: Via Triumphalis. Vulgo: Wiener Ringstraße.

Allein entlang diesen markanten Kreises im Stadtgewebe treten noch heute reihenweise Häuser an, um auf ihre Bauherren zu verweisen. Auf ihre Karrieren, ihre soziale Stellung in jener Ära, ihre Erfolgsgeschichten. Zum Wohnen wurden vielen von den Häusern am Ring wohl genutzt. Aber vor allem sollten sie noch eine andere Aufgabe erledigen: Nämlich allen da draußen zeigen, wer denn hier so großspurig eingezogen ist. Es müssen erfolgreiche, angesehene Menschen gewesen sein. Sonst wären sie nicht an der Ringstraße gelandet. Denn allein das hatte – gemäß der städtebaulichen Semantik – besondere Bedeutung. Wer es an die Ringstraße geschafft hatte, der hatte es auch gesellschaftlich geschafft, bis ganz nach oben. Und genau diese Botschaft riefen einige jüdische großbürgerliche Familien nun selbstbewusst hinaus in die Stadt. Die Baukunst lieferte ihnen das Vokabular dafür. Mit prachtvollen Palais, die Stararchitekten für die großbürgerlichen Familien ausformulierten. Sie und ihre Palais wurden

Nachbarn an der Ringstraße. Und auf dem Jüdischen Friedhof in Währing sollten sie und ihre Gräber es auch werden. Die Namen der stolzen Besitzer der Ringstraßenpalais, sie liest man auch auf den Grabsteinen in Währing, die erst vor Kurzem wiederaufgerichtet wurden. Oder auch auf jenen der Israelitischen Sektionen des Döblinger Friedhofs oder des Wiener Zentralfriedhofs, das waren die Stellen der Stadt, an denen die ewige Ruhe mit zum Konzept gehörte. Die Ewigkeit versuchte man aber auch schon zu Lebzeiten zu forcieren: Dafür nutzte man die Architektur und die Kunst. Und während draußen in Währing die Erinnerung an die Bedeutung der jüdischen Community verwitterte, stand ihr Beitrag dauerhaft prachtvoll am Ring, wenn man ihn denn sehen wollte. In der Gründerzeit zumindest erkauften sich viele Familien ihren Platz in der öffentlichen Wahrnehmung mit einer Bauparzelle entlang des Prachtboulevards. Mit einem eigenen Palais. Möglichst aristokratisch wollte man sich ohnehin gerieren. Ob man nun schon „nobilitiert" worden war vom Kaiser, aufgrund der großen Verdienste für das Kaiserreich, oder ob dieser Akt noch ausstand. Und dort in der ersten Reihe von „Neu-Wien" stellte man außer sich seinen Erfolg noch etwas aus: seinen Status, seine philanthropische Haltung, seine Kulturaffinität.

Doch bis alles soweit kommen durfte, musste der Staat den Juden erst einmal Grundlegendes erlauben. Das, was er ihnen seit jeher verwehrt hatte, nämlich dass sie überhaupt Immobilien kaufen und besitzen dürfen. 1860 gestattete den Juden endlich ein Gesetz die „Realbesitzfähigkeit". Das Projekt Ringstraße war in jener Phase bereits angelaufen. Aber vor allem als kaiserliche Anweisung auf Papier, im Jahr 1857. Es sollte ein langwieriger Prozess sein. Aber vor allem auch ein ziemlich staubiger und lauter noch dazu. Die jüdischen Familien wollten trotzdem mitten ins Baugeschehen. 1860 wurden die ersten Parzellen am Ring verkauft. Bald schon standen ihre Palais fertig im Staub der Baustellen ringsum. Denn beim Erwerben von Parzellen und beim Bauen am Ring waren sie ganz vorne dabei, zeitlich

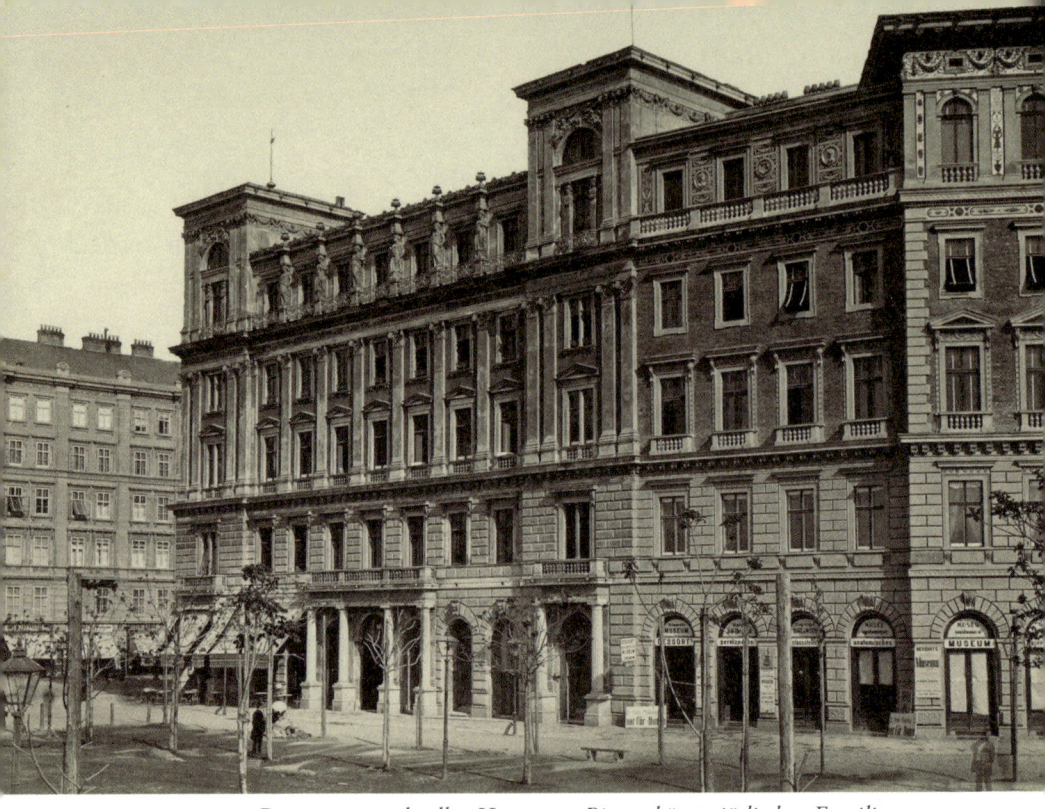

Die ersten prunkvollen Häuser am Ring gehörten jüdischen Familien.
Hier das Palais Ephrussi am Universitätsring.

wie örtlich, die erfolgreichen, hoch gebildeten, kunst- und kulturaffinen, assimilierten, oftmals konvertierten Juden und Jüdinnen der Stadt.

Der Erlös vom Verkauf der Bauparzellen sollte insbesondere auch den „Stadterweiterungsfonds" füllen, um später damit die öffentlichen Monumentalbauten zu finanzieren. Und noch bevor diese die Ringstraße baulich profilieren konnte, hatten sich die jüdischen Baupioniere am Ring längst profiliert. Mit ihren eigenen Häusern. Auch der Name Ephrussi war etwa unter jenen, denen man heute am Jüdischen Friedhof in Währing genauso begegnet wie am Ring. Dort hatte der Bankier Ignaz Ephrussi, aus Odessa stammend, den angemessenen Platz für sein Palais gefunden. Und auch gleich den adäquaten Architekten dafür: Es war einer der bekanntesten

und gefragtesten jener Zeit, Theophil Hansen. Fertig wurde das Palais 1873, zu jenem Zeitpunkt war von der Universität gegenüber noch kaum etwas zu erkennen. Durch die gleiche Fassadengestaltung ist es mit dem Palais Lieben gleich daneben zu einer Einheit verschmolzen.

Noch ein paar Prunkstücke mehr hinterließ Architekt Hansen der Gegenwart entlang der Ringstraße. Öffentliche – wie das Parlamentsgebäude – genauso wie gleich daneben ehemals ganz private: Diese prominente Bauparzelle hatte sich die Familie Epstein gesichert. Oder besser: der Bankier Gustav Epstein. An ihn erinnert nicht nur das prächtige Palais, sondern auch ein Grabstein auf dem Jüdischen Friedhof in Währing. Auch an jener Stelle der Ringstraße war Wien noch eher weite Flur als dichte Stadt, erst ein Jahr nach dem Palais Epstein wurde der Grundstein für das Parlament gelegt, im Jahr 1874 nämlich. Rund um das heutige Burgtheater war die Situation damals kaum anders: Das Palais Auspitz-Lieben war längst fertig, aber vom berühmten Theater, das ihm später gegenüberstehen sollte, zeichnete sich noch lange nichts ab. Jedenfalls platzierte das prachtvolle Haus gemeinsam zwei Namen an prominenter Stelle, die aus der Ringstraßen-Ära kaum wegzudenken sind. Denn zu vielen Fäden kann man direkt von diesem Palais aus in verschiedenste Aspekte der Geschichte folgen, etwa entlang der Lebenslinie von Rudolf Auspitz, dem Industriellen, Politiker und Nationalökonom, in die Wirtschaftsgeschichte. Er war einer der Bauherren jenes Palais. In der Beletage im zweiten Stock hatte er es sich einigermaßen prunkvoll eingerichtet, auf recht unbescheidenen 700 Quadratmetern. Im Stockwerk darüber residierte sein Schwager Richard Lieben, beruflich ebenfalls im Finanzwesen zu Hause, gemeinsam führten beide eine Bank. Auch ein berühmter Chemiker gehörte zur Familie. Es war Adolf Lieben. Und auch in die Welt der Physik verzweigte sich der Familienstammbaum: mit Robert Lieben, den Sohn Richards. Sensationelles – zumindest für

Eingeweihte – soll sich dank ihm im Erdgeschoss der Palais zugetragen haben: In seinem Laboratorium nahm Robert Lieben die erste Verstärkerröhre der Welt in Betrieb. Das war 1906.

Aus Baustellen waren Prachtbauten geworden. Und aus Prachtbauten kulturelle Knotenpunkte. Denn in der Innenstadt war das ebenso eine fast typische Konstellation einer jüdischen großbürgerlichen Familie: Der Wirtschaftsmagnat und die Salonière. Den einen kannten alle und er finanzierte vieles. Die andere kannte alle und kamen in ihrem Salon zusammen. Bei der Familie Lieben in ihrem Haus am Ring, an der Mölkerbastei 5, war das ebenso. Mathilde Lieben, die Frau des Vorstands des II. Chemischen Instituts der Universität Wien, führte hier ebenfalls einen Salon. In ihrem Gästebuch haben sich naturwissenschaftli-

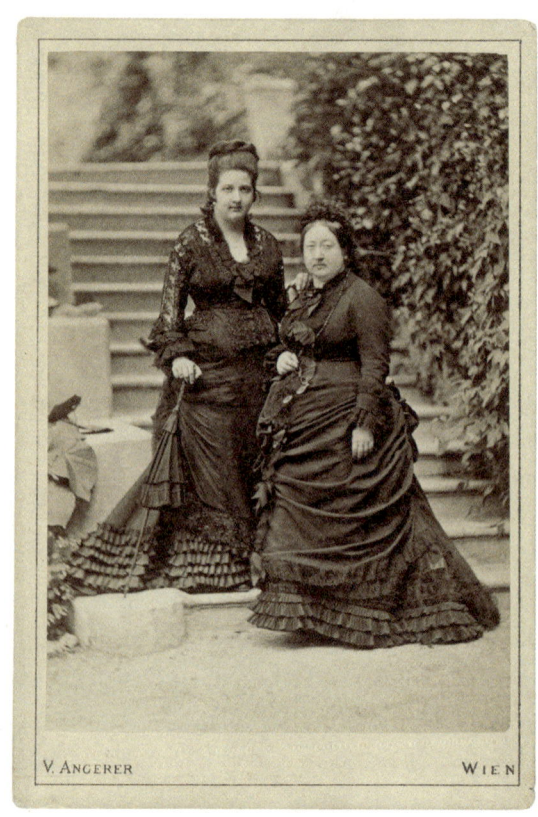

Sophie Todesco pflegte einen Salon im Familienpalais gegenüber der Oper, dort wohnte auch ihre Tochter Anna Lieben.

V. ANGERER   WIEN

che Koryphäen wie Carl Auer von Welsbach, Ludwig Boltzmann und Emil Zuckerkandl regelmäßig eingetragen. Jenes Haus war überhaupt durchdrungen von „Salonkultur". Denn hier sollte später noch ein weiterer, noch berühmterer Salon einziehen: Jener von Berta Zuckerkandl. Ein legendärer literarischer Salon, in dem auch berühmte Namen wie Max Reinhard, Gustav Klimt oder Arthur Schnitzler verkehrt haben sollen.

Einer der reichsten Männer der Stadt: Eduard Todesco.

Illustrirtes Wiener Extrablatt.

Das „Wiener Extrablatt" erscheint täglich, auch Montags, und kostet die Nummer in den Expeditionen 4 kr. ö. W.

Pränumerationsbedingnisse:
Für Wien:
monatlich . . . . . o. W. fl. 1.—
mit Zustellung ins Haus . „ „ 1.20

Für die Provinz mit freier Postzusendung:
monatlich . . . . . . o. W. fl. 1.40
vierteljährig . . . . . . „ „ 4.20
halbjährig . . . . „ „ 8.40

Zufrankirte Briefe werden nicht angenommen.

Redaktion und Druckerei wohin alle Zuschriften zu richten sind:
I., Wallfischgasse 14.

Administration, Expedition und Inseraten-Aufnahme:
I., Schulerstraße 16.

Inserate vom Auslande übernehmen für unser Blatt auch die Herren Haasenstein & Vogler, Rudolf Mosse, A. Oppelik und alle Annoncen-Agenturen in den Hauptstädten Europas.

Manuskripte werden nicht zurückgestellt.

№ 213   Wien, Samstag, 26. Oktober 1872.   **1. Jahrgang.**

Kalender für Alle.
Namenstag: kath. Amandus.
    prot. Evaristus.
    griech. Nazarius.

Heute: Außerordentliche Generalversammlung des österr. Spar-Vereines um 10 Uhr im Sitzungssaale der n. ö. Handels- und Gewerbekammer. — Liedertafel des Männergesangvereines „Gutenbergbund".

in Etterlein's Casino in Hernals. — Sitzung des Volksvereines in Fünfhaus. Wählerversammlung in Zinzhaus. — Ordenswürdigkeiten: K. k. Schaukammer. Einlaß von 10—1 Uhr. — Hof-Mineralien-

Kabinet von 10—1 Uhr. — Stephanskirche, Besteigung des Thurmes am besten von 3 Uhr Nachmittags. — Theseus-Tempel im Volksgarten. — Oppelik'sche Bildergalerie von 10—4 Uhr.

Ein Millionär von der Ringstraße.

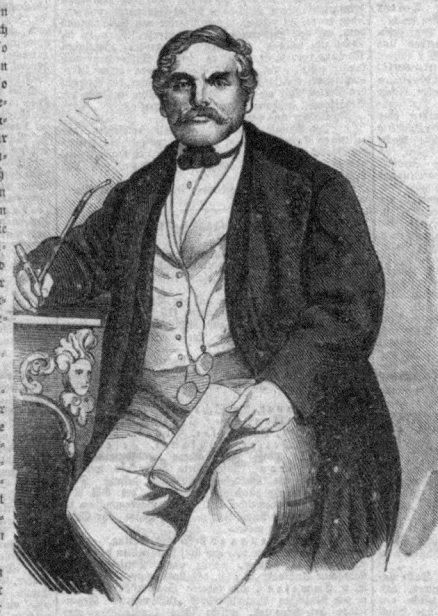

Die Leser sehen hier den vielfachen Millionär, dessen Sprachverwirrungen durch die Malice eines hiesigen Witzblattes so bekannt geworden sind; den alten Mann hat in der letzten Zeit freilich ein so schwerer Schlag getroffen, daß den Wienern die Lust verging, über ihn zu lachen, und daß sie — im Mitgefühle für den schwer getroffenen Vater — die lustige Anekdotenschaar vergaßen, welche sich um die Person dieses Ringstraßen-Fürsten reiht. Das ist einer der glänzendsten Vorzüge des Wienerthums, daß es die Thräne und das Lächeln so nahe beieinander hat; es liebt die Satyre und den Humor, aber es verlernt niemals, die Schicksalsschläge mitzuempfinden, von welchen ein Nebenmensch getroffen wird.

Baron Todesco senior hat das erfahren.

Monatelang war er eine der lustigen Figuren für die Residenz, sogar vom Theater aus ließ man ihn eine „Explosion in einem Kurort unternehmen" oder „einen Arzt insultiren" u. s. w. — aber all' diese lustighaften Nergeleien verstummten wie mit einem Zauberschlage, als der junge Todesco in der bekannten, vielbesprochenen Weise verunglückte.

Alles bezeigte dem tiefgebeugten Vater herzliche Theilnahme, und bei aller Gleichgiltigkeit für den Schimmer der Millionen, wie bei aller Lustigkeit über

die kleinen Schwächen des großen Banquiers, fiel es Niemandem ein, in solch traurigem Momente dem Vater des Verunglückten das aufrichtigste Beileid zu versagen. — Baron Todesco hat die Freude gehabt, seinen Sohn vor einigen Tagen nach Italien senden zu können, wo der junge Mann — der halbwegs hergestellt ist — vollständige Heilung suchen soll; er bezahlte bei dieser Gelegenheit dem Professor Pitha, unter dessen Behandlung Baron Todesco junior gestanden, ein Honorar von hunderttausend Gulden. Es war dies ein Akt von geradezu fürstlicher Freigebigkeit gegenüber der Wissenschaft, und dieser wirklich großherzige Zug verschafft dem alten Baron im Vorhinein Absolution für die lustigsten Wortverdrehungen.

Baron Todesco hat das Verdienst, sich nach und nach etwa fünfzehn Millionen erworben zu haben, und für diese Verdienste führt er folgende Titel: Eduard Freiherr v. Todesco, k. sächsischer Konsul, Ritter des Ordens der eisernen Krone II. Klasse, Kommandeur des k. niederländischen Ordens der Eichenkrone, Offizier des k. niederländischen Löwenordens, Ritter der französischen Ehrenlegion, Direktor der Nordbahn, Verwaltungsrath der Karl-Ludwigs-Bahn, Verwaltungsrath der ungarischen Kreditanstalt — und das ist noch nicht Alles, sondern es kommt wahrscheinlich noch einiges nach.

Bis 1917 allerdings in einer Villa in Döbling. Eine andere gesellschaftliche Institution war dagegen seit den Ursprungstagen des Palais im Haus mit dabei: jenes Kaffeehaus, das sich heute noch in dem Gebäude befindet. Franz Landtmann hatte es 1873 eröffnet. Da war von der ersten Burgtheater-Premiere noch lange keine Rede.

Auch im Palais Todesco öffneten sich die Türen regemäßig, um Gäste zu empfangen. Sophie von Todesco war die Gastgeberin. Dort trafen sich Geschäftsleute, Künstler, Bankiers, Schriftsteller, Politiker und Schauspieler, Juden und Nichtjuden, hier trafen sich alle. Der Musikkritiker Eduard Hanslick war etwa regelmäßiger Besucher von Soireen bei den Todescos, er schrieb darüber: „Die Anziehungskraft ging natürlich von den Frauen aus. Man hat nicht bloß in Wien die Wahrnehmung gemacht, dass in den Familien der großen Bankiers die Frauen und Töchter, feingebildet von anmutigem Benehmen und für alles Schöne empfänglich sind, während die Herren ihren Geist meistens nur für die Börse geschult haben und ausschließlich dort verwenden." Zumindest hat das zu solch spektakulären Häusern wie dem Palais Todesco geführt. Es stand schon stolz am Ring, als man das Opernhaus gegenüber noch gar nicht erahnen konnte. Bescheiden war in diesem Haus vielleicht nur die Aussicht aus der Beletage auf die staubende Baustelle der Oper. Alles andere war extra prunkvoll: die Stiege, das Interieur, die Deckenmalereien. Der Bankier Eduard Todesco war der Bauherr. Für den Entwurf seines Palais hatte er sich Ludwig Förster anvertraut. Ein Ringstraßen-Intimus. Schließlich hatte er jenen Masterplan gezeichnet, der schließlich als Leitentwurf für die Stadterweiterungsphase herangezogen wurde.

Doch auch Mitglieder der Familie Lieben zogen hier ein. Schließlich hatte Eduard Todescos Tochter Anna den Bankier Leopold Lieben geheiratet, im ersten Stock wohnten sie zusammen. Anna Lieben schrieb

sich später auch in die Medizingeschichte ein, wenn auch vornehmlich unter dem Pseudonym „Cäcilie M.", wie sie Sigmund Freud in seinen Aufzeichnungen nannte. Denn Anna Lieben hatte sich auf etwas ganz Neues eingelassen: die „Rede-Kur" auf der Couch, die später als Psychoanalyse Furore machen sollte. Die erste Begegnung zwischen Therapeut und Hysterie-Patientin soll der Legende nach im Erdgeschoss des Palais Todesco stattgefunden haben. In einem Haus, in dem sich so einige berühmte Namen über den Weg liefen. Vor allem, weil sie Sophie Todesco, die Mutter von Anna Lieben, eingeladen hatte. Die Begegnung von Menschen, Meinungen, Haltungen und Ideen gehörte hier zum Haus wie der Stuck an die Decke und die Fassade. Das Gästebuch füllte sich mit Intellektuellen, Schriftstellern, Malern und Schauspielern. Bei unzähligen Soirees und Matinees. Im Stiegenhaus glänzte der Marmor,

Auch das Palais Schey sicherte sich einen Platz
direkt am Prachtboulevard, der noch gar nicht fertig war.

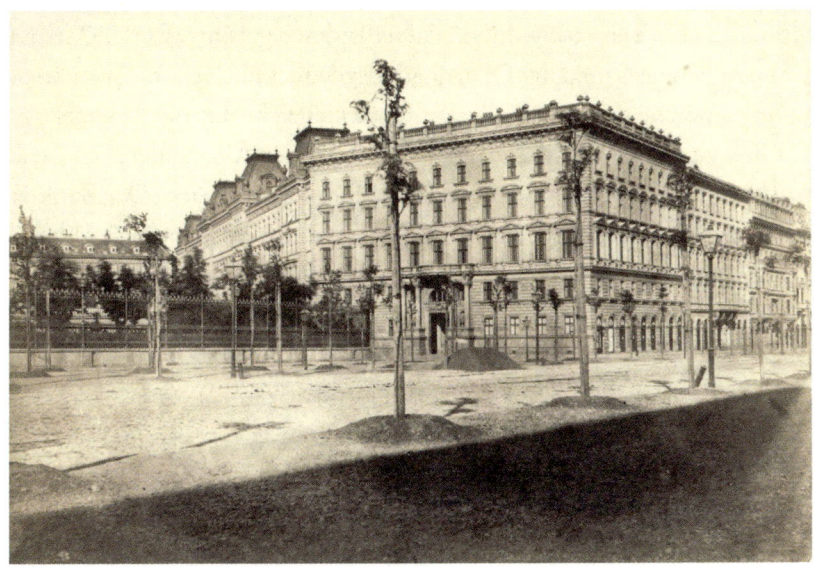

auf der Straße davor staubten die Baustellen. Das jüdische Großbürgertum war längst im Viertel um die Oper, die gerade erst entstand, zu Hause. Da hatten sich außer den Todescos noch ganz andere Familien niedergelassen, auf die man auch auf dem Jüdischen Friedhof in Währing stößt. Dazu gehört Moritz Königswarter, der Bankier und Großhändler, der sich sein Palais am Kärntnerring 4 bauen ließ. Mit Anselm Rothschild hatte er die Österreichische Creditanstalt gegründet. Nicht weniger prominent war damals Friedrich Schey. Sein Ansehen und seinen Reichtum hatte er sich auch mit Bankgeschäften erarbeitet, Direktor der Nationalbank war er auch einmal. Aber nicht nur: Ebenso mit der „Kammgarnfabrik", die er leitete und das kaiserliche Heer belieferte. Das reichte zumindest für ein Haus in Bestlage. Direkt am Ring, gegenüber vom Goethe-Denkmal, hatte er sich die Parzelle gesichert. Das Palais war fertig, noch bevor Kaiser Franz Joseph den Ring 1865 offiziell eröffnete.

Der Architekt des Palais Todesco gegenüber der Oper, Ludwig Förster, war auch für ein anderes maßgebendes Projekt im Wien jener Zeit zuständig. Noch dazu eines, das sich symbolisch irgendwie ebenso mit der Ringstraße und ihren jüdischen Bauherren verbunden hat: Es war der jüdische Tempel in der Leopoldstadt. Als es in den Baugruben der Ringstraße so richtig losging, war dieser schon längst vollendet, nämlich 1858. Er war das größte jüdische Gebetshaus seiner Zeit, 4000 Gläubige fanden darin Platz. Endlich durfte ein Tempel architektonisch selbstbewusst auf die Vorderbühne des öffentlichen Raums treten, dort wo sich die jüdische Community ohnehin schon über die Jahrzehnte deutlich ins Stadtbild eingeschrieben hatte. Parallel zum jüdischen Tempel baute Wien auch an einem zweiten Gotteshaus: Eine markante Kirche sollte an das Attentat an Kaiser Franz Joseph gemahnen. Ihr zugewiesener Platz stand schon fest, als das berühmte Handschreiben noch gar nicht verfasst und die Befestigungsanlagen noch gar nicht abgerissen waren. Der Kaiser selbst kam

natürlich im Jahr 1856 persönlich, um den Grundstein zu legen. Dieser wiederum hatte bis dahin schon eine ziemlich lange Reise hinter sich. Noch dazu gemeinsam mit einem anderen Grundstein. Eben jenem, der für den Jüdischen Tempel in der Leopoldstadt gelegt wurde. Beide hatte ein israelischer Bildhauer aus demselben Berg gehauen, dem Ölberg in Jerusalem. Der Bruder des Kaisers, Erzherzog Ferdinand, hatte die Idee zu dieser hoch symbolischen Geste. Er war so etwas wie der Projektmanager der Votivkirche, die „Votivgaben" aus allen Teilen der Monarchie sollten sie ja möglichst finanzieren. Natürlich trugen sich, wie bei vielen Großprojekten in jener Zeit üblich, auch einige jüdische Familien auf die Spenderliste ein, die in der „Wiener Zeitung" veröffentlicht wurde. Die symbolhafte Verbindung der Grundsteine am Ring und in der Leopoldstadt, sie legte gleich noch einen neuen Grundstein: für den „Jüdischen Boulevard", der die Ringstraße genauso war wie die „Via Triumphalis", die dem Kaiser ursprünglich vorgeschwebt war. Als nach 23 Jahre Bauzeit, 1879, 21 Jahre nach der Vollendung des Jüdischen Tempels in der Leopoldstadt, schließlich auch die Votivkirche eingeweiht wurde, war ein Großteil der Palais der jüdischen Familien am Ring schon gebaut.

Stifter, Spender und Mäzene

So viele Juden und Jüdinnen wie gegen Ende des 19. Jahrhunderts hatte die Stadt zuvor noch nie beherbergt. Und die zugezogenen Menschen lebten nicht nur in Wien, sie wollten auch Anteil nehmen, das Schicksal ihrer neuen Heimat mitbestimmen. Die reichen Familien wirkten mit Geld, humanitärem Engagement, als Mäzene in Kunst und Kultur. Eine typische Konstellation in den großbürgerlichen Beletagen am Ring: der Mann, Wirtschaftsmagnat und Philanthrop. Die Frau Netzwerkerin, Salonière und das, was man heute wohl in den Gesellschaftskolumnen der

Zeitungen Charity-Lady nennen würde. Die Familie insgesamt: meist hoch gebildet, kunstsinnig und kulturinteressiert, den Habsburgern und Wien tief verbunden. Für Wien eine ideale Kombination.

Die reichen jüdischen Familien bereicherten Wien. Großzügig waren sie zu sich selbst, wenn sie sich die schönsten Interieurs in den nobelsten Häusern am Ring gönnten. Und großzügig waren sie zu allen anderen. Zur jüdischen Community genauso wie zu allen Wienern und Wienerinnen. Wie spendabel diese Menschen waren, das las man im offiziellen Verlautbarungsorgan der Großzügigkeit, in der „Wiener Zeitung": Sie listete regelmäßig auf, wer wem gerade finanziell beistand, wer von wem gerade Unterstützung erfuhr. Schon in den frühen Jahrzehnten des 19. Jahrhunderts haben sich auf diesen Listen etliche Male die Familien Eskeles und Arnstein eingereiht, deren Namen wir schon auf den Grabsteinen gelesen haben. Auch die Familie Königswarter nahm ihr Mäzenatum ernst. Sie unterstützte etwa das Künstlerhaus oder den Wiener Musikverein. Schon allein dabei, sich selbst mit einem imposanten Haus im Neu-Wien rund um die Ringstraße einzureihen. Und sich gleichzeitig in der Wiener Kunst- und Kulturszene zu verwurzeln und Wien überhaupt das Attribut „Musikstadt" umzuhängen. Auch für das Stadttheater, das spätere Ronacher, war die Familie Königswarter eine verlässliche Förderin. Der ehemalige Nationalbankdirektor Friedrich Schey förderte und finanzierte, wo er konnte, nicht weniger eifrig, auch von ihm profitierte etwa das Künstlerhaus, der Wiener Musikverein und das Konzerthaus. Noch ganz andere Namen haben sich dazu als Gründer, Stifter und Förderer auf ewig mit den Wiener Musikinstitutionen verbunden: Epstein, Todesco, Gomperz, Wittgenstein. Die Geschichte von Konzerthaus und Musikverein kann man kaum erzählen, ohne diese Namen zu erwähnen. Noch dazu förderten viele Familien die Musikszene auch direkt, indem sie die Musiker und Musikerinnen unterstützten, Stipendien für sie finanzierten, Talenten Ausbildungsplätze organisierten und verschiedene

Stiftungen ins Leben riefen. Auch in der Bildenden Kunst nahm die Unterstützung oft gar nicht erst den Umweg über Vereine und Institutionen. Schließlich waren es die Juden und Jüdinnen selbst, die Kunst kauften, ausstellten, beauftragten, sammelten. Die Wiener Moderne, die Wiener Secession, die Wiener Werkstätte, die Großzügigkeit und die Kunstsinnigkeit des Großbürgertums ermöglichten sie erst. Sie waren die Bauherren, die den Architekten die Honorare zahlten und die Sammler, die den Künstlern die Werke abkauften. Mit ihnen füllten sie ihre eigenen Palais und Villen. Und später die Ausstellungsräume, Archive und Speicher der großen Museen. Denn vieles, was zu den Schätzen der gegenwärtigen kulturellen Institutionen Wiens zählt: geschenkt.

Einer der bedeutenden Kunstförderer war etwa der Bankier und Nationalökonom Richard Lieben. Ein Großteil seiner Sammlung japanischer Drucke und Bücher bestückt heute die Sammlung des Museums für Angewandte Kunst, damals hieß es noch „Museum für Kunst und Industrie". Von den privaten Sammlern jener Zeit. Ihre Bedeutung war enorm. Und abends füllten sie noch dazu die Sitzreihen und Logen jener Theater, die auch stets mit ihren Spenden rechnen konnten. Und jedes ihrer Investments war eines in die Kulturstadt Wien.

So reich, dass man sein Geld mit der Kunstszene teilen konnte, waren trotzdem nur die wenigsten Familien. Für die allermeisten reichte es kaum für sich selbst. Zwei Drittel der jüdischen Bevölkerung waren von der Armenfürsorge abhängig. Noch dazu war die jüdische Community in der zweiten Hälfte des 19. Jahrhunderts zur drittgrößten Europas angewachsen. Nie zuvor lebten so viele Jüdinnen und Juden in Wien. 1880 waren es über 70.000. Und viele waren aus allen Teilen der Monarchie nach Wien geströmt, aus Böhmen, Mähren, Galizien. Gerade die Dezemberverfassung von 1867 füllte gleich noch mehr Waggons, die sich auf die Reise nach Wien machten. Die Hoffnung auf Arbeit und Wohlstand, die Aufbruchstimmung der Gründerzeit, hatten sie hierhergeführt. Doch die

Glücksversprechen konnte die Stadt für die allermeisten, die am Nord-
bahnhof aus den Zügen stiegen, nicht einlösen. Für die allermeisten Juden,
die nach Wien kamen, bedeutete Wien: die Straßen und das Leben in
der Leopoldstadt. Ein Dach über dem Kopf, das war schon ein Glück.
Für die Not der Migranten fühlte sich die Stadt nicht zuständig. Und der
Staat hatte überhaupt andere Sorgen als so etwas wie Armenfürsorge. Die
Kriege samt Konsequenzen standen da noch immer ganz oben auf der
Prioritätenliste. Wien war noch nicht die große Kümmerin, die es in der
Ära des Roten Wiens schließlich geworden ist. Doch die ersten Knoten
des sozialen Netzes, das sich schließlich über die Stadt spannen sollte, sie
wurden schon in jener Zeit gewebt. Von privaten Initiativen. Und vom
humanitären Engagement der jüdischen Community. Später erst, im

*Die Wohlhabenden sorgten für die Armen in der
jüdischen Community: hier eine „Volksküche".*

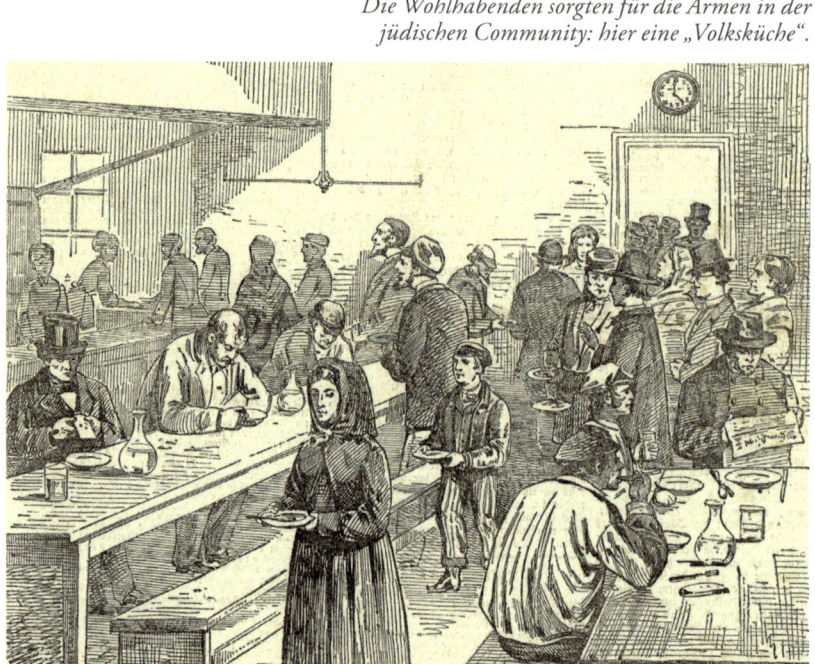

20. Jahrhundert, nahm die Stadt die Wohlfahrt selbst in die Hand. Und das systematisch. Bis dahin mussten noch die Reichen und Wohlhabenden die Hand reichen. Die neuen Wiener und Wienerinnen, sie mussten sich um sich selbst kümmern. Und wer konnte, kümmerte sich um andere. Da sprangen zum Glück auch die wenigen Familien ein, für die Wien tatsächlich alle Hoffnungen erfüllt hatten. Die Förderer und Finanziers, die Spender und Stifter, sie hatten ihre Palais am Ring. Und ihre Villen im Cottage-Viertel. Sie füllten die Spendenlisten und die Jahrbücher der Wohlfahrtseinrichtungen, die ihre Unterstützer publizierten.

Wer Geld hatte, der konnte beitragen Und wer Jude war, konnte oft nicht anders. Denn selbst wenn die Familien schon konvertiert waren, sich längst emanzipiert und assimiliert hatten, längst die arme Leopoldstadt gegen die reiche Ringstraße getauscht, eines hatten sie entlang ihres sozialen Aufstiegs nicht links liegen lassen: ihre Herkunft, ihre moralischen Grundsätze und Haltungen. Und vieles von der gesellschaftlichen Verantwortung, die sie wahrnahmen, war religiös motiviert: „Zedaka" nennt sich etwa so eine Maxime. Sie verpflichtet zur Wohltätigkeit, dazu, für sozialen Ausgleich zu sorgen. Und genauso beherzigten viele das Prinzip „Gemilut Chasadim", so etwas wie Barmherzigkeit.

Juden sorgten also für Juden. Und das jüdische Großbürgertum sorgte vor allem auch: für alle. Bankiers, Industrielle und Großhändler gründeten und stifteten wo und was sie konnten. Sie ermöglichten dies, begünstigten jenes, überall wo die Stadt Wien im Stich ließ. Anfang des 20. Jahrhunderts gingen fast die Hälfte aller wohltätigen und kulturellen Stiftungen in der Stadt auf das Engagement jüdischer Familien zurück, darunter soziale Einrichtungen wie Wärmestuben oder Suppenküchen. Oder wohltätige Vereine, die bedürftige Schulkinder unterstützten. Die Familie Königswarter, legendär für ihre Großzügigkeit, ließ etwa das Israelitische Lehrlingsheim in der Grünentorgasse im Jahr 1891 errich-

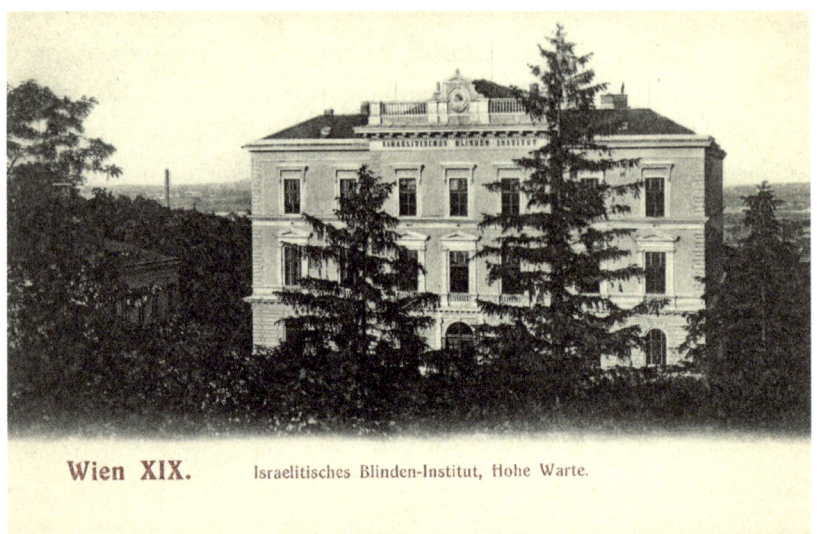

Wien XIX. Israelitisches Blinden-Institut, Hohe Warte.

Der Bankier Jonas Königswarter unterstützte das Israelitische Blindeninstitut maßgeblich.

ten. Das Kaiser-Elisabeth-Wöchnerinnenheim, 1901 wurde es eröffnet, in der Knöllgasse im 10. Bezirk initiierte ein Verein, den jüdische und nichtjüdische Frauen gegründet hatten. Das Stiftungsvermögen des Bankiers Rudolf Auspitz half ihnen maßgeblich dabei. Auch in Döbling entstanden Häuser und Institutionen, die sich der Allgemeinheit verschrieben: Dazu gehörte das Israelitische Blindeninstitut auf der Hohen Warte, eine soziale Einrichtung, die beispielgebend in Europa werden sollte. Auch in der Ruthgasse 21, ebenfalls in Döbling, wuchs ein großer roter Backsteinbau heran. Eines der ersten Häuser überhaupt dort, Feldgasse hieß sie damals dementsprechend noch. Die grüne Umgebung hielt man für ideal, um ein Mädchenwaisenhaus zu errichten.

Finanziert hatte es eine Familie, die sich in der Gründerzeit Wiens mit ihrem humanitären Engagement ziemlich hervorgetan hatte: die Familie Gutmann. Das bestätigte ihr sogar die sonst kapitalismuskritische

„Arbeiter Zeitung". „David Gutmann erfüllte stets die Verpflichtungen des Reichtums", hatte sie in einem Nachruf geschrieben. Er war der Präsident des israelitischen Waisenhauses ja, aber geläufig war er den Wienern vor allem als „Kohlebaron". Denn bis er gemeinsam mit seinem Bruder Wilhelm Gutmann das Gesundheits- und Fürsorgewesen der Stadt gleichsam privat reformierte, mussten sie einiges an Kohle schürfen und verkaufen. Doch das ging recht schnell. Schließlich gierten alle in der Gründerzeit nach der Ressource. Die Eisenbahn wollte sie, die Haushalte auch, die Industrie sowieso. Die Gutmanns wurden reich. Und das sah man auch ihren Palais deutlich an, die sie in der Innenstadt hinterließen. Wilhelm Gutmann ließ seines am Ring errichten, vom angesehenen Architekten Carl Tietz, heute ist es Teil des Ritz-Carlton-Hotels. Sein Bruder David wählte die Adresse Schwarzenbergplatz

Zum Leitungs- und Förderinnen-Team der Poliklinik gehörte etwa auch Pauline Metternich.

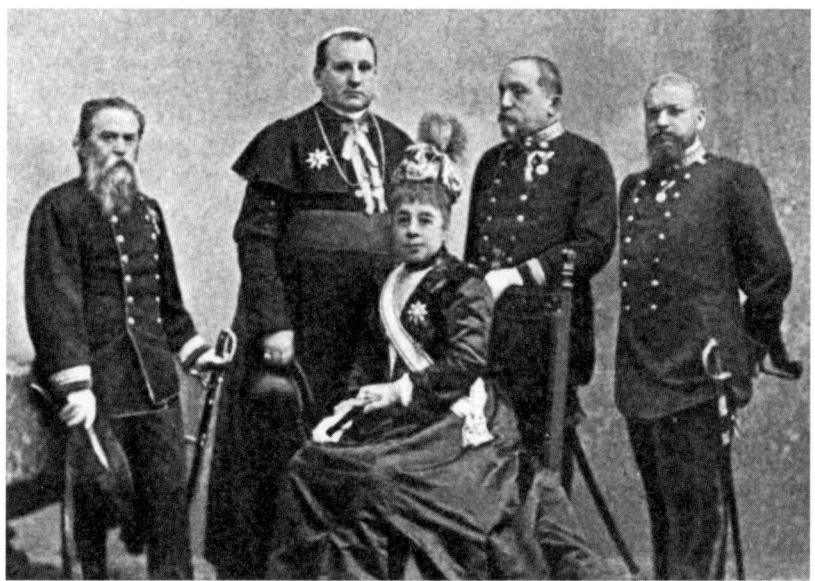

Nummer 11 für sein eigenes Palais. Gemeinsam hatten sie ihre philanthropische Haltung: Sie waren berüchtigt als Kunstförderer und für ihr soziales Engagement, das sie nicht nur in Wien streuten, sondern bis nach Galizien.

An einem Punkt jedoch hat sich das Engagement der Gutmanns trotzdem ziemlich konzentriert: in der Mariannegasse 10, in Wien Alsergrund. Dort revolutionierte die „Allgemeine Poliklinik" die Gesundheitsversorgung Wiens. Nicht nur medizinisch. Auch aufgrund ihrer sozialen Haltung: Sie stand armen, kranken Menschen offen, jeder Nationalität, jeder Konfession. Eine Klinik für alle. Die Gutmanns hatten sich von Anfang an für sie eingesetzt, sich tief involviert, mit persönlichen Engagement und Geld. Die Poliklinik wurde über Jahrzehnte zu einer der wichtigsten medizinischen Institutionen der Stadt. Eines ihrer Vorzeigeprojekte, zu denen auch das Rudolfinerhaus in Döbling bald zählte. Theodor Billroth konnte die Gutmanns dafür gewinnen, auch dieses Projekt mitzufinanzieren, den „Rudolfiner-Verein zur Erbauung und Unterhaltung eines Pavillon-Krankenhauses behufs Heranbildung von Pflegerinnen für Kranke und Verwundete in Wien".

Die Rothschilds

Die meisten Spitäler im 19. Jahrhundert wurden privat gegründet und finanziert. Auch am Gürtel reihte sich ein Projekt in diese Liste ein: das Spital für die Israelitische Kultusgemeinde, das Rothschild-Spital, benannt nach seinem Geldgeber Anselm Rothschild. Er hatte eine Stiftung für den Bau gegründet, im Jahr 1873 wurde es schließlich errichtet. Die 40 Betten des alten Krankenhauses reichten schon lange nicht mehr aus, Wien war einfach zu stark gewachsen – auch wegen des jüdischem Zustroms.

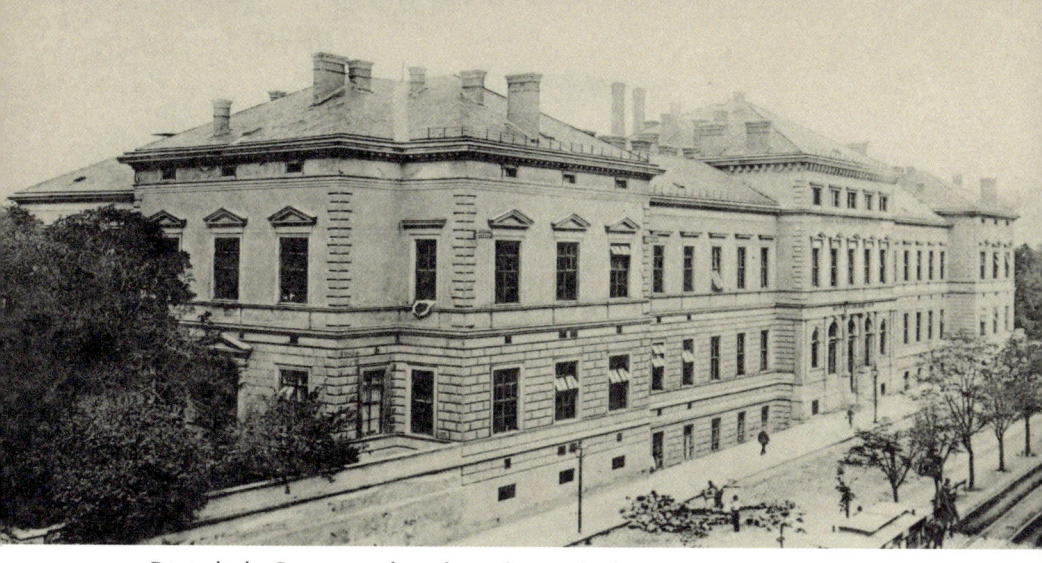

Die jüdische Community brauchte mehr Krankenbetten:
Die Familie Rothschild stiftete ein Spital am Gürtel.

Viel früher als die vielen Migranten war die Familie Rothschild in Wien heimisch geworden. Ab 1816 war Salomon Rothschild, der Gründer der Wiener Linie, regelmäßig in der Stadt. Das wirkte sich auf eine Vielzahl von Projekten aus, in die die Rothschilds investierten, auch auf karitative und medizinische Einrichtungen. So reich wie die Familie waren nicht einmal die Gutmanns. Und auch, was die Großzügigkeit anbetrifft, mit der sie sich für so manche soziale Agenda engagierten, blieben die Rothschilds unübertroffen. Nathaniel Rotschild, der Enkel von Salomon, tat sich besonders hervor. Der Historiker Roman Sandgruber umriss dies grob in einem Artikel in der Zeitung „Der Standard": „Vorher und nie nachher in der österreichischen Geschichte hat ein Einzelner derart hohe Summen für die Allgemeinheit gespendet." In seinem Testament standen 177 wohltätige Vereine und karitative Einrichtungen, wobei die Konfession keine Rolle spielte. Am wichtigsten war die Stiftung für Nervenkranke am Wiener Rosenhügel. 20 Millionen Kronen hatte Nathaniel Rothschild im Jahr 1900 für die Stiftung eines Neurologischen Krankenhauses am Rosenhügel auf den Tisch gelegt. In Pavillons

gebaut sollte es sein, das hatte Rothschild bestimmt, 1912 wurden die ersten Betten belegt, 2002 das Krankenhaus in „Nathaniel Freiherr von Rothschild'sche Stiftung für Nervenkranke – Neurologisches Zentrum der Stadt Wien" umbenannt.

Mit ihren Investments und ihrer Haltung haben die Rothschilds die Entwicklung des Kaiserreichs angetrieben. Und auch jene der Stadt Wien beschleunigt. Die Industrialisierung wäre auch ohne sie angerollt irgendwann. Aber sie haben ihr die Schienen gelegt, sprichwörtlich. Als Finanziers waren sie legendär. Schon Salomon Rothschild, der Begründer der Wiener Familienlinie, pumpte viel Geld in die Projekte des Kaiserreichs. Ob sie nun „Napoleonische Kriege" hießen oder Eisenbahn. Und wenn der Name Rothschild nicht ohnehin schon geglänzt und geklungen hätte, setzte Sohn Anselm noch eins drauf: Er gründete die Österreichische Creditanstalt. Im Gegensatz zu seinen Geschäften nahm er sich aber in seiner Residenz zurück: Sein Stadtpalais in der Renngasse wirkte beinahe schlicht. Deutlich prunkvoller war dagegen der Bahnhof geraten, an dem die Schienen der Nordbahn endeten. Und deutlich verschnörkelter, architektonisch zumindest, hat es auch sein Sohn Albert angelegt, der die Creditanstalt zur größten Bank der Monarchie ausbaute. Den adäquaten Bauplatz für sein eigenes Palais hatte er schnell gefunden: In der Nachbarschaft und in Sichtweite der Hocharistokratie musste es schon sein. Mit dem Schloss Belevedere und dem Palais Schwarzenberg nebenan wollte Albert Rothschilds Palais auch eher Schloss sein. Und als sich ganz Wien allmählich wie Paris gerierte, legte es auch die Architektur pariserisch an. Vom Pariser Lifestyle hatte auch eine treue Hausfreundin einiges zu erzählen, die Fürstin Pauline Metternich, die als Botschaftergattin dort ein paar Jahre zugebracht hatte. Sie war eine enge Freundin von Bettina Rothschild, Alberts Frau. Im ihrem Palais veranstaltete sie legendäre Bälle. Gemeinsam mit der „Charity-Lady" Pauline Metternich lebte sie den Grundsatz

der jüdischen „Zedeka". Doch die glanzvollen und glücklichen Zeiten des Hauses waren kurz. Bettina wurde krank, starb an Krebs. Nur 33 Jahre alt war sie geworden. Der Witwer stiftete zu ihrem Andenken den „Bettina-Pavillon" des Kaiserin Elisabeth-Spitals. Im Haupthaus stand eine Büste der Kaiserin. Im Pavillon eine Büste Bettina Rothschilds. Von diesem Spitalkomplex ist heute nichts mehr übrig als drei denkmalgeschützte Gebäude, eines davon ist der „Bettina-Pavillon". Beim Palais ihres Mannes hatte der Denkmalschutz noch nichts mitzureden. Von Bomben war es verschont geblieben.

Aber die Ignoranz der Nachkriegszeit bewahrte es dennoch nicht. Die Familie hinterließ es der Republik Österreich. Und diese bedankte sich, indem sie zuließ, dass man es 1954 zerstörte. In diesem Jahrzehnt sah es fast so aus, als wolle Wien den Namen Rothschild aus dem Stadtgedächtnis ausradieren. Als wolle man die tiefe Verbindung der Familie mit der Stadt unsichtbar und ungeschehen machen. Der Historiker Roman Sandgruber schrieb in seinem Buch „Rothschild. Glanz und Untergang des Wiener Welthauses" im Zusammenhang mit dem Palais Rothschild, dem Prunkstück in der Prinz-Eugen-Straße, sogar von „Auslöschung". An seinem Platz befindet sich heute das Gebäude der Arbeiterkammer Wien. Dieses könnte man nicht so leicht loswerden, denn es steht – im Gegensatz zum Palais zuvor – unter Denkmalschutz. Auch die Wirtschaftskammer bekam ihren Gebäudeklotz am Gürtel, an jener Stelle, an der das Rothschild-Spital, das Anselm Rothschild gestiftet hatte, abgerissen wurde. Der Nordbahnhof, Anselms Prestigeprojekt, wurde 1965 ebenfalls aus dem Stadtgedächtnis gesprengt. In seiner Halle hatte viele Jahre ein lebensgroßes Standbild von Anselm Rothschild die Ankommenden begrüßt. Es ist das letzte Relikt, das im Technischen Museum lange zwischengeparkt war, bis es an das Jüdische Museum in Wien übergeben wurde. Die Franz-Ferdinand-Nordbahn war das Prestigeprojekt von Anselm Rothschild. Daran erinnert seit 2016 der Rothschildplatz

im Stadtentwicklungsprojekt, das sich über die Geschichte des Geländes ausgebreitet hat. Auch das Palais von Nathaniel Rothschild steht nicht mehr. Bomben haben es zerstört. Sein Name hallt aber noch deutlich nach im Neurologischen Krankenhaus am Rosenhügel, das auf seine Stiftung zurückgeht.

Und noch auf einem anderen Hügel, im 19. Bezirk, auf der Hohen Warte, ist dies der Fall. Dort bestreitet der Fußballklub „Vienna" seine Heimspiele. Gegründet wurde er als „First Vienna Football Club". Und hätte Rothschild damals nicht die Gartenexperten aus England für seinen eigene Gartenanlage geholt, wäre der Ball in Wien wohl nicht so bald gerollt. Einen botanischen Garten hatte sich Nathaniel Rothschild da anlegen lassen im Jahr 1882, auf einem Grundstück, das er bereits 1860 erworben hatte, eine kleine Villa ließ er auch noch dort bauen. Der Neffe Nathaniels, Alfons Rothschild, nicht weniger Philanthrop, Mäzen und botanikbegeistert wie sein Onkel, brachte die Anlage so richtig zum Blühen. Und auch Wien profitierte davon: Zur Orchideenblüte öffnete Alfons Rothschild den Park für das Wiener Publikum. Auf den Flächen der Grünanlage tobten sich die Gärtner aus. Beim Gestalten natürlich, aber auch auf der Wiese: mit einer neuen Sportart, die sie aus ihrer Heimat England nach Wien mitgebracht hatten – Fußball. Der Sohn des Wiener Chef-Gärtners, Franz Joli, war ebenso von einem längeren England-Aufenthalt mit einer fixen Idee in die Rothschild-Gärten zurückgekommen: Auch in Wien soll der Ball rollen. Franz Joli mit seinem Bruder Max, gegen die englischen Gärtner William Beale und James Black, so lautete die Aufstellung der ersten Matches. Als es um die Gründung des ersten Wiener Fußballklubs ging, sprang Nathaniel Rothschild mit finanzieller Unterstützung ein. Die Klubfarben des „First Vienna Football Club", oder kurz „Vienna", sind heute noch blau-gelb, die Wappenfarben des Hauses Rothschild. Das erste offizielle Fußballspiel in Österreich fand auf der Kugler-

weise auf dem Gelände der Rothschildgärten am 15. November 1894 statt. Teile der Gärten wurden integriert in den Heiligenstädter Park, nachdem die Rothschild Nachkommen die Anlage der Stadt Wien geschenkt hatten.

Die Wertheimsteins

Von der Hohen Warte, von der Wiege des Wiener Fußballs, in die Innenstadt führt heute die Straßenbahn mit der Nummer 37. Und diese Linie fädelt noch eine andere bemerkenswerte Grünanlage Wiens auf ihrem Weg auf: einen öffentlichen Park, den Wertheimsteinpark. Lange Zeit war er der riesige Privatgarten einer Familie gewesen, die Wien und seinen Menschen viele Jahre lang zugetan war. Und so kam die Stadt zu einem neuen Park. Denn Franziska von Wertheimstein schenkte ihre

Ein Geschenk von Franziska Wertheimstein an die Stadt:
der „Wertheimstein-Park" im 19. Bezirk.

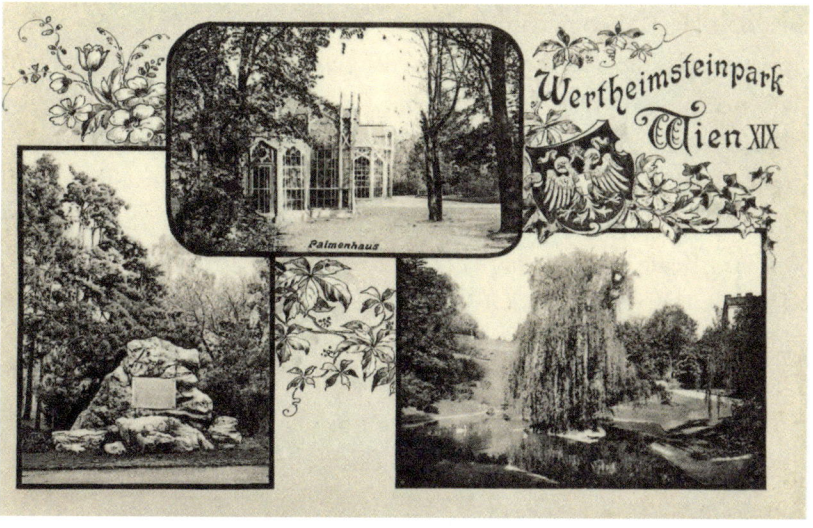

Villa und den Garten Wien. „Ich vermache mein Besitzthum in Döbling Hauptstraße Nr. 96 der Commune Wien unter der Bedingung, daß der Garten als öffentlicher Garten dem Publikum für ewige Zeiten zugänglich gemacht werde und für immer den Namen ‚Wertheimstein-Park‘ zu führen hat. Das auf meinem Besitz befindliche große Wohnhaus soll dem Zwecke einer Volksbibliothek zugeführt werden." Heute ist das Bezirksmuseum Döbling darin untergebracht.

Doch Franziska von Wertheimstein hallt nicht nur nach als großzügige Gönnerin. Schon zu Lebzeiten wirkte sie, wie bereits ihre Eltern, auf die Stadt. Das Haus an der Döblinger Hauptstraße wurde zum kulturellen Knotenpunkt im Grünen, berühmt durch Franziska, die dort einen Salon führte. Noch dazu einen der populärsten seiner Zeit. Ihr Freundeskreis überspannte ganz Wien, das Netzwerk ihrer Gäste die unterschiedlichsten Berufsfelder und kulturellen Genres. Die Villa Wertheimstein geriet zum gesellschaftlichen Mittelpunkt am Rande der Stadt. Dafür mitten im Grünen. Und diese privilegierte Lage war auch der entscheidende Faktor, warum es die Familie Wertheimstein überhaupt hierher verschlug. Denn auch damals wussten Mediziner: Grün ist gut fürs Gemüt. Und mit ihrem Gemüt hatte die Mutter von Franziska Wertheimstein zu kämpfen. Als „melancholisch" bezeichneten Zeitgenossen die Grundstimmung von Josephine Wertheimstein. Ihre Ärzte legten den Aufenthalt im Grünen nahe, aus therapeutischen Gründen. Leopold Wertheimstein selbst, der Vater Franziskas, kaufte also ein Haus im Grünen. Das Geld dafür hatte er längst als Bankier und Eisenbahnpionier verdient. Er war unter anderem Direktor der Kaiser-Ferdinand-Nordbahn. Aber auch Mitbegründer der „k. k. privilegierte Österreichische Credit-Anstalt für Handel und Gewerbe", die er gemeinsam mit Anselm von Rothschild im Jahr 1855 ins Leben rief. Sie galt bald danach schon als größte Bank Österreich-Ungarns.

1870 entschied sich Leopold Wertheimstein also für diese Biedermeier-Villa samt Garten, von dem er sich positive Wirkung auf das Gemüt seiner Frau versprach. Ein Vorfall hatte sie noch trauriger als sonst gestimmt: Ihr Sohn Carl verstarb ganz plötzlich. Heute noch hängt ein Porträt von ihm in jenem Raum der Villa, der später zum „Salon" wurde. Der Garten und der „Salon", beides sollte für Josephine Wertheimstein zur Therapie werden. Denn auch sie hatte schon ein enges Netzwerk geknüpft, auch sie lud Künstler, Schriftsteller und Musiker zu sich nach Döbling ein. Täglich hielten die Kutschen mit Gästen vor der Villa. Und abends fuhr die Kutsche von Leopold Wertheimstein wieder los, um ihn zurück in seine Stadtwohnung zu bringen. Der Wirtschaftsmagnat pendelte in die Stadt. Die Kulturszene der Stadt pendelte nach Döbling.

Prächtig ausgestattet: die Räumlichkeiten der Villa Wertheimstein.

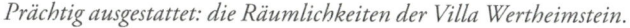

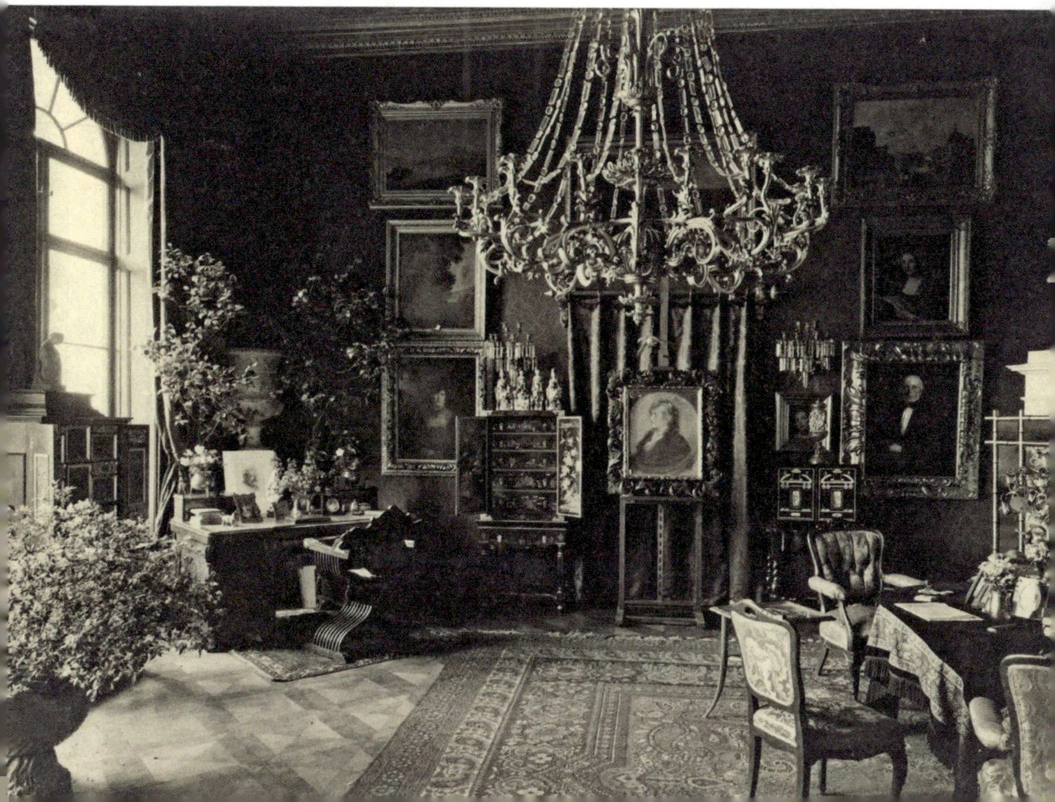

*Alle kamen sie zu ihr:
in den Salon von
Franziska Wertheimstein.*

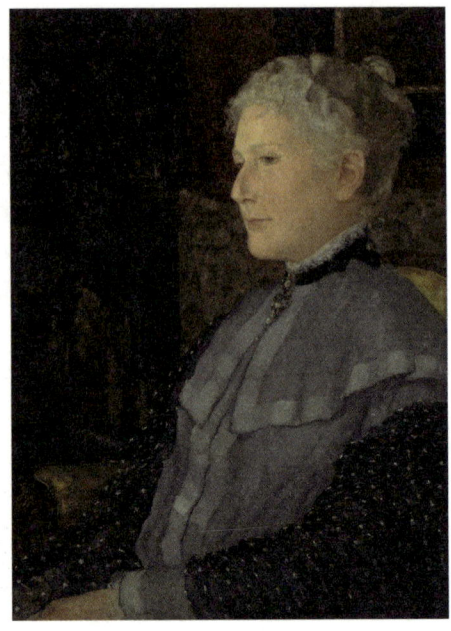

Zuerst in den Salon von Josephine. Und später in jenen ihrer Tochter Franziska, der noch viel populärer werden sollte. Die Melancholie hatte sie von ihrer Mutter geerbt, den Kunstsinn und den Charme aber auch, wie ihr Zeitgenossen ununterbrochen bescheinigten. Bis in die Innenstadt hat er offensichtlich gewirkt. Sonst hätten sich nicht alle auf den Weg gemacht, Schauspieler, Schriftsteller, Künstler – zur Villa Wertheimstein.

Zuvor hatte das Haus einer Familie gehört, die in Wien kaum weniger populär war: Arthaber hieß sie. Auch sie war bekannt für ihr Mäzenatentum, für die Kunstsammlung, die Rudolf Arthaber anlegte und pflegte. Aber natürlich auch dafür, womit sie ihr Geld gemacht hatte: mit der Fabrikation von Seidenschals. Die „Wiener Shawls" mit Mustern, gestaltet von „Dessinateuren", exportierte Rudolf Arthaber in die ganze Welt. Das Geschäft blühte. Da ging sich finanziell auch gut eine Villa im Grünen aus. 1833 hatte Rudolf Arthaber den alten Tullner Hof in Döbling gekauft, der einst zu einem Kloster gehört hatte. Davon zeugt noch das

letzte bauliche Relikt, das „Nonnen-Stöckl", in dessen Keller heute das Wiener Weinbaumuseum eingerichtet ist. Auf dem Grundstück ließ er eine Villa errichten, aber auch den Park gestalten und pflegen. Regelmäßig lud Arthaber die Wiener und Wienerinnen zur „Blumenausstellung", der Erlös aus dem Eintritt kam der Döblinger „Kinderbewahranstalt" zugute. Das Geschäftshaus von Arthaber am Stephansplatz hat nicht bis in die Gegenwart überdauert, es wurde 1893 zerstört. Dafür hat der Bezirk Favoriten heute einen „Arthaber-Platz" samt monumentaler Brunnenanlage, den die Nachkommen 1906 stifteten.

Der großzügige Abenteurer: Graf Wilczek

Familien wie die Arthabers oder jene der jüdischen Bankiers konnte sich eine Monarchie nur wünschen. Denn für das Wohl der Menschen oder gar für die Kunst konnte der Staat selbst kaum Geld aufbringen. Zu viel schluckte die Armee. Und die Kriege, in die sie das Kaiserreich ständig schickte. Da kamen dem Staat und der Stadt Menschen gelegen, die großzügig und kunstsinnig zugleich waren. Und kaum einer hat sich in Wien in beiden Kategorien stärker einen Namen gemacht als ein bestimmter Graf: Johann Nepomuk Joseph Maria Wilczek. Oder für seine Freunde und alle anderen einfach nur: Hans. Die „Wiener Zeitung" hatte über ihn im Jahr 1922 in einem Nachruf geschrieben: „Er stand überall an der Spitze, wo es galt, Ruhm und Ansehen für Österreich zu fördern." Das mag sein, machte aber wahrscheinlich nur einen Bruchteil seines Terminkalenders aus. Denn er ruderte, wanderte, jagte, reiste, stiftete, spendete, förderte. Sein Interesse streute er weit in alle Richtungen und unterschiedlichste Bereiche. Besonders viel von seiner Aufmerksamkeit und seinem Herzblut bekam aber die Geschichte ab. Und als

geschichtsträchtige Objekte Waffen. In ein wohlhabendes, angesehenes Adelsgeschlecht war er hineingeboren worden, und damit auch in ungemein reiche Verhältnisse. Doch das Geld, das ihm in den Schoß gefallen war, gab er auch gerne aus. Für sich selbst und seine Spleens natürlich. Aber nicht weniger für Kunst, Kultur oder die Gesellschaft. Und alle, die es in ihr am dringendsten brauchten.

Hans Wilczek war Abenteurer, Universalist, Unternehmer und Philanthrop. Er sammelte Waffen, baute eine Burg, reiste ins Polarmeer – ein Lebenslauf wie eine Enzyklopädie. Und ähnlich ausgefüllt wie sein Leben war die Liste der Institutionen, die mit Unterstützung, Geld und Engagement des Grafen rech-

nen konnten. Kunst, Kultur, Wissenschaft, soziale Einrichtungen, Hans Wilczek teilte mit vielen. Mit ganz Wien schien er vernetzt zu sein und befreundet sowieso mit allen,

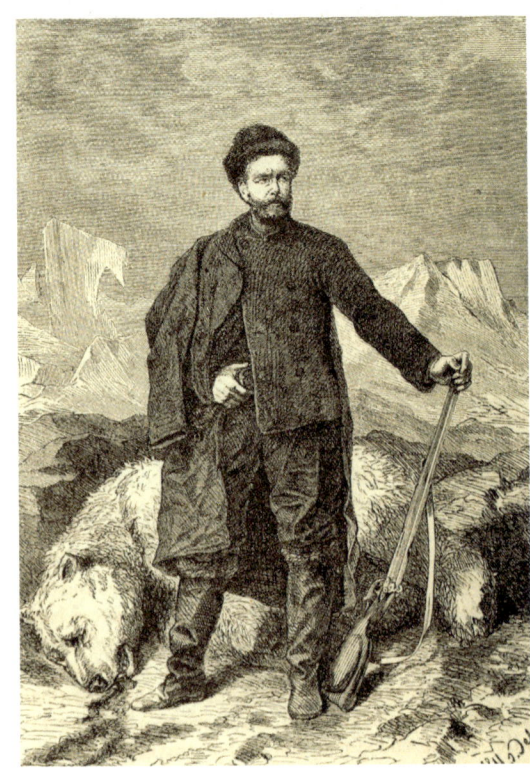

Graf Wilczek zog es in den Norden und ihn reizten die Abenteuer.

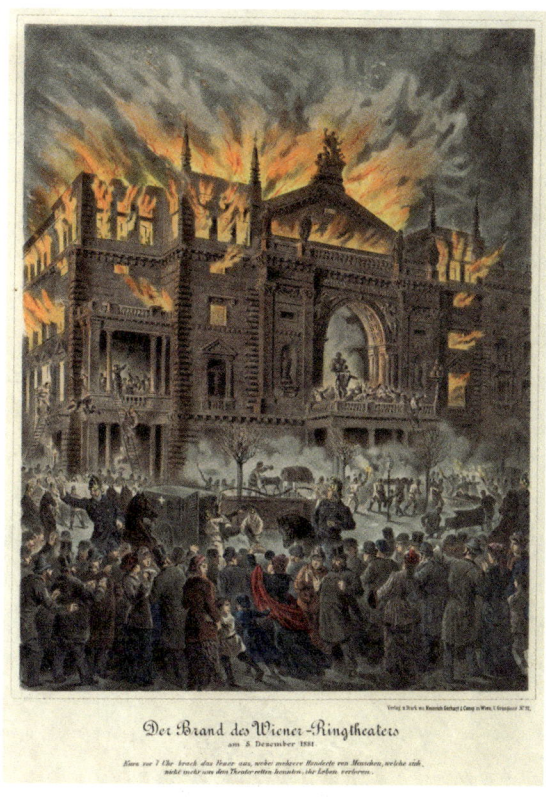

Der Brand des Wiener Ringtheaters
am 8. Dezember 1881

Der fatale Brand des Ringtheaters führte zur Gründung der „Wiener Freiwilligen Rettungsgesellschaft", einer privaten Initiative.

die Rang, Namen, Einfluss oder alles zugleich hatten. Mit dem Historienmaler Hans Makart war er eng verbunden, als Kunstförderer wurde er legendär, die „Gesellschaft der Wiener Kunstfreunde" zu gründen, war auch seine Idee. Im sozialen Bereich profitierten so manch innovative Institutionen, etwa das Rudolfinerhaus. Dort schlug sich sein Engagement deutlich nieder, heute noch heißt dort ein ganzer Trakt nach ihm. Wilczek selbst wurde Präsident des „Rudolfiner-Vereins", das Rudolfinerhaus wurde 1885 eröffnet. An anderer Stelle, im 3. Bezirk diesmal, steht noch ein Gebäude, das direkt auf den Förderer Hans Wilczek verweist: jenes der „Wiener Rettungsgesellschaft" in der Radetzkystraße.

Ihre Gründung ist eng verknüpft mit dem Einsatz des Grafen. Sein Partner dabei war ein anderer Graf: Eduard von Lamezan-Salins. Sie waren die Initiatoren des Vorläufers der Wiener Berufsrettung. Der schreckliche Anlassfall dafür war die Brandkatastrophe am Ring, als 1881 das Ringtheater in Flammen aufging und 386 Menschen ums Leben kamen. Auch aus dem Grund, weil sich die medizinische Notfallversorgung als unzureichend erwies.

Doch neben seinem humanitären Engagement blieb Wilczek noch genügend Geld für seine persönlichen Spleens: Das waren vor allem Waffen und der Nordpol. Die österreichisch-ungarische-Expedition von 1872 bis 1874 konnte auch nur Richtung Norden steuern, weil Wilczek sie finanziell unterstützte. Allein das Schiff, die „Admiral Tegethoff", wurde von seinem Geld gebaut. Zurück kam die Expedition mit einigen Erkenntnissen und Entdeckungen. Das „Kaiser-Franz-Joseph"-Land etwa. Und auch eine „Wilczek-Insel" war im Zuge der Reise auf dem Globus aufgetaucht. Zwölf Kilometer ist sie lang, teilweise noch vergletschert.

Auch zwei Inseln im Arktischen Ozean sind nach dem umtriebigen Graf Wilczek benannt.

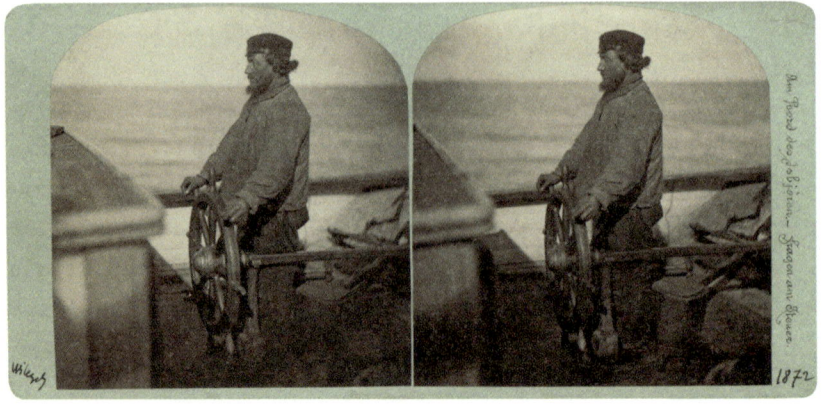

Genauso wie das „Wilczek-Land", das sich ebenfalls auf den Weltkarten als neue Insel eintrug. Wilczek selbst reiste mit einem kleineren Schiff nach Norden und traf vor der russischen Insel Nowaja Semlja mit der „Tegetthoff" zusammen. Zurück nach Wien kam er aber über Land. Der andere Spleen war: Waffen und Rüstungen, vor allem historische hatten es ihm angetan. Ein geradezu manischer Sammler war er darüber hinaus. Mehr als 100.000 Objekte sollen sich in seinem Besitz befunden haben, darunter Gemälde, Statuen, Keramiken sowie Alltagsgegenstände. Auch das Mittelalter faszinierte den Grafen sehr. All das sollte sich auswirken, in Projekten, die er betrieb. Und in Funktionen, die er übernahm. Zum einen war er zwischen 1894 und 1918 Kurator des Heeresgeschichtlichen Museums. Zum anderen baute er sich selbst und seinen Sammlungen von Waffen und Rüstungen einen beeindruckenden Gebäudekomplex: Die Ruine Kreuzenstein, nördlich von Wien gelegen, ließ er wieder auferstehen. Dafür trug er aus ganz Europa historische Baumaterialien zusammen. Ein Projekt, das Wilczek fast 30 Jahre lang beschäftigte. Schließlich durfte er in seinem Lebensprojekt die letzte Ruhe finden, in der Familiengruft auf der Burg, nachdem er 1922 gestorben war.

Die Charity-Lady der Gründerzeit: Fürstin Pauline von Metternich

Im Wien des 19. Jahrhunderts war schon noch alles ziemlich stereotyp aufgeteilt. Die Männer hatten ihre Domänen, Krieg und Finanzen. Die Frauen auch: Gutes tun. Sich um andere kümmern. In dieser Rolle fanden sich viele Frauen wieder, vor allem, weil ihnen Konventionen und Gesellschaft kaum andere Möglichkeiten ließen. Sich vernetzen, sich in andere einfühlen, auch diese Aufgaben nahmen Frauen bereitwillig an. Es waren Frauen, denen Anerkennung entgegengebracht wurde, weil sie

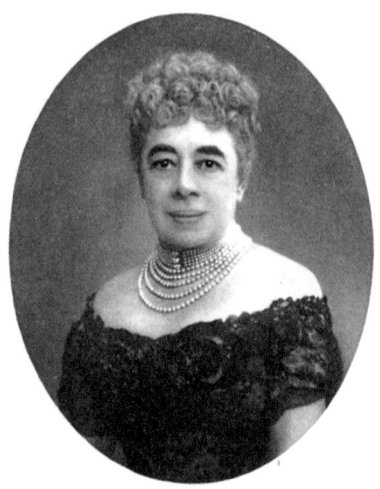

Fürstin Pauline von Metternich galt als
überaus großzügig und sozial engagiert.

neben ihren angesehenen Männern ihre eigene Rolle gefunden hatten.
Eine davon hat sich in Wien besonders hervorgetan. Eine Society-Lady.
Und eine „Charity-Lady": Fürstin Pauline von Metternich. „Fundrai-
sing", das war ihre Paradedisziplin. Und berühmt wurde sie nebenher
noch für ein paar andere Dinge, etwa auch dafür, als so etwas wie eine
„Rivalin" von Kaiserin Sisi zu gelten. Oder dafür, besonders hübsch zu
sein. Oder aber dafür, besonders hässlich zu sein. Von der Fürstin wurde
damals paradoxerweise nämlich beides behauptet.

Einig war man sich dagegen in einem Punkt: Sie liebte Wien und seine
Menschen. Und sie engagierte sich mit Herzblut in der Armenfürsorge.
Auch deshalb liebte Wien sie intensiv zurück. Sie war populär, wurde be-
wundert und sogar besungen. Das klang dann inhaltlich etwa so: „‚s gibt
nur a Kaiserstadt,‘s gibt nur a Wien! ‚s gibt nur a Fürstin, d‘ Metternich
Paulin." Sie war eine Persönlichkeit, und eine „Figur", gefeiert von der
Populärkultur. Mit einem Walzer, den ihr Johann Strauss‘ Sohn widmete,

mit einem Tanz, den ihr Karl Michael Zieher schrieb. Sie wurde „vertont", sie wurde gemalt, immerhin von Edgar Degas. Als Mode-Ikone und Trendsetterin galt sie ohnedies, schließlich hatte sie lange genug in Paris gelebt. Ihr Mann war dorthin berufen worden als Botschafter. Sie hatte den Bruder ihrer Mutter geheiratet, Fürst Richard Metternich. 1870 kehrte sie nach Wien zurück, um hauptsächlich in den Wintermonaten ihre Zeit dort zu verbringen. Dann bewohnten die Metternichs das Palais am Rennweg, das als Winterpalais noch von Staatskanzler Klemens Metternich erbaut worden war. Es lag inmitten eines großen Gartens, der sich von der Salesianergasse bis zur Reisnerstraße erstreckte. Später verkaufte Richard Metternich den größten Teil des Gartens, der dann parzelliert wurde. Bis zum Tode Richards bewohnten die Metternichs das Haus. Dann verkaufte

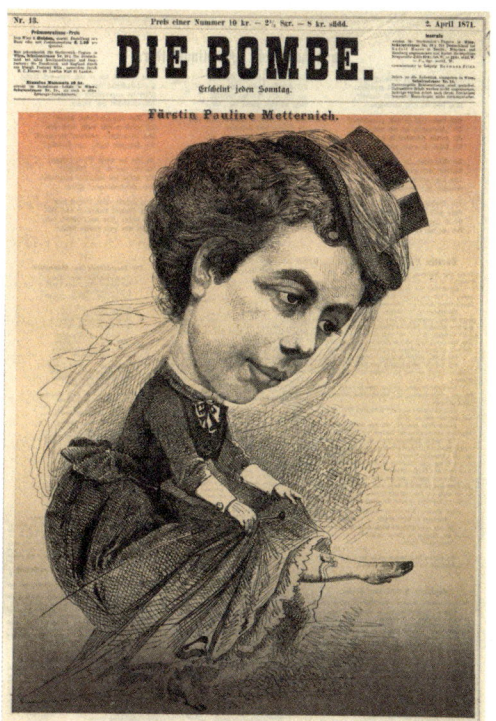

es der Stiefbruder an die italienische Regierung, die italienische Botschaft kam danach hier unter. Pauline Metternich zog um: ins Palais Metternich-Sandor in der Jacquingasse. Dort wohnte sie ab 1895. Als Persönlichkeit des gesell-

Die Fürstin war in der Öffentlichkeit beliebt und bestens vernetzt.

schaftlichen Lebens in Wien wurde der Ort zum Treffpunkt der Kulturszene. Im Zweiten Weltkrieg wurde das Haus beschädigt, danach abgerissen. Die „Pauline-Metternich-Promenade" im 2. Bezirk erinnert an sie, genauso wie die Paulinengasse in Währing, auch die „Paulinenwarte" im Türkenschanzpark borgte sich den Namen bei einer seiner Gönnerinnen.

Was sie in Paris in kürzester Zeit vollbrachte, das gelang ihr kurzerhand auch in Wien: Pauline Metternich machte sich einen Namen, vor allem als Angelpunkt des gesellschaftlichen Lebens, als legendäre Veranstalterin von Charity-Events und als emsige Netzwerkerin. Kaum eine soziale Institution, die in jenen Tagen gegründet wurde, die nicht von ihr profitierte hätte: von ihrer Beharrlichkeit oder von ihrer Großzügigkeit. „Umtriebig", bei Pauline Metternich würde der Begriff zu kurz greifen. Befreundet war sie in der Stadt mit allen, die man kennen musste, auch mit Richard Wagner, Franz List oder Friedrich Smetana, die sie allesamt förderte. Ganz Wien bewunderte sie für ihr soziales Engagement, das sie breit streute und beherzt betrieb. Gefürchtet war sie ein wenig am Habsburgerhof, aber auch nur für ihre spitze Zunge, mit der sie regelmäßig Seitenhiebe auf Kaiserin Sisi formulierte. Das brachte ihr am Hof auch den Spottnamen „Mauline Petternich" ein.

Armenfürsorge und Wohltätigkeit – diese Aufgaben hatte der Staat zu jener Zeit ausgelagert. Delegiert an den Adel. Und an all jene Menschen, die über genug Geld verfügten, um sie zu übernehmen. Die Wohlfahrt, wie wir schon beim jüdischen Großbürgertum gesehen haben, war weitestgehend eine private Leistung. Die Kranken, Armen, Bedürftigen mussten sich darauf verlassen, dass Menschen wie Pauline Metternich nicht lockerließen. Dabei, Geld aufzustellen, Netzwerke zu knüpfen, gute Worte einzulegen. Fast alle Spitäler waren private Gründungen. Schon Anfang des 19. Jahrhunderts wurden zahlreiche wohltätige Vereine in Wien ins Leben gerufen, sie richteten sich an verschiedene

gesellschaftlichen Gruppen. Und es war auffällig: Besonders viele von ihnen gingen auf die Initiative von Frauen zurück. Der Staat musste sich auch auf dieses Engagement verlassen, seine eigenen finanziellen Möglichkeiten waren durchgehend erschöpft. Kaiser Franz I. gründete zwar eine „Wohltätigkeitshofcommission", aber die sollte nicht die staatlichen Ressourcen für die Armen mobilisieren, sondern „die moralischen und finanziellen Kräfte aller Bevölkerungskreise", wie er es nannte. Und es funktionierte, zumindest ansatzweise. Früh im Jahrhundertverlauf gründeten sich Organisationen, die etwa solche Namen trugen: „Gesellschaft adeliger Frauen zur Beförderung des Guten und Nützlichen". Damen des hohen Adels waren Mitglieder, aber auch die Ehefrauen der jüdischen Bankiers Arnstein und Ekeles etwa. Das Ziel: Dem Staat aus der Bredouille helfen. Mit Not und Elend, das die andauernden Kriege förderten, war er komplett überfordert. So verschrieben sich die „Damen der Gesellschaft" der „Wohltätigkeitspflege". Und später im 19. Jahrhundert war auch Pauline Metternich zu einer zentralen Figur darin geworden. Sie spendete selbst. Aber vor allem ließ sie spenden. Eines der Projekte, in die sie tief involviert war, galt der „Allgemeine Poliklinik". Dafür hat sie konsequent ihr Netzwerk aktiviert, dafür rief sie Wohltätigkeitsveranstaltungen ins Leben, gründete 1886 ein „Damenkomitee", leitete Sammlungsaktionen. Dafür stellte sie sich auch selbst auf die Bühne, in Theatervorstellungen und Konzerten. Das galt durchaus als „standesgemäß", wenn es der guten Sache diente. Ein Teil der Erträge aus Metternichs Veranstaltungen floss auch in die „Wiener Rettungsgesellschaft", die Graf Hans Wilczek mitgegründet hatte. Die Fürstin zeigte sich nicht nur auf der Bühne selbst kreativ, sondern auch organisatorisch: Sie erfand Events, die sich damals im Jahreskreis der Stadt so fixiert hatten, wie der Christlmarkt am Rathausplatz und das Donauinselfest: Es war der Blumenkorso, der im Rahmen des Frühlingsfests im Prater stattfand. Zwei Tage lange tingelte ganz Wien in den Prater. Fahnen,

Den „Blumenkorso" hatte Fürstin Metternich initiiert. Bis 1914 fand er regelmäßig statt.

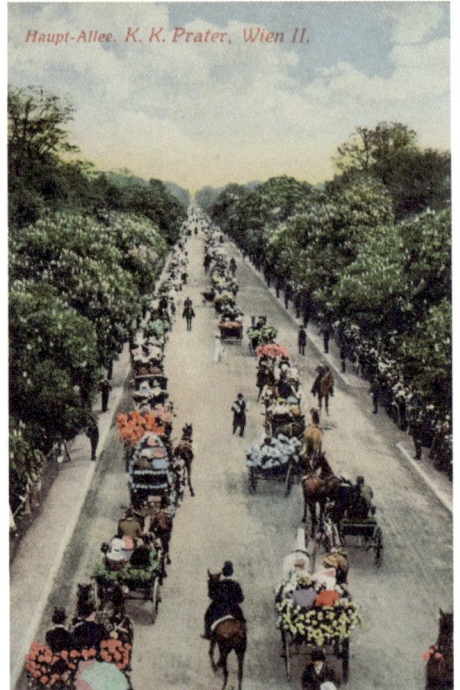

Lampions, Buschenschenken, Musikkapellen, Hofadel, Kronprinz Rudolf in der Kutsche – ein Spektakel. Der zweite Tag gehörte überhaupt dem „Volk": Gesang, Tanz, Trabreiten, Einspännerrennen, Radfahren, Feuerwerk. Und fast 2800 blumengeschmückte Wagen. „Nicht wahr, die Wiener sind liebe, liebe Leut' und man schindet sich gern für sie", schrieb die Fürstin nach dem ersten erfolgreichen Blumenkorso im Jahr 1886. Und danach sollte jedes Jahr ein neuer folgen, bis ins Jahr 1914. Jedes Mal ein Riesenaufwand, der sich lohnte: Die Einnahmen waren reichlich und wurden auf verschiedenste Wohltätigkeitseinrichtungen verteilt.

Natürlich standen die Institutionen Schlange, um von der Großzügigkeit und dem Engagement der Fürstin etwas abzubekommen: Nach dem zweiten Frühlingsfest samt Blumenkorso im Jahr 1887 hatte auch Wilhelm Exner bei ihr angefragt. Er stand einem „Komitee zur Errichtung eines Volksparkes auf der Türkenschanze" vor. Der Park war so weit

schon finanziert. Aber Exner wollte unbedingt noch einen Aussichtsturm bauen lassen. Dafür brauchte er Geld. Hunderte Koniferen und Douglasien aus ihren eigenen Gärtnereien hatte Metternich ohnehin schon geliefert. Sie versprach Exner, in ihrem Netzwerk, die Leute zu „sekkieren". Und sie „sekkierte" mit Erfolg. Exner wollte sich bei der Fürstin bedanken, indem er eine Anhöhe im Türkenschanzpark „Paulinenhöhe" nennen wollte. Doch die Fürstin war dagegen: „Denn nicht die Fürstin Metternich, sondern Hofrat Exner hat den Volkspark geschaffen." Für den 30. September 1889 war die Eröffnung des Türkenschanzparks angesetzt. Die Fürstin war natürlich dazu eingeladen. Aber sie kam nicht. „Obwohl Sie mich durch Ihre Ansprach ‚Angebete Fürstin' beinahe verlockt hätten, zur Eröffnungsfeier nach Wien zu kommen, nachdem Frauen in meinem Alter mit solchen nicht verwöhnt werden, so muss ich doch auf das Vergnügen, besser gesagt, auf diese Freude verzichten", ant

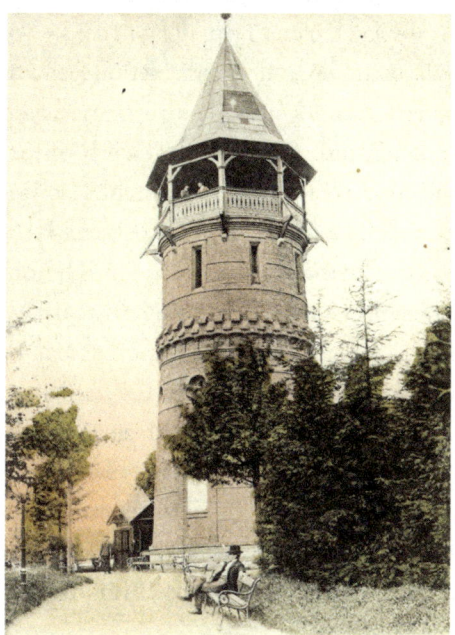

wortete Metternich in einem Brief an Wilhelm Exner. Die „Gschaftlhuberin" wolle sie nicht sein und fügte hinzu: „Lassen Sie mich im Stillen für Sie wirken und Maulwurfarbeit verrichten."

Auch im Türkenschanzpark hat sich der Name „Metternich" verewigt: in Form der Aussichtswarte, die so heißt.

5.

Rettet Wien!

Der Kampf für das Alte, Grüne und Schöne

Wien, das ist ziemlich viel Substanz. Das ist das Gebaute. Das Geplante. Das, was Menschen mit Ziegeln und Steinen gestapelt und gesetzt haben. Die Stadt als Konsequenz vieler, vieler Entscheidungen. Aber Wien ist genauso gut das Nicht-Gebaute. Das Resultat von vielen, vielen Entscheidungen dagegen. Wien ist das, was schlussendlich doch anders gekommen ist als ursprünglich geplant. Was Menschen, Vereine, Gruppierungen, Medien und Initiativen zu verhindern wussten. Sonst wäre auch der Wienerwald nicht mehr als ein großer Haufen Brennholz geworden. Der Donaukanal eine Stadtautobahn. Die Lobau eine Asphaltwüste. Und Wien wäre nicht so typisch Wien. Und dazu gehört nun einmal Wald und Wiese drumherum.

Die erste aller wesentlichen Entscheidungen für Wien war wahrscheinlich jene, die die Babenberger einst getroffen haben: nämlich, dass sie in Wien residieren wollen. Ähnlich folgenreich war wahrscheinlich nur mehr jene, die Kaiser Franz Joseph I. Hunderte Jahre später traf: Als er sich so fix eingebildet hatte, Wien als Residenzstadt auch baulich völlig neu aufzustellen. Dazwischen reihten sich noch so einige maßgebliche Entscheidungen dafür oder dagegen in die Stadtgeschichte ein. Mit ganz unterschiedlicher Tragweite. Manche mit Konsequenzen, die heute noch sichtbar, spürbar und erlebbar sind. Viele haben sich ganz schön drastisch niedergeschlagen in der Stadt. Viele Entscheidungen sind kaum mehr zu revidieren,

auch wenn man sie heute vielleicht anders treffen würde. Andere sind im 21. Jahrhundert genauso richtig, wie sie vor mehr als 100 Jahren waren. Manche Entscheidungen waren lange geplant und hart erarbeitet – mit jahrelangen Diskussionen. Andere folgten auf plötzliche Einsichten.

Doch nicht immer hatte Wien alle Entscheidungen selbst in der Hand. Wenn Wien 1964 doch „Olympiastadt" geworden wäre, hätte sich das baulich wahrscheinlich doch anders niedergeschlagen. Das Internationale Olympische Komitee wollte Wien aber damals nicht. 1972, beim zweiten Versuch, stellte sich die Bundesregierung quer. Die erste Weltausstellung 1873 in Wien, sie war dagegen ganz schnell beschlossene Sache. Der Kaiser wollte es so. Das verkürzte die Diskussionen erheblich. Beim nächsten Anlauf für eine Weltausstellung im Wien, im Jahr 1995, redeten dagegen deutlich mehr Stimmen mit. Sie sagten die EXPO per Volksbefragung ab, noch bevor sie überhaupt zu Ende gedacht war. Mit einem Kraftwerk Freudenau dagegen konnte die Bevölkerung leben. Mit einem zum Teil verbauten Sternwartepark aber nicht, mit verbauten Steinhofgründen noch weniger. Auch das haben die Bewohner und Bewohnerinnen Wiens in Volksbefragungen ganz klargemacht, einmal Anfang der 1970er- und einmal Anfang der 1980er-Jahre. Aber manchmal änderten selbst 1,3 Millionen Unterschriften aus ganz Österreich nichts an der Sache: In den 1980ern wurde das Konferenzzentrum bei der UNO-City trotzdem gebaut.

Die Entscheidungen fällten Menschen. Sie waren dafür oder dagegen. Sie haben Projekte initiiert, gekippt, sich für sie engagiert, gegen sie gekämpft. Sich eingesetzt für Grün, Natur, Lebensqualität, Stadtbild. Und für das „Alte", das ohnehin vor lauter sozialem und ökonomischem Wandel in Wien ständig unter Druck geriet. Aber auch die Zukunft hatte in der Stadt oft genug eine starke Lobby. Schließlich konnte man gegen das, was scheinbar verheißungsvoll auf einen wartete, schlecht argumentieren. Deshalb haben die Entscheidungsträger in der Stadt wie

üblich besonders gerne die „Zukunft" vorgeschoben, wenn sich Wien wieder einmal brachial wandeln sollte.

Wien ist in seiner Geschichte so einiges widerfahren: Flutkatastrophen, Belagerungen durch feindliche Armeen, Feuersbrünste, Immobilienspekulanten, Industrialisierung, Bomben, sozialer Wandel, Digitalisierung. All das und noch viel mehr hat die Stadt verändert. Doch im 20. Jahrhundert schienen die wirksamsten formenden Kräfte zwei gewesen zu sein: diese Vehikel auf Gummirädern. Und die Ignoranz. In bestimmten Phasen hatte besonders diese ziemlich freien Lauf. Vor allem, als man das Wesentliche und Wertvolle in der Stadt nicht so recht erkennen wollte, vor lauter verheißungsvollen Zukunftsversprechen. Diese waren auch so eine Konstante in der Stadtgeschichte. Genauso wie das sprichwörtliche „Damoklesschwert", das Experten und Nicht-Experten ständig

Große Umbrüche standen an, auch für das Bürgerspital, das abgerissen wurde.

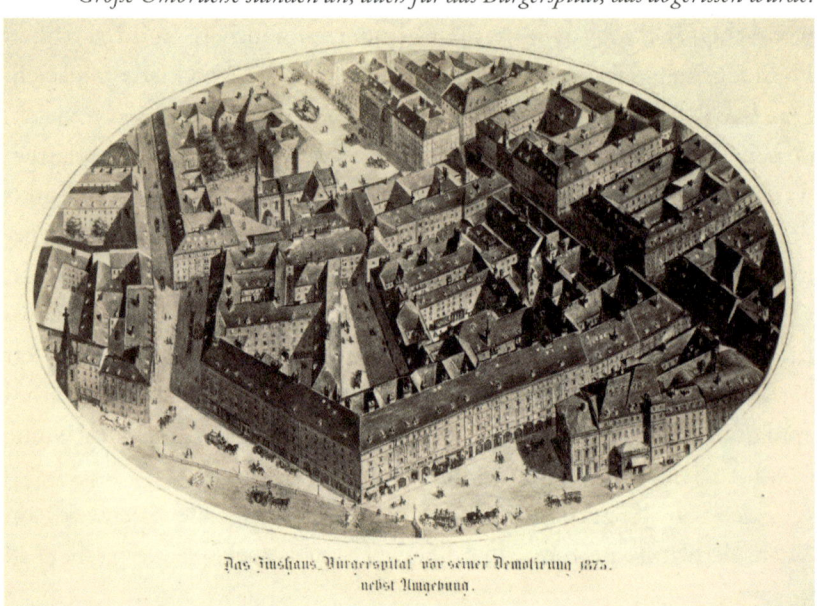

Das „Zinshaus Bürgerspital" vor seiner Demolirung 1873. nebst Umgebung.

über der Stadt hängen sahen. In unzähligen Flugblättern, Feuilletons und Artikeln wurde es beschworen. Und selten waren die Sorgen völlig unbegründet. Denn spätestens nachdem der Umbau der Gründerzeit die Stadtstruktur auf den Kopf gestellt hatte, wusste man: Nichts ist fix in der Stadt. Das Neue fordert seinen Platz ein. Ständig. Da kann man am Alten, am Vertrauten, am lieb gewonnenen Bestand noch so sehr hängen. Der Wandel fährt drüber. Und er liefert der Wiener Bevölkerung bis heute so einige Momente, in denen ihr die nostalgische Wehmut ganz plötzlich einfährt. Wenn's vorbei ist für das Stammcafé, das Wirtshaus, das man nur vom Vorbeigehen kennt. Oder das Lieblingskino, in das man so gern zum ersten Mal gegangen wäre.

Wien und das Alte. Das ist eine Beziehung voller Trennungsdramen und Abschiedsschmerzen. Der Autor Stefan Zweig hat in seiner autobiographischen Rückschau „Die Welt von gestern" solche Gefühle einmal beschrieben, gerade als das Neue so ungestüm anrückte in der Stadt wie wahrscheinlich nie zuvor. In der Gründerzeit nämlich. In ihren frühen Phasen genauso wie in ihren späten, da waren die Abschiede zahlreich. Das Palais Liechtenstein in der Herrengasse war nur eines von vielen, dessen Zeit irgendwann dann doch schneller als erwartet abgelaufen war, im Jahr 1913. Das allein war für viele Liebhaber des alten Stadtbilds dramatisch. Doch für die Liebhaber der Musik fast noch mehr. Denn gemeinsam mit dem Palais war es auch für den legendären Bösendorfersaal vorbei, der sich darin befand. Stefan Zweig schilderte die letzte Aufführung so: „Als die letzten Takte Beethovens verklangen, vom Roséquartett herrlicher als jemals gespielt, verließ keiner seinen Platz. Wir lärmten und applaudierten, einige Frauen schluchzten vor Erregung, niemand wollte es wahrhaben, dass es ein Abschied war."

Auch Karl Kraus hatte ziemlich gelitten, als das Café Griensteidl am Michaelerplatz seine Tore schloss. Das war damals auch so ein typischer Fall

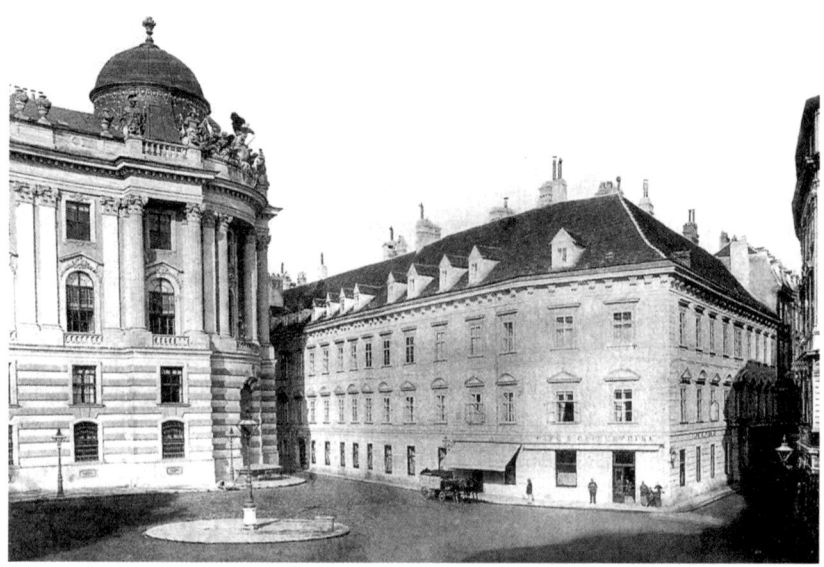

Auch das Palais Dietrichstein samt Café Griensteidl passte nicht mehr in die Gründerzeit.

von Gründerzeit: Das alte Palais Dietrichstein, in dem das Café seit 1847 beheimatet war, musste weichen. Es stand im Weg. Ausnahmsweise nicht dem Verkehr, eher den noch höheren möglichen Renditen am Immobilienmarkt. Das Nachfolgegebäude war das Palais Herberstein, ihm wollte man das Merkmal „neu" allerdings stilistisch auch nicht so recht ansehen. Kein Wunder: Gebaut hatte es einer der umtriebigsten Protagonisten des Historismus, der Architekt Carl König. Das „neue" Café Griensteidl im neuen Haus tat sich da schon schwerer, an gute alte Zeiten und das Original anzuschließen. Weniger stilistisch, eher atmosphärisch. Die Literaten waren ohnedies schon ins Café Central übersiedelt. So war es für den zweiten Anlauf des Griensteidl 1913 schon wieder vorbei. 1990 versuchte es das nächste „Café Griensteidl" am selben Ort. Aber auch diese Episode war nur kurz. 2017 war das Café endgültig Stadtgeschichte.

Die Dynamik des Wandels peitschte die Stadt damals ähnlich energisch
wie in jener Ära, als Karl Kraus der Verlust seines Stammcafés beinahe
persönlich kränkte. Damals spöttelte er: „Wien demoliert sich zur Großstadt". Dabei war „Großstadt" ja zumindest eine Ansage. Die baulichen
Ambitionen Wiens im 20. Jahrhundert haben dagegen für manche Kritiker eher woanders hingeführt: Da demolierte sich Wien eher zur „Al-
lerweltstadt". Oder noch drastischer: zur „Provinz". So drückte es einer
der prägendsten österreichischen Architekten des 20. Jahrhunderts aus,
Roland Rainer. Die 1960er-Jahre hatten ihm genügend Anlässe geboten,
so zu urteilen. Denn gerade jenes Jahrzehnt ging schon gar nicht zimper-

Das „alte Wien" verschwand an so manchen Stellen aus dem Stadtbild.

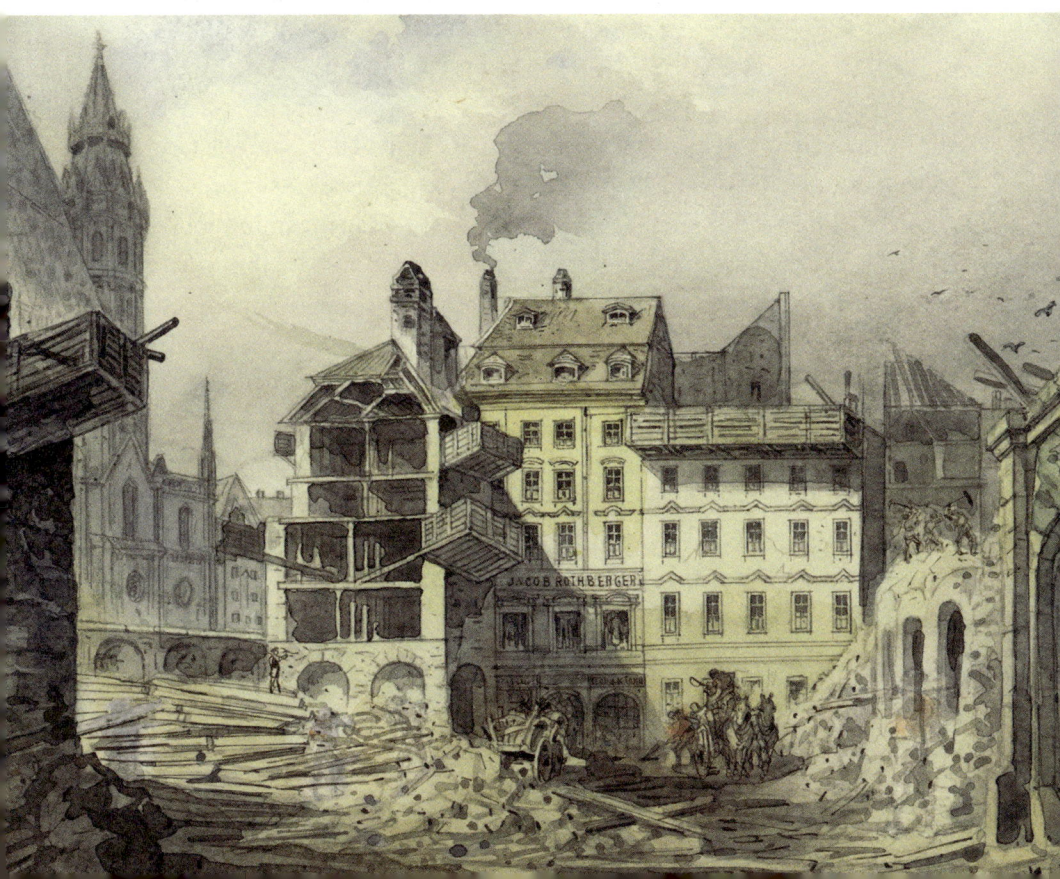

lich um mit dem baulichen Erbe. Da bröckelten prächtige Palais aus dem Stadtbild. Da fiel der letzte Vorhang für einst so stolze Theater. Und auch die Baukunst mancher Architekten, die man heute als Koryphäen feiert, war manchen Stadtpolitikern nicht alt oder wertvoll genug, dass man sie nicht aus dem Stadtbild löschen könnte. So erging es etwa einigen Stadtbahn-Stationsgebäuden von Otto Wagner.

Dem Alten nachtrauern, das sei der typisch Wienerische Reflex auf das, was man außerhalb von Wien „Wandel" nennt, behaupten die böseren unter den Wiener Zungen. In Wien nannte man es oft genug: Katastrophe. Hier in der Stadt rangelten schon immer ziemlich verbissene Streitparteien miteinander: Das, was immer schon so war, mit dem, was eventuell einmal sein könnte. Diese Reibung entzündete so einige Debatten, wie in vielen anderen europäischen Städten auch. Typisch für Wien war allerdings die Länge, über die sich die Diskussion oft zogen. Eine Dekade reichte oft nicht, um alle Für und Wider zu besprechen. Passt Otto Wagners Entwurf für das Stadtmuseum zum Karlsplatz? Darf die Rossauer Kaserne bleiben? Was passiert mit der Lobau? Und soll das Museumsquartier einen Leseturm bekommen, und warum überhaupt mitten in der Stadt? So schnell war das nicht zu klären. Auch nicht, wenn man sich einen pointierten Gedanken von Karl Kraus wieder ins Bewusstsein rief: „Ich muss den Ästheten eine niederschmetternde Mitteilung machen. Auch Alt-Wien war einmal neu." Das richtete Kraus vor allem jenen aus, die sich Anfang des 20. Jahrhunderts selbst zum Team „Alt-Wien" zählten. Das waren jedenfalls nicht wenige. Und dieser Gruppe war Otto Wagner, seine Entwürfe und manchmal überhaupt alles viel zu modern. Seine Ideen für ein projektiertes Stadtmuseum am Karlsplatz vertrug sich schon gar nicht mit dem barocken Wien der Karlskirche, befanden einige. In jener Zeit brauchte man Otto Wagner nicht unbedingt, um Wien zu sein. Sogar 70 Jahre später noch konnte

man sich einen Karlsplatz ohne die typischen Otto-Wagner-Pavillons durchaus vorstellen. Und tatsächlich wären sie beinahe verschwunden. Inzwischen hat der Architekt aber ein ganz anderes Renommee. Otto Wagners Beiträge zum Wiener Stadtbild gelten inzwischen bereits als prunkvolle Beispiele des „guten, alten". Und sind beinahe unantastbar. Jedenfalls steht eines fest: Fast wäre Wien ein ganz anderes Wien geworden. Eine Stadt ohne Theater an der Wien, ohne Raimundtheater, Kursalon Hübner, Margaretenhof und Palais Trautson. Eine Stadt ohne Secession, Künstlerhaus, Palais Ferstel, Ronacher und Naschmarkt. All das hätte man aus den Wien-Prospekten streichen müssen. Im Gartenbau-Kino wäre nie wieder das Licht angegangen, das Metro-Kino wäre ein Fast-Food-Lokal, das Filmcasino nur eine Episode der Wiener Kinokultur. All das wäre geschehen, wenn Menschen nicht dagegen gekämpft hätten. Sie haben Wien vor Schlimmeren bewahrt. Widersetzen, das war eines der wirkungsvollsten Verhaltensmuster dabei. Im Ernstfall sogar: befehlen. Wie es der deutsche Wehrmachtshauptmann Gerhard Klinkicht tat, der im April 1945 den Befehl bekommen hatten, den Stephansdom in Schutt und Asche zu legen. Er verweigerte zum Glück. Seitdem gilt er als der „Retter des Stephansdoms".

In vielen anderen Fällen musste der Widerstand nicht ganz so drastisch ausfallen, um doch etwas zu bewirken. Dann und wann musste man sich nur hartnäckigen Überzeugungen, gesellschaftlichen und gestalterischen Moden oder mächtigen Vorurteilen entgegenstellen. Einfach nur, um Lebensqualität zu generieren oder zu bewahren, Baujuwelen in Sicherheit zu bringen, das Stadtbild zu retten. Was den Menschen dabei vor allem half: Herzblut, Haltung und Hartnäckigkeit. Ein bisschen Prominenz oder ein gutes Netzwerk konnten aber auch nicht schaden. Jedenfalls war vielen spätestens seit den 1970er-Jahren klar: Man muss nicht unbedingt selbst an den Hebeln sitzen. Man kann durchaus selbst der Hebel sein, der Dinge in der Stadt in Gang bringt.

Im 19. Jahrhundert half dagegen noch eines, um eine Stimme im Diskurs zu bekommen: die gesellschaftliche Stellung. Graf Hans Wilcek setzte sich für das Alte ein, er war Präsident der „Gesellschaft Alt-Wien". Oder auch der kunstsinnige Graf Lanckoroński, der um die Jahrhundertwende eine laute Stimme für den Denkmalschutz und das Stadtbild war. Menschen, die sensibel für das künstlerisch Wertvolle waren, sie setzten sich für Wien ein, dazu gehörte auch in den 1970er-Jahren etwa die Kunsthistorikerin Renate Rieger. Und in den ersten Jahrzehnten des 20. Jahrhunderts der Heimat- und Stadtforscher Hans Pemmer. Er gründete das erste Wiener Bezirksmuseum und das Pratermuseum noch dazu. Letzteres hatte er zunächst einfach in seiner eigenen Wohnung eingerichtet. 1964 schenkte Pemmer seine Sammlung der Stadt Wien, die heute das Pratermuseum dort bestückt, wo es hingehört: im Prater natürlich. Besonders engagiert hatte er sich auch für den St. Marxer Friedhof, gerade in der Zwischenkriegszeit lobbyierte er unermüdlich für seine Erhaltung. Mit Erfolg: Der Friedhof wurde unter Denkmalschutz gestellt und 1937 als Park eröffnet.

Beherzte Anwälte Wiens waren nicht nur Kunsthistoriker oder Heimatforscher. Auch Künstler und Architekten setzten laufend ihre Stimmen, ihre Prominenz und ihr Netzwerk zugunsten Wiens ein. Einer der hartnäckigsten darunter, der seine Stimme für die historische Bausubstanz erhob, war sicherlich Friedrich Kurrent. Als Gründungsmitglied der Österreichischen Gesellschaft für Architektur forcierte er auch den öffentlichen Diskurs über Baukultur. Als Architektur-Aktivist engagierte sich Kurrent vor allem auch gegen den Abriss der Matzleinsdorfer Pfarrkirche.

Vergeblich. Bei einem anderen Herzensprojekt blieb er erfolgreicher: Der Spittelberg blieb Spittelberg. Aber auch das kostete viel Einsatz und Engagement. Ein anderer Architekt der Nachkriegsmoderne, Roland Rainer, setzte seine Expertise und seine Talente ebenfalls für die historische

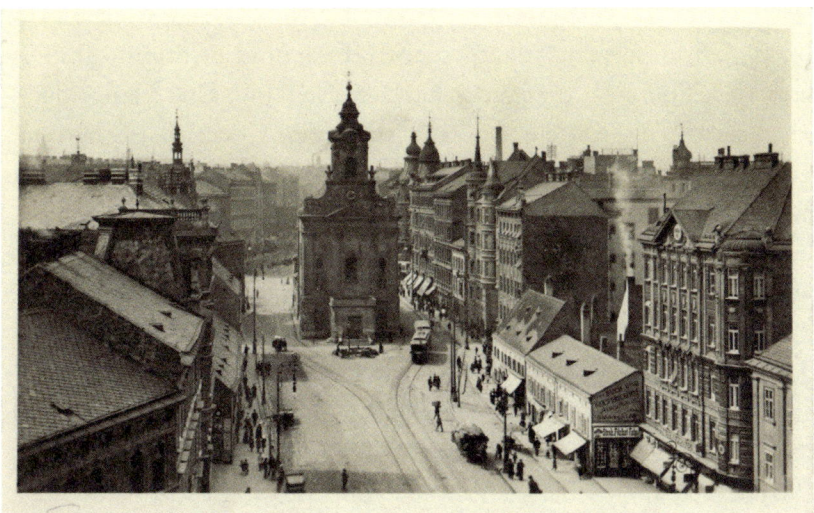

Wandelte Wien ziemlich brachial: der Verkehr. Die Kirche musste weg.

Bausubstanz ein. Vor allem auch durch zugespitzte Worte und Phrasen, die seine gewichtige Stimme unter die Stimmen der vielen mischte. Zum Fürsprecher eines schönen und lebenswerten Wiens wurde man eben zuallererst über die Worte. Sie waren die wichtigsten Instrumente im Werkzeugkasten des Protests. Auf Flugblättern genauso wie auf Plakaten, deponiert in die Mikrofone der Massenmedien, formuliert in den Feuilletons. Publizisten, Autoren und Journalisten haben sie eingesetzt, zum Wohle Wiens. Das begann schon bei Josef Schöffel, der mit seinen Worten und Recherchen in den 1870er-Jahren den Wienerwald rettete. Dazu gehörte aber auch ein Jörg Mauthe, der sich in den 1970er- und 80er-Jahren als Publizist ebenso für Wien einsetzte wie als Kulturpolitiker. Die Worte und Texte vieler Autoren und Wien-Beobachter haben das Bewusstsein geschärft, für das Schöne, Lebens- und Erhaltenswerte in der Stadt. Mit zugespitzten Worten konnte etwa auch der Architekturkritiker Friedrich Achleitner legendär sticheln. Für manches, was die

Architektur der Nachkriegszeit Wien so zumutete, hatte er nur drastische Worte übrig. Vor allem in den 1960er-Jahren. „Geschwür" nannte Achleitner etwa das Gartenbau-Hochhausprojekt, das den verbliebenen Mitteltrakt des ursprünglichen Gartenbaugebäudes aus dem Jahr 1864 ersetzte. Die Stadtentwicklung jener Tage lieferte Achleitner ausreichend Stoff, um seine Kolumne „Bausünden" in der „Abendzeitung" zu füllen. Und nicht nur einzelne Autoren, auch Medien ließen die Stadtplaner die geballte Macht der Worte spüren: Schon im 19. Jahrhundert war das so. Als sich etwa die Landwirtschaftszeitung gegen den neuen Standort der Universität für Bodenkultur auf der Türkenschanze in Stellung schrieb. Damals waren es vergebliche Worte. Deutlich wirksamer waren sie dann schon in den 1970er-Jahren. Als die „Kronen Zeitung" für sich entdeckte, wie effektiv sie zu kampagnisieren vermag. Gegen die Verbauung des Sternwarteparks etwa. Oder auch für die Lobau. Und in den 1980er-Jahren auch gegen den heftig umstrittenen Leseturm im Museumsquartier und noch ein paar andere Projekte.

Ein Leseturm im Museumsquartier? Das gefiel der Zeitung gar nicht. Und ein paar reißerische Headlines später auch ihrer Leserschaft nicht mehr so sehr. Polemischer wurde kaum ein anderes Projekt, das die Stadtlandschaft markant verändern sollte, rauf- und runterdiskutiert. Der Entwurf des Architekturbüros Ortner und Ortner hatte einen 67 Meter hohen Turm vorgesehen. Als Landmarke und als Wahrzeichen war er angedacht. Doch auch der Kompromissvorschlag mit 57 Metern hatte kaum eine Chance gegen die Medienmacht der Boulevardzeitung. Das MUMOK sowie das Leopold Museum mussten sich schließlich auch artig aus der Stadtsilhouette ducken. Der leicht frustrierte Geschäftsführer des Museumsquartiers Dieter Bogner meinte damals: „Am liebsten wäre den Gegnern des Museumsquartiers eine unterirdische Lösung, von der man nichts sieht." Die Moderne, so meinte man, müsse sich verstecken, um im barocken Wien keinen Anschein von Veränderung aufkommen zulassen.

Wien zu verändern, Wien vor Veränderung zu schützen, beides war oft kollektive Anstrengung, aber genauso gut oft genug Einzelleistungen. Jene, die tatsächlich an den Hebeln saßen, konnten natürlich ziemlich unmittelbar wirken: Felix Slavik wollte ein „Ja" zur Verbauung des Sternwarteparks, dafür sagte er aber auch dankenswerter Weise deutlich „Nein" zu diversen Stadtautobahnen, unter denen Wien noch heute gelitten hätte. Helmut Zilk war auch einer, der sich für Wien vielleicht noch ein wenig über das übliche Maß, das man einem Bürgermeister unterstellen würde, engagierte. Aber sein Einsatz hatte im Grunde schon viele Jahre zuvor begonnen. Als Journalist und als Moderator von Talkrunden im Fernsehen räumte er den Standpunkten von Bürgerinitiativen und Protestbewegungen reichlich Platz ein. In späteren Rollen hatte er Wien natürlich noch expliziter auf der Agenda: Als Kulturstadtrat setzte er sich für das WUK ein und bürgte für die Kultureinrichtung sogar. Und als die Vororte-Linie und ihre Otto-Wagner-Stationsgebäude endgültig auf die Nebenspur der Wahrnehmung und Wertschätzung abgebogen waren, kümmerte sich Zilk ebenso um eine Neubewertung. Eines lag ihm zudem noch am Herzen: die jüdische Vergangenheit der Stadt auch baulich deutlich sichtbarer zu machen. Er initiierte das Jüdische Museum und forcierte das Denkmal am Judenplatz. Und als Bürgermeister fühlte er sich auch für manche ästhetischen Belange des Stadtbilds direkt zuständig.

Doch die streng konservativen, selbst deklarierten Stadtbildpfleger tragen Zilk trotzdem noch eines nach: das „Haas-Haus" am Stephansplatz. Lang und ausführlich wurde das Projekt öffentlich diskutiert. Manche Medien wetterten dagegen, Bürgerproteste echauffierten sich darüber, aber Zilk hatte sich den Entwurf von Hans Hollein fix eingebildet: am wahrscheinlich schwierigsten Bauplatz von Wien, nämlich direkt gegenüber vom Stephansdom. Die öffentliche Meinung befürchtete das Schlimmste. Und das war Verschandelung für immer und ewig. Auch

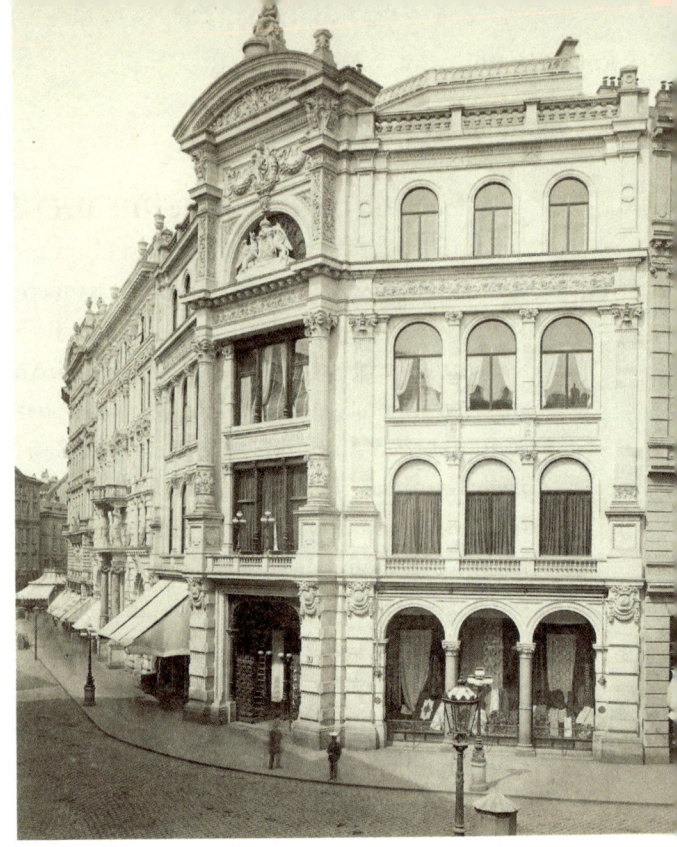

*Das „Haas-Haus"
gegenüber des
Stephansdoms: immer
schon Thema der
Stadtbild-Diskussion.*

wenn es nicht ganz so schlimm kam, verzeihen die ganz Kritischen Helmut Zilk eines nicht: dass er einen Paragraph der Bauordnung derart aufweichen ließ, dass man ihn bis heute im Bedarfsfall elastisch biegen kann. Auch dort, wo der „Ensembleschutz" im Grunde greifen sollte. Diffamiert als „Lex Hollein" geistert dieser Paragraph 85 der Wiener Bauordnung beständig durch die Blogs der Denkmalschützer. Er schrieb ursprünglich vor, dass Neubauten im Altstadtbereich nicht nur in Größe und Gliederung, sondern auch in technologischer Gestaltung und im Material an die Umgebung anzupassen sei. Zilk ließ ihn novellieren, damit er nur noch eines verlangt: die „Einordnung in zeitgemäßer Weise in das Stadtbild". Ganz schön viel Gummi im Paragraph für ganz schön viel Spiegelglas direkt am Stephansplatz.

Wien, wie es sicher nicht mehr wird

„Alt Wien". Das ist ein Zustand. Ein baulicher. Wie auch ein seelischer irgendwie. Und vor allem einer, der ständig bedroht scheint. Einerseits von der Zukunft, die sich ja auch irgendwann einmal baulich ankündigen will. Andererseits von dieser unerbittlichen Konstante: von der Zeit, die eben nun mal vergeht, weil sie Zeit ist. Doch dieses Gerangel zwischen dem, was bleiben darf und dem, was seinen Platz einfordert, ist keine Erfindung des 20. Jahrhunderts. Immer schon, so scheint es, hingen die Wiener besonders an der älteren Version ihrer Stadt. Loslassen fiel ihnen stets schwer. Vor allem an die guten, alten baukünstlerischen Traditionen klammerte man sich gerne. An vertraute Stadtbilder, gewohnte Perspektiven, die Vedutenmaler einfroren für die Ewigkeit. Und würden die Architektur-Alchemisten einen Wiener Stil aus all dem Gebauten herausdestillieren wollen: Es wäre wohl der Barock. In Wiener Manier. Sogar als endgültig klar war, dass die Zukunft ganz anders abbiegen würde als erhofft, als Europa schon allmählich auf die erste Katastrophe des 20. Jahrhunderts zusteuerte, brachte sich vor allem die Baukunst noch schnell stilistisch in Sicherheit: „Historismus" sagt das Architekturlexikon heute dazu. Die Bauherren wollten es nicht anders. Und die Architekten erfüllten es ihnen gerne. Weil sie es irgendwie im Grunde auch nicht anders wollten. Die Innovation, die stilistisch-ästhetische zumindest, sie hatte in der Baukunst nicht ihre blühendste Phase. Camillo Sitte, ein Architekt und Architekturtheoretiker, der sich intensiv um das Bild der Städte ganz allgemein kümmerte, sah Ende des 19. Jahrhunderts sein Wien verarmen, ästhetisch vor allem: „Erschreckend arm geworden ist der moderne Städtebau an Motiven seiner Kunst. Die schnurgerade Häuserflucht, der würfelförmige Baublock ist alles, was er dem Reichtum der Vergangenheit entgegenzusetzen vermag", beklagte er im Jahr 1889. Das war aber noch lange, bevor das schmucklose Loos-

Haus am Michaeler-Platz die Wiener Öffentlichkeit endgültig irritieren und schockieren sollte. Die These, die Kritiker wie Sitte in ihre Polemik eingewebt haben: Schöner wird's nimmer. Deshalb: Man bewahre, was zu bewahren ist.

Und so hatte die Vergangenheit und das „Alte" in Wien im 19. Jahrhundert eine besonders starke Lobby. Auch prominente Namen, die für das Neue standen, wie Otto Wagner, hätten durchaus noch deutlicher wirken können auf das Wiener Stadtbild, wenn die Alt-Wien-Lobby nicht so sehr gebremst hätte, wo sie denn konnte. Zu dieser Gruppe gehörte etwa auch Graf Hans Wilczek. Oder Graf Lanckoroński, der sich besonders ausgiebig für die Agenda Denkmalschutz engagierte, vor allem mit Worten im Wiener Feuilleton. Und dann war da noch der Thronfolger des Kaisers, Franz Ferdinand. Er vertrieb sich die Zeit bis zum Thron mit allen möglichen Agenden. Eine davon war die Architektur, die Stadtgestaltung und später der Denkmalschutz. Das Neue und die Moderne, sie war ihm sowieso nicht ganz geheuer. Er hielt sich überhaupt lieber an das, was verlässlicher war als die Zukunft, nämlich die Vergangenheit, die man eben schon kannte. Seitdem Franz Joseph I. seinem Thronfolger die Agenden Architektur anvertraut hatte, bemühte sich Otto Wagner jedenfalls vergebens um öffentliche Aufträge. Den Wettbewerb für das Technische Museum, das allerletzte Großprojekt, das während der Monarchie initiiert wurde, hatte Otto Wagner sogar tatsächlich gewonnen. Ausführen durfte er seinen Entwurf trotzdem nicht. Dafür sorgte Franz Ferdinand.

Im Verständnis mancher Architekturkritiker versteckt sich in der Vergangenheit der stilistische Code, der Wien von anderen Städten unterscheidet: „Warum man mit Gewalt jedes Charakteristikum aus dem Leben schaffen und Wien nach dem Ebenbilde anderer Städte schablonisieren will, anstatt stolz zu sein, dass Wien eine altehrwürdige Stadt mit historischer Vergangenheit ist." Das sind Worte, die das „Neue

Wiener Tagblatt" im Jahr 1909 formulierte. Die Plädoyers für das Alte waren zahlreich. Die Dynamik des radikalen Stadtumbaus stoppten sie nicht. Die Gründerzeit schwappte trotzdem über die Stadt. Und was damals das Alte ersetzte, gilt mehr als 100 Jahre später in der Stadt selbst allmählich als schützenswert. Zwischen 1850 und 1900 wurden fast die Hälfte der Wiener Häuser demoliert. Kein Wunder, dass Feuilletonisten ganz neue Stimmungslagen diagnostizierten: „Demolierwut" war eine davon. Und was sie anrichtete, war allerorts zu sehen. Da hatte auch der Renaissance-Prachtbau am Graben, der alte Trattnerhof, keine Chance. 1911 musste ein neuer kommen an jener Stelle und er steht dort bis heute. Schon Jahre zuvor schien auch das Winterpalais Schwarzenberg am Neuen Markt nicht mehr so recht in die Gründerzeit und seine Immobilien-Logik passen, 1894 wurde es abgerissen. Genauso erging es dem Palais Lubormirski auf der Mölkerbastei, dessen Ende war sogar noch früher eingeläutet, nämlich schon 1870. Das Alte Kriegsministerium am Hof hatte noch Schonfrist bis 1913. Der viel beschworenen „Zukunft" musste es trotzdem weichen. Da half es auch nicht, dass das Adolf Loos einen „Frevel" nannte und das Haus selbst „das schönste sterbende Gebäude Wiens". An seine Stelle entstand ein Bankhaus, heute ist es ein Luxushotel.

Das Kriegsministerium baute seine neue Zentrale am Ring. Dort steht es heute noch als letzter Monsterbau der Monarchie. Als letzte Gelegenheit, den Habsburgerreichstil zu beschwören und zu verewigen. Noch dazu entlang einer 200 Meter langen Fassade und kurz vor dem Ersten Weltkrieg. Also kurz bevor es ohnehin nie wieder so werden würde, wie es war. Der Architekt Ludwig Baumann war artig dem Briefing gefolgt, das noch mal extra die Ernsthaftigkeit der Aufgabe unterstrichen hatte. Thronfolger Franz Ferdinand, vom Kaiserhaus abgestellter Architekturbeobachter, gefiel es genauso. So rückwärtsgewandt im Stil. Auch wenn

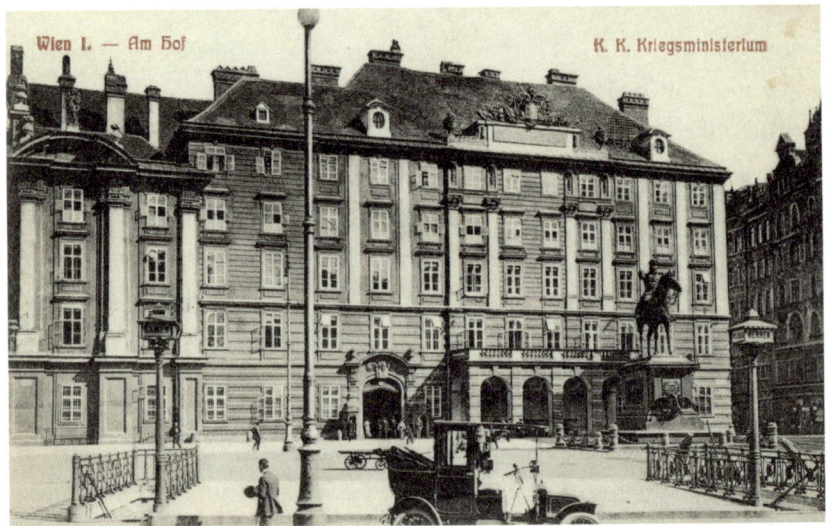

Wien I. — Am Hof   K. K. Kriegsministerium

Dem alten Kriegsministerium Am Hof trauerte sogar Adolf Loos nach.

ausgerechnet der Architekt, den er nicht leiden konnte, Otto Wagner, angedeutet hatte, was Zukunft gestalterisch noch so bedeuten könnte. Außer das, was man ohnehin schon kannte. Dem Kriegsministerium gegenüber steht nämlich das spektakuläre, längst ikonischen Gebäude der Postsparkasse. Auch beim Wettbewerb für das Kriegsministerium hatte Otto Wagner sicherheitshalber einen Entwurf eingereicht. Keine Chance. Die Vergangenheit bekam hingegen noch eine allerletzte. Um überschwänglich aufzublitzen, bevor der Erste Weltkrieg jegliche ästhetische Diskussion ohnehin für einige Zeit einfrieren sollte.

Über das Schicksal des Alten Kriegsministeriums hatte sich auch ein gewisser Graf Karl Lanckoroński echauffiert. Er war Kunstmäzen und Kunstsammler. Eine kreative Ausdrucksform hatte es ihm besonders angetan, die Architektur. Er half dabei, ein Feld abzustecken, dass sich auch erst einmal ordentlich definieren musste: den Denkmalschutz.

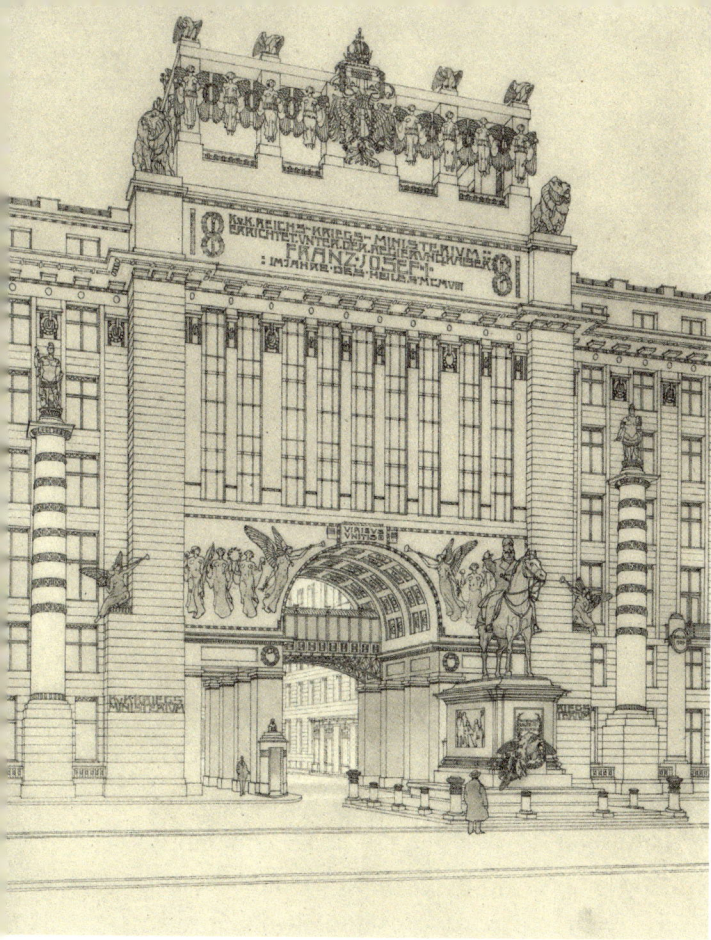

*Für den Wettbewerb
für das neue Kriegs-
ministerium am
Ring hatte auch
Otto Wagner einen
Entwurf eingereicht.*

Darin war er eine selbst deklarierte Autorität, die auch fleißig agitierte,
allein durch Vorträge oder verschiedenste Publikationen. Aber ebenso in
seiner Rolle als Vorsitzender des „Vereins zum Schutze und der Erhaltung
von Kunstdenkmälern Wiens". Da konnte er schon das eine oder andere
bewegen. Oder abwenden. Wie etwa auch die geplante Umgestaltung des
Westportals des Stephansdoms samt Riesentor. In Artikeln und Flug-
schriften hatte Lanckoroński massiv dagegen mobilisiert. Schließlich
sah er sich selbst als Fürsprecher und Anwalt einer Baukultur, die ihre
besten Zeiten eben in der Vergangenheit hatte, seiner Meinung nach.
Denkmalschutz war damals noch gar nicht staatlich institutionalisiert.

214

Zwar gab es in der Monarchie eine Kommission, die sich mit Bau- und Kulturdenkmälern beschäftigte, aber mehr als beraten konnte sie nicht. Erst 1911 wurde sie in die „Zentralkommission für Denkmalpflege" umgewandelt. Zum „Protektor der Zentralkommission", das wunderte nicht, wurde Thronfolger Franz Ferdinand.

Bis dahin und auch danach ließ aber Graf Lanckoroński kaum etwas unkommentiert, was so in Wien städtebaulich und gestalterisch vor sich ging. Er war spitzzüngiger Kommentator und scharfer Kritiker des Architekturgeschehens. Die „Oper" hielt er für das „trefflichste" Gebäude der letzten Ringstraßenära, das „Burgtheater für das mißlungenste dieser Prunkbauten", schrieb Lanckoroński etwa in seinem Aufsatz „Unschätzbare Werte – die Zukunft unseres Kunstgutes". Und formulierte nebenbei auch gewagte Thesen wie etwa: „Je kleiner eine Stadt ist, umso eher sind ihre historischen Häuser und Plätze gesichert", schrieb er im Jahr 1909. Zu einem Zeitpunkt, an dem Wien groß genug war, dass so einige Häuser wackeln mussten. Der Druck war einfach zu groß: Der Verkehr zwängte sich in die engen Straßen, der Immobilienmarkt kochte. Für Wirtschaftsmagnaten und Investoren fiel das alles unter „Aufbruchstimmung". Für Lanckoroński aber eher unter eine „Zerstörungperiode", wie er es nannte. Er befürchtete das Schlimmste für sein geliebtes Wien. Und er hatte noch dazu ein paar ganz konkrete Sorgen, die er in der Schrift „Die Zerstörung Wiens" elaborierte. Er fürchtete um das Wien-Typische, seinen „Charakter". Wien, Paris, Rom, vielleicht sogar Venedig würden bald „so funkelnagelneu, gesichtslos und langweilig aussehen wie New York und Chicago".

Verwinkeltes Gasslwerk wie etwa östlich der Kärnterstraße schien sich in die Logik der Gründerzeit nur mehr schwer einzufügen. Niedrige Häuser entlang krummer Gassen, das war nichts für die Dynamik jener Ära. Überall wo Wien kleinteilig, überschaubar, eng, dunkel, ein wenig verwunschen war, setzte die Zukunft Wiens als Allererstes an. Zumin-

dest die Erinnerung an gute alte Zeiten sollte bleiben. Deshalb liefen schon die Vedutenmaler los, um ein paar Perspektiven einzufrieren. Und auch ein Stadtfotograf, August Stauda, machte sich auf den Weg, um fotografisch festzuhalten, was nicht mehr festzuhalten war: die malerisch verwinkelten Viertel, ihre Häuser, die Ensembles, zu denen sie sich fügten, die Hinterhöfe, die Details an den Fassaden, all das dokumentierte Stauda, als er durch die Viertel Wiens strawanzte, die nie wieder so aussehen würden. Der Graf Lanckoroński hatte dem Fotografen die Mission persönlich aufgetragen. Und neben den Häusern und dem Stadtbild fing Stauda vor allem noch etwas ein, was mit den Häusern so unmittelbar verbunden war: das Alltagsleben der Menschen. In einer Stadt, die der Wandel gerade so massiv auf den Kopf stellte.

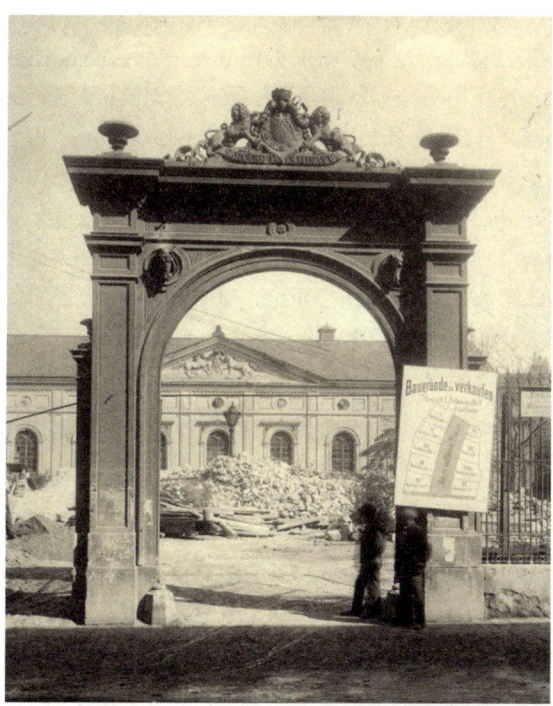

August Stauda dokumentierte fotografisch, wie sich Wien wandelte.

216

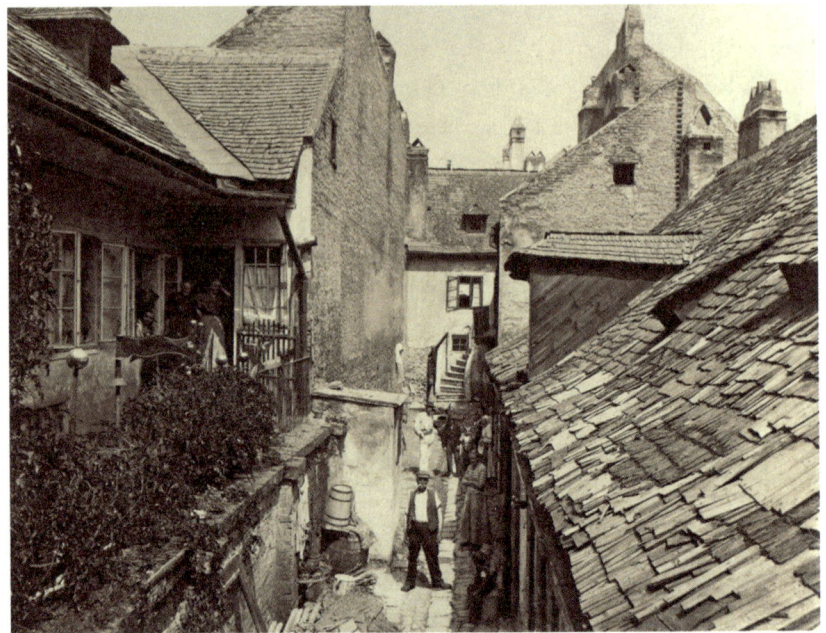

Der Fotograf August Stauda hielt auch den Stadtalltag mit seinen Bildern fest.

Fast 20 Jahre hat ihn der Fotograf begleitet, Straße um Straße ist er abgegangen.

Mit seiner Haltung, seinen Petitionen ging Lanckoroński eindeutig im öffentlichen Diskurs für das Team „Alt-Wien" in Stellung. Nicht nur in den Feuilletons. Auch vor Ort, und wenn es sein musste, ebenso beim Bürgermeister. Dort marschierte Lanckoroński einmal mit 6000 Unterschriften auf. Von Menschen, die sich deklariert hatten gegen einen Entwurf von Otto Wagner, nämlich gegen das Kaiser-Franz-Joseph-Stadtmuseum. Der Bürgermeister wurde aufgefordert, auf die Errichtung des Museums am festgelegten Standort zu verzichten, direkt neben der Karlskirche. Es sei „eine schwere Versündigung gegen den Geist des Bauwerks und gegen den künstlerischen Ruf der Stadt Wien".

Irgendwie aber hatte sich der Architekt Otto Wagner in dieses Projekt am Karlsplatz verbissen. Und Lanckoroński samt ein paar anderer adliger Mitstreiter nahmen die Herausforderung an, das zu verhindern. Denn das, was Otto Wagner da abgeliefert hatte und was schließlich, nach einem langen, zähen Prozess, genehmigt war, wollte gar nicht mehr in die Vorstellung vom schönen alten Wien passen. Und was Otto Wagner überhaupt so ablieferte, passte vielen schon gar nicht. Jetzt war der Schauplatz des Showdowns gefunden, der Karlsplatz eben. Dort konnten sich Team „Alt-Wien" und Team „Modernisten" austoben. Den Kritikern des Stadtmuseums gefiel meist zweierlei nicht: das Stadtmuseum selbst. Und der Kontext, in dem es stehen sollte. Aber vor allem hatte sich die Retro-Alt-Wien-Attitüde eingeschossen auf Otto Wagners konkrete Vorstellungen, die er eingebracht hatte, zunächst in einem Architekturwettbewerb. Und danach regelmäßig im öffentlichen Diskurs. Doch

Wagner ließ nichts unversucht: Sogar ein 1:1 Fassadenmodell des Museums ließ er aufstellen.

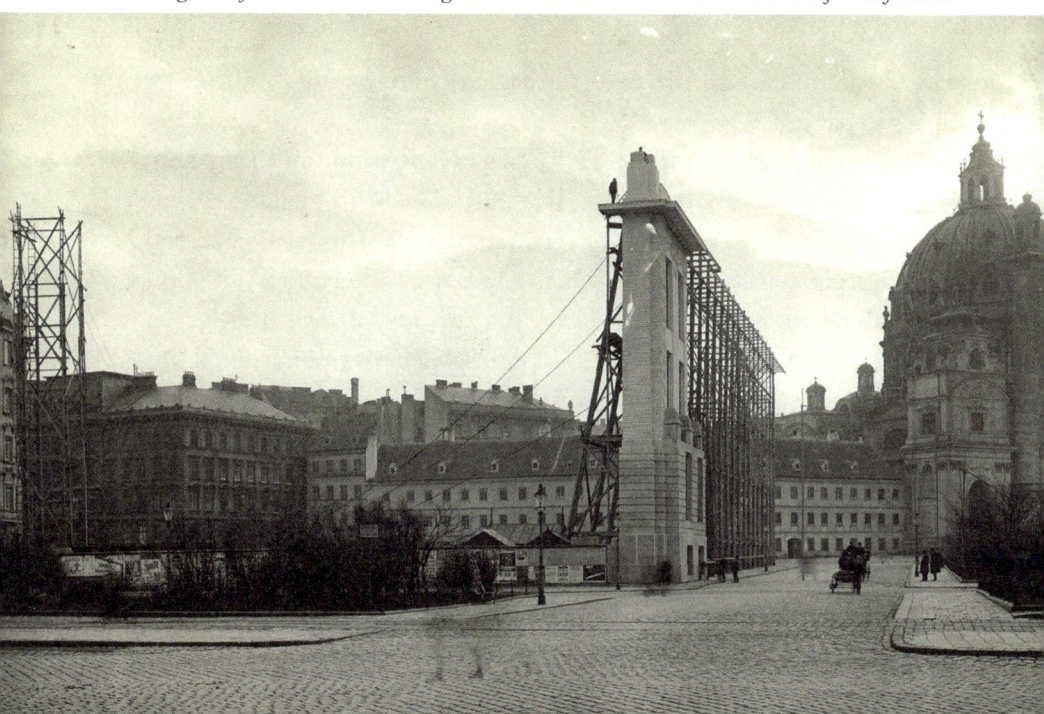

der Gegenwind aus dem Feuilleton peitschte den Argumenten Wagners entgegen. Und noch mehr die öffentlichen Proteste. Schließlich wurde auf den Bau des Kaiser-Franz-Joseph-Stadtmuseums in unmittelbarer Nachbarschaft zur Karlskirche verzichtet. Der Gewinnerentwurf wurde nie realisiert. Und dann kam der Erste Weltkrieg und dann war ohnehin alles anders.

Dabei hatte Otto Wagner nie lockergelassen. Während einer Debatte, die fast zehn Jahre gedauert hatte. Mit der groß angelegten Öffentlichkeitsarbeit in eigener Sache ist er grandios gescheitert. Da half es auch nicht, im Januar 1910 direkt am Karlsplatz ein Holzmodell in Originalgröße der Fassade aufzustellen. Schon vor Lanckoroński hatten sich renommierte Architekturkritiker auf Otto Wagner eingeschossen. Einer davon war Camillo Sitte. Auch er diskutierte schon um 1900 mit bei der „Karlsplatzfrage". Und dabei, wie man denn umgehen sollte mit dem Opus Magnus von Bernhard Fischer von Erlach, der Karlskirche. „Das schönste Gebäude Wiens" hatte es Wagner selbst einmal genannt. Den barocken Kontext kannte er gut. Denn am Karlsplatz selbst hatte Wagner kurz davor auch schon seine baukünstlerische Haltung deponiert. In Form von zwei Stadtbahn-Pavillons. Schließlich war er auch schon seit 1894 „künstlerischer Beirath der Commission für Verkehrsanlagen". Und als die Idee eines Stadtmuseums aufkam, da grätschte Wagner sofort in den Diskurs, preschte vor. Mit einem „Agitationsprojekt" zunächst, und später mit seinem Beitrag zum Architekturwettbewerb für das Museum. In der Jury saß ausgerechnet auch Camillo Sitte. Und los ging die Debatte. „Wiener Stil" forderte die „Neue Freie Presse" für den Neubau des Museums ein. Nur was sollte das denn sein? Wagners Entwurf, so die Kritik, hätte jedenfalls nicht den richtigen „Ton" getroffen. Die Diskussion eskalierte zum „Museums-Krieg", wie die Presse 1903 schrieb. Im Jahr, in dem Sitte starb. Vielleicht eine neue Chance für Wagner?

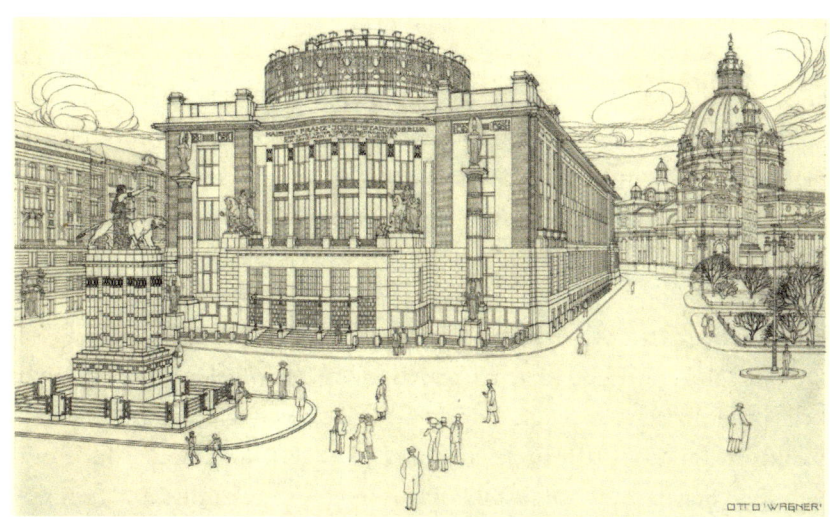

*Die letzte Entwurfsvariante, die Otto Wagner für das
Kaiser-Franz-Joseph-Stadtmuseum vorgeschlagen hatte.*

Jedenfalls legte er drei neue Entwurfsvarianten nach. Und mit einer hätte
er tatsächlich beinahe Glück gehabt, der Gemeinderat genehmigte sie.
Dann kam Lanckoroński. Dann der Erste Weltkrieg.

Lanckoroński wollte aber nicht nur Schönem und guten, alten Zeiten
nachtrauern. Er wollte auch selbst zu schönen gegenwärtigen Zeiten
beitragen. Als Bauherr zumindest. Mit seinem eigenen Palais. An ihm
konnte man sein Faible für Vergangenes ablesen. Eines der bekanntesten
Architekturbüros jener Zeit hatte er beauftragt. Jenes, das bereits etliche Theaterhäuser in Europa umgesetzt hatte: das Büro von Ferdinand
Fellern und Helmut Helmer. Fertiggestellt wurde es 1895. Aber architektonisch wirkte es, als würde es mindestens 150 Jahre länger schon so
stehen. Ein stilistisches Konzentrat des Spätbarocks. Jedenfalls in der
Jacquingasse, gleich neben dem Botanischen Garten, mit Blick über das
Belvedere. Das Palais „Lanckoroński" geriet später auch zum kulturellen

und gesellschaftlicher Knotenpunkt und diente zudem als Ausstellungs-
fläche der eigenen Kunstsammlung. Den Zweiten Weltkrieg überstand
das Palais, beschädigt zwar, aber doch. Dann kamen die 1960er-Jahre
und die wussten schon gar nicht, was sie mit so leicht beschädigten, leicht
kitschig geratenen Palais anfangen sollten. Und so durfte der Architekt
Georg Lippert eine seiner zahlreichen Stahlbetonscheiben an seiner Stelle
in die Stadtlandschaft stellen.

Der Denkmalschutz hatte keine Einwände, das Palais des Pioniers des
Denkmalschutzes abzureißen. Das Bürohaus, das danach entstand,
fungiert heute als das Hotel Daniel. Der Architekt, Georg Lippert,
hat sich danach noch an manchen prominenten Stellen der Stadt mit
seiner 60er-Jahre-Attitüde eingeschrieben. Ironischerweise auch am
Karlsplatz. Gleich neben der Karlskirche. Ein Kontext, der um 1900
noch so sensibel galt, das man ihm nicht einmal Otto Wagner zumuten
wollte. Und wo auch Lanckoroński damals zu verhindern wusste, dass

Ein Manifest des Historismus: das Retro-Barock-Palais des Grafen Lanckoroński.

WIEN, III.,
Jaquingasse 18.

Palais Lanckoronski.

der Architekt sein Stadtmuseum realisiert. Nun ist seit den 1970er-Jahren das Winterthur-Haus, ebenso eine schlichte Büroscheibe, der unmittelbare Nachbar des Gebäudes, das Wagner früher als das „schönste Wiens" bezeichnete hatte.

Die brachiale Ära nach dem Krieg

Nach dem Zweiten Weltkrieg wurde Wien so neu wie nie zuvor. Kräfte, die man selbst nicht kontrollieren konnte, hatten die Stadt ziemlich verändert, erschüttert und zerstört. Jetzt war es Zeit, die eigenen Kräfte wieder zu mobilisieren. Für den selbstbestimmten Wandel. Mit der Vergangenheit wollte man sich nicht diesmal nicht mehr allzu lange aufhalten. Zu sehr schien sie belastet. Zu schmerzhaft, zu schambehaftet war die Auseinandersetzung mit ihr. Durch all die Katastrophen, die man selbst mit eingeleitet und angezettelt hatte als Gesellschaft. Die dunklen Jahre hatten Wien zugesetzt. Doch manche Städte hatte es deutlich schlimmer erwischt, andere dagegen waren glimpflicher davongekommen. Eingeschlagen in der Stadt hatten zuerst die Bomben. Und danach die stadtplanerischen und baukulturellen Haltungen der Nachkriegszeit. Das, was sich als Fortschritt und Zukunftsversprechen heranpirschte, ließ man ungebremst los auf die Stadt. Oft unreflektiert. Vor allem das neue Verkehrscredo, das mit einem Wort schon ausgesprochen war: Es war das Auto. Es schien, als sollte gerade dieses Vehikel Wien möglichst schnell aus den dunklen Zeiten herausmanövrieren. Und es brauchte dafür freie Bahn. Manche Kritiker machten sich da bald so ihre Gedanken, Stichwort „Damoklesschwert über der Innenstadt". Vor allem kurz nach dem Krieg, nach einer großen „Verkehrsenquete", sah man es schon besonders verhängnisvoll über Wien baumeln. Der Kunsthistoriker Wieland Schmied befürchtete im Dezember 1955 in der Wochenzeitung „Furche",

dass bald die „riesigen amerikanischen Schlachtschiffe" auf Rädern so einiges in Wien aus dem Weg räumen würden: „An Stelle der Pflege und Erhaltung der vorhandenen vom Kriegsschaden verschont gebliebenen Baulichkeiten trat die Arbeit der Spitzhacke." Das Zentrum schien schneller unter die Räder zu kommen, sprichwörtlich sogar, als gedacht. Die Straßen, die auf den Dom zuliefen, waren ein einziger hupender Verbund aus Stoßstangen. Bis die Fußgängerzone ab den frühen 1970er-Jahren in der Kärnterstraße und in manchen Seitengassen einlaufen durfte, war das Verkehrschaos in der Wiener Innenstadt Dauerthema. Es schien nicht viel anders als in der Gründerzeit ein paar Jahrzehnte zuvor: Die Stadt und ihre Straßen waren schlichtweg zu eng. Für all das, was so gerne auf sie eingerollt wäre. Schon schlug man vor, die Bürozeiten in der Innenstadt zu staffeln. Von 7 Uhr 30 bis 9 Uhr. Oder aber auch das besonders malerisch verwinkelte Gasslwerk strikt zu funktionalisieren: also zu verbreitern und zu begradigen. Gerade die Grätzel rund um Sonnenfelsgasse, Schönlaterngasse, Blutgassenviertel oder Seitenstettengasse, schienen in dieser Hinsicht besonders gefährdet. „Malerisch" leistet eben nichts für die Zukunft. Viele, viele Autospuren dagegen schon.

Ganz so arg wie in anderen Städten ist es dann in Wien zum Glück doch nicht gekommen. Auch weil manche dann doch lieber auf der Bremse standen beim überstürzten Wandel zur Autostadt: Einer davon war Roland Rainer, einer der populärsten Architekten Österreichs in der Nachkriegszeit. Einige Zeit lang durfte er sogar hoch offiziell über die Zukunft Wiens nachdenken, von 1958 bis 1962 war er nämlich der oberste Stadtplaner der Stadt. Bis sich Magistratsabteilungen und Rainer beim Thema Zukunft plötzlich doch nicht mehr so einig waren. Vor allem auch, weil in Rainers Haltung auch die Vergangenheit Wiens zukunftsfähig war. Zumindest konnte er innerhalb seiner kurzen Wirkungsphase 1961 das „Planungskonzept Wien" schnüren. Und sich bei manchen Gelegenheiten schützend vor die alte Bausubstanz stellen. Schon in der Dekade zuvor

hatte sich Roland Rainer explizit gegen die unreflektierte Abbruchwut ausgesprochen. So breitspurig wie in anderen Städten sollten die Autos keinesfalls über den Bestand rüberrollen. Dieses Bekenntnis nahm auch den Druck von jenen Grätzl, die die Pessimisten schon verschwinden gesehen hatten. Dazu gehörten etwa der Heiligenkreuzerhof, die Mölkerbastei, die Höfe am Spittelberg, die alten Ortskerne von Pötzleinsdorf bis Hietzing. „Die schönen alten Häuser Wiens dürfen nirgends Straßenverbreiterungen geopfert werden, die sich wenige Jahre später schon wieder als unzureichend erweisen", hatte Rainer geschrieben. Er verließ sich lieber auf andere Zeichen des Aufbruchs statt auf Schnellstraßen, die bis tief in den Stadtkern führen. Auf solch ikonische wie die Wiener Stadthalle etwa, die architektonisch auch als Zukunftsversprechen formuliert wurde, von 1954 bis 1958 wurde sie gebaut. Zum weltstädtischen Habitus gehörte es aber auch, die Fußgänger unter die Erde zu schicken. Die Opernpassage ist das Resultat dieser Idee. Damit die Autos von Fußgängern unbehelligt an der Oberfläche ihre Kreise am Ring ziehen dürfen.

Roland Rainer bremste zwar bei den Autos, aber etwas anderes wollte er dann doch in Fahrt bringen: den öffentlichen Verkehr. Doch die U-Bahn hielt er zunächst nicht für das geeignete Vehikel dafür. Deshalb fuhr dieses Verkehrsmittel in Wien erst deutlich später ein. Vorfahrt bekam dagegen eine andere Idee, auch weil das Unter-die-Erde-Schicken trotzdem gerade en vogue war: die Unterpflasterstraßenbahn. Oder kurz: USTRAB. Auch sie hat sich in die Wiener Verkehrsinfrastruktur bis heute deutlich eingeprägt, vor allem entlang der Zweierlinie, dort begann der Bau 1953. Oder entlang des Gürtels und entlang der Wiedner Hauptstraße. Unter der Erde konnte dem Verkehr dort nichts im Weg stehen. An der Oberfläche dagegen schon. Sogar eine Kirche. Und weil Abriss in den 1960er-Jahren immer eine Option war, war es auch um die Matzleinsdorfer Pfarrkirche irgendwann geschehen. So laut konnte die Bevölkerung und Prominente gar nicht protestieren. Die Kirche musste weg. 238 Jahre alt war sie

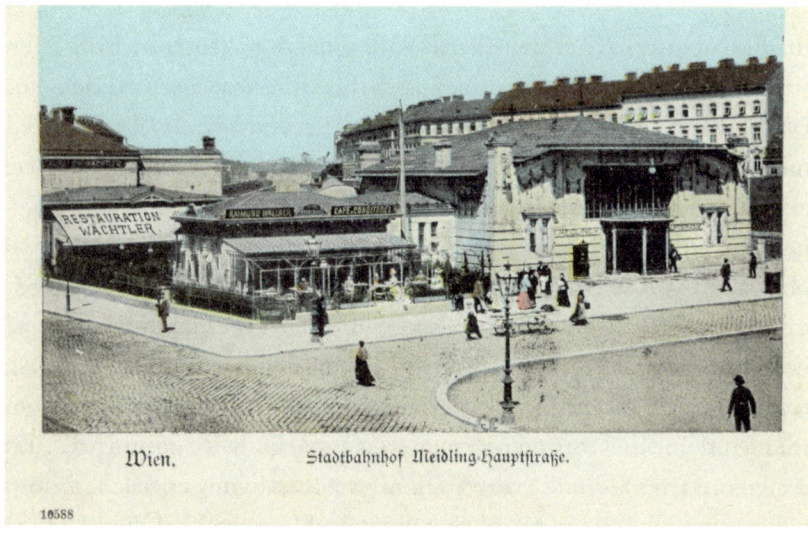

Wien.   *Stadtbahnhof Meidling-Hauptstraße.*

16588

So einige Stadtbahn-Stationen von Otto Wagner überlebten die brachialen 1960er nicht.

geworden. Vielen deutlich jüngeren Gebäuden ging es aber oft auch nicht besser. Selbst wenn sie Koryphäen gebaut hatten wie Otto Wagner. Den öffentlichen Verkehr Wiens hatte gerade er auf das Kapitel „Großstadt" vorbereitet, mit seinen Entwürfen für die neue Verkehrsinfrastruktur der Stadtbahn und ihre Stationsgebäude. Funktional und ästhetisch wertvoll hatte sie Wagner entlang des Wientals, des Donaukanals, des Gürtels und quer durch die Vororte entlang der Stadtbahnlinien aufgefädelt. Und das waren auch die Routen, entlang welcher die Ignoranz in den 1960er-Jahren besonders wütete.

Da tauchte plötzlich in Meidling auf der Brücke über das Wiental ein Student der Kunstgeschichte auf, Klaus Weishäupl, und verteilte Flugblätter. Gunther Martin berichtete davon am 30. Mai 1968 in der „Furche": „Nieselregen sprühte in den bereits abgedeckten Stiegenabgang auf jene typisch flachen, so sinnvoll angelegten Otto-Wagner-Stufen,

die das Steigen so leicht machen." Bald sollte dort keiner mehr Stiegen steigen. Das Stationsgebäude der Stadtbahn sollte abgerissen werden. Die Gruppe der Protestierenden wuchs schnell an. Auch Architekten mischten sich darunter, ziemlich prominente sogar. Roland Rainer deponierte ein paar zugespitzte Sätze in die ORF-Mikrofone, die ihm entgegengehalten wurden. Früher hätte er selbst die Stadtbahnpavillons am Karlsplatz von Otto Wagner entbehren können, wie er einmal sagte. Inzwischen hatte sich seine Haltung gedreht. Otto Wagner könne man nicht einfach so aus der Stadt löschen. Und dieser Meinung hatten schriftlich auch schon etliche Künstler und Künstlerinnen, Museumsdirektoren und Museumdirektorinnen deponiert. Doch das half alles nichts. Und einigen anderen Otto-Wagner Stationsgebäuden erging es gleich. Sie verschwanden aus dem Stadtbild. Sogar die Pavillons am Karlsplatz hätte es beinahe erwischt. Genauso wie die Brücke, die Otto Wagner so mächtig und genial für die Stadtbahn über das Wiental spannte, sie stand lange in Diskussion. Heute sind zumindest 17 von ursprünglich 25 Stationsgebäuden erhalten und gehören ganz selbstverständlich zum Stadtbild.

Einige planerische Irrtümer sind auf Wien eingerollt in jener Phase. Die meisten davon hatten mit Autos zu tun. Diese hatten sich in vielen Konzepten trotz der Bremsversuche von Rainer und Co. festgefahren. Sogar im Bundesstraßengesetz von 1968 waren einige Projekte schon festgelegt, die man spätestens heute ziemlich bereut hätte. Der Donaukanal wäre eine Schnellstraße geworden. Das hieße: Etliche Autospuren statt Liegestühlen und Sun-Downer. Auch den Gürtel, heute noch immer nicht unbedingt verkehrsfrei, hätte man am liebsten ein für allemal als Verkehrshölle definiert: eine zweistöckige Autobahn war dort angedacht, das hätte das Stadtgewebe zwischen Innen- und Außenbezirken endgültig zerfurcht. Laut Plänen sollte sich am Gaudenzdorfer Gürtel ein riesiges Autobahnkreuz zwirbeln. Es dauerte bis 1972, bis der damalige Bürgermeister all diese Szenarien endgültig vom Tisch wischte: Felix Slavik hatte

sich endlich eindeutig während des Forums in Alpach deklariert. Keine Gürtelautobahn. Keine Donaukanal-Schnellstraße. Blieben nur noch ein paar andere ebenso unsägliche Autobahnoptionen. Gerne projektiert wurde natürlich für die Einfahrtsschneise vom Westen in die Stadt. Für viele war sie ja seit überhaupt der ideale Beschleunigungsstreifen in Richtung Zukunft. Als Boulevard hatte sogar Otto Wagner schon einmal das Wiental angedacht, aber finanziell hatte es nicht zur Überplattung des Flusses gereicht. Ein paar Otto-Wagner-Häuser entlang des Naschmarkts erzählen trotzdem heute noch rudimentär von dieser Grundidee. Knapp vor dem Zweiten Weltkrieg blitzte sie in ähnlicher Form dann wieder auf, diesmal sollte die Straße direkt im Wienflussbett liegen. Und auch die 1950er-Jahre begleitete die Diskussion um eine Stadtautobahn, die entlang des Wientals bis zum Karlsplatz führen sollte. Für manche Zeitungen klang das sogar vielversprechend, die „Presse" titelte etwa im Jahr 1954: „Mit 80 Stundenkilometern über die Wien hinweg". Ungünstig nur, dass man bei all diesen Ambitionen eine Wiener Institution hätte überfahren werden müssen, der Naschmarkt. Dieser uralte Traditionsmarkt, der 1780 schon seinen Platz am Wienfluss gefunden hatte.

Hätte man wohl retten können, wollte man aber nicht unbedingt: der imposante Heinrichshof gegenüber der Oper.

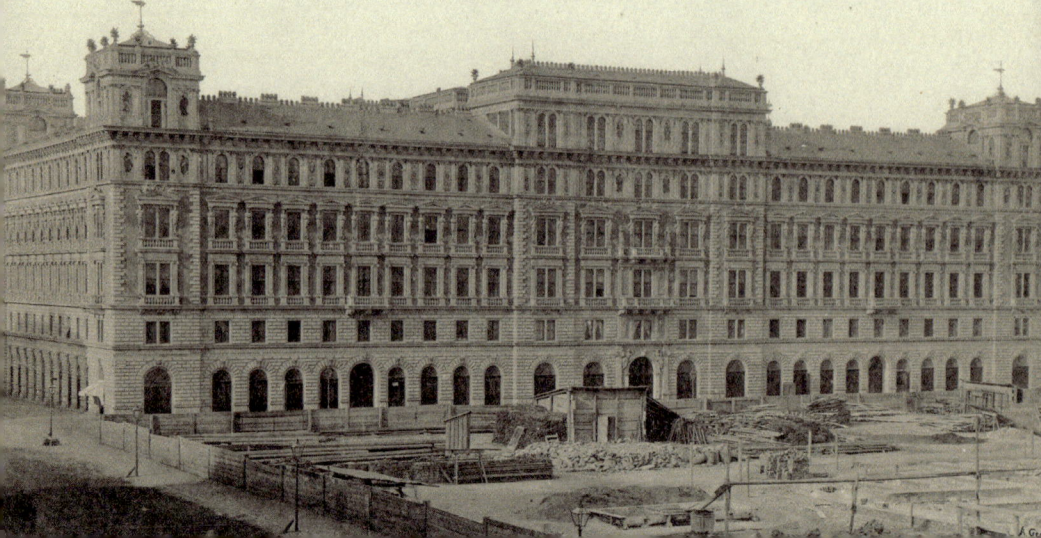

In den 1960er-Jahren wurde es für ihn dann richtig brenzlig: Schon Anfang der Dekade sollten einige Marktstände bis zur Höhe der Schleifmühlgasse abgerissen werden. Nicht das letzte Mal, dass sich eine Bürgerinitiative einschaltete, wenn es um die Gestaltung des Marktes ging. Der nächste öffentliche Aufschrei gellte 1976 durchs Wiental: Sechs Spuren sollten aber jetzt wirklich die Autos möglichst schnell ins Zentrum bringen, der Markt sollte vollständig geschliffen werden. Dort, wo heute noch der samstägliche Flohmarkt stattfindet, war ein 158 Meter langes Parkhaus geplant. Doch die öffentliche Meinung wandte sich gegen die Auto-Euphorie der Stadtplaner. Ganz ausgebremst war sie aber noch immer nicht: Sogar Anfang der 1980er-Jahre schwebte den Stadtplanern noch Wahnwitzigeres vor: Die Westautobahn sollte bis zum Flötzersteig verlängert werden, gleichsam als zweite Stadteinfahrt bis zum Gürtel, auf Stelzen, geführt über Wohngebiet. Die Proteste

Auch das Wiener Stadttheater in der Laudongasse ist längst Geschichte.

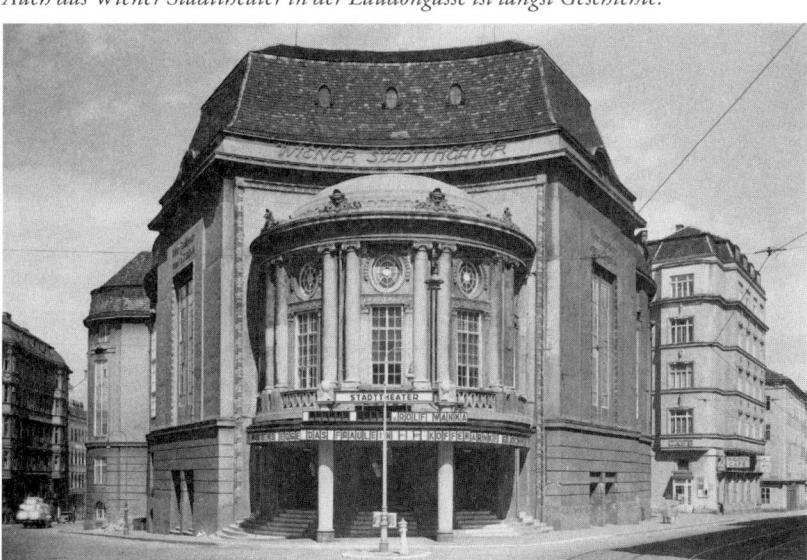

der Bevölkerung konnten das Schlimmste verhindern. Aber der breite Straßenquerschnitt bei der Müllverbrennungsanlage Flötzersteig zeigt deutlich, dass es die Stadt ernst meinte.

Die Architektur und Stadtplanung der 1960er-Jahre haben Wien einiges zugemutet. Aber dem Stadtbild ist trotzdem auch einiges erspart geblieben. 1957 sollte der Kursalon Hübner einem Hilton-Hotel weichen. 1956 wollte man zwischen Palais Trauson und Palais Auersperg ein Bundesamtsgebäude hinstellen. Georg Lippert hatte den Wettbewerb dazu schon gewonnen. Für das Künstlerhaus gab es auch Abbruchpläne im Jahr 1966. Und auch das Wittgenstein-Haus, das der Philosoph einst in der Kundmanngasse 19 selbst entworfen hatte, musste erst einmal gerettet werden. Durch einen kollektiven Aufschrei aus der Architektenschaft gelang dies. Bei vielen anderen Gebäuden waren die Proteste aber weniger erfolgreich. Manches hätte man retten können, doch der politische Wille fehlte einfach.

Der beeindruckende Heinrichshof am Opernring, einst das „schönste Zinshaus Wiens" betitelt, war vom Krieg nur leicht beschädigt, hatte aber trotzdem keine Zukunft. An seine Stelle trat der „Opernringhof". Mit dabei in der dafür zuständigen Planungsgemeinschaft ein üblicher Verdächtiger jener Jahre: Georg Lippert. Doch noch radikaler wirkte der radikale Wandel im Stadtbild der 1960er-Jahre, wenn vertraute Landmarken plötzlich verschwanden. Einige Theater und Bahnhöfe bröselten aus dem Stadtbild. Und auch einige ehemals prachtvolle Palais hatten zwar den Krieg unbeschadet überstanden, aber die Nachkriegszeit dagegen nicht. Früher forderten die Adligen und großbürgerlichen Familien ihre Sichtbarkeit im Stadtbild ein. Nach dem Krieg waren es die großen öffentlichen Institutionen. Anstelle des Palais Rothschild ragt jetzt die Arbeiterkammer in die Stadtsilhouette. Anstelle des Palais Rainer in der Wiedner Hauptstraße klotzte ursprünglich das Unternehmen Semperit.

Danach übernahm die Wirtschaftskammer Österreich diese Rolle im selben Haus. Das Palais Kaunitz im 6. Bezirk aus dem Jahr 1868, das längst im Besitz der Stadt Wien war und deshalb auch einigermaßen leicht zu schützen, hatte dagegen noch ein paar Jahre Schonfrist. Als es dann soweit war, waren die Proteste gegen den Abriss umso lauter. In den Medien und auf der Straße. Doch es war zu spät, wie auch Karl-Hein Roschitz in der Furche im Jahr 1971 bemerken musste: „Das Palais Kaunitz-Esterhazy war Kulturbanausen in die Hände gefallen." Und das bedeutete: Abriss.

Und wo Palais verschwanden, beim Palais Lanckoroński war es ja genauso, war oft genug der Nachfolgeentwurf eines bestimmten Architekten am Start: nämlich jener von Georg Lippert. Er galt als Kontrahent von Roland Rainer, insbesondere wenn es um ästhetische Überzeugungen und baukulturelle Haltungen ging. Der eine glaubte an eine „polyzentrische" Stadt, daran, dass Wien einige Zentren, verteilt auf das Stadtgebiet verträgt – das war Rainer. Der andere, Lippert, war überzeugt, dass das Ufer des Donaukanals das ideale neue Zentrum der Stadt wäre. Deshalb hat er auch ein paar seiner berüchtigten Entwürfe gleich dorthin gestellt. Nämlich: den Raiffeisen-IBM-Komplex. Oder das Haus der Bundesländer-Versicherung, das heute nicht mehr steht. Aber auch neben der Karlskirche, mit dem Winterthur-Haus, oder beim Stadtpark, mit dem Raiffeisen-Haus, durfte Lippert die Stadtsilhouette in den 1960ern mitzeichnen. Wien geriet ein wenig zur Georg-Lippert-Stadt und auch ein wenig in den Zustand, den Graf Lanckoroński schon 60 Jahre zuvor vorausgesehen hatte, dass irgendwann alle Städte gleich aussehen. Aber zum Glück konnte man sich ja vom Gebäude nebenan noch durch die Höhe unterscheiden. Auch diese Debatte kochte in jener Dekade zum ersten Mal richtig hoch. Am Donaukanal waren die Häuser dank Lipperts Entwürfen ohnehin schon bis 70 Meter in Richtung Himmel gewachsen. Und schon in den 1950er-Jahren hatte auch der Architekt

Erich Boltenstern angedeutet, wie Hochhäuser mittendrin wirken können: nämlich mit seinem Entwurf des Ringturms, der schon zwischen
1953 und 1955 realisiert worden war. „Damit Wien wieder Weltstadt
wird", hatte in jener Zeit die Sozialdemokratische Partei plakatiert. Seitdem haben sich einige vertraute Gebäude aus der Stadt verabschiedet,
doch eines ist geblieben: die ewige Debatte darum, wie hoch die Häuser
in Wien sein dürfen. Und wenn schon hoch, dann wo? In den 1960ern
war etwa auch der verbleibende Trakt des Wiener Gartenbau-Gebäu-
des plötzlich viel zu niedrig für die aktuelle Immobilien-Logik an der
Ringstraße. Da konnte man doch deutlich mehr Renditen rausholen.
Und Erich Boltenstern war gern wieder zur Stelle, um die Debatte um
die Höhe Wiens hochkochen zu lassen. Die Proteste gegen das „Gartenbauhochhaus" waren laut, blieben aber ungehört. Schlussendlich stapeln
sich heute dort 14 Stockwerke gegenüber des Stadtparks.

Am Parkring 12 steht heute statt dieses Ensembles
das einst umstrittene „Gartenbauhochhaus".

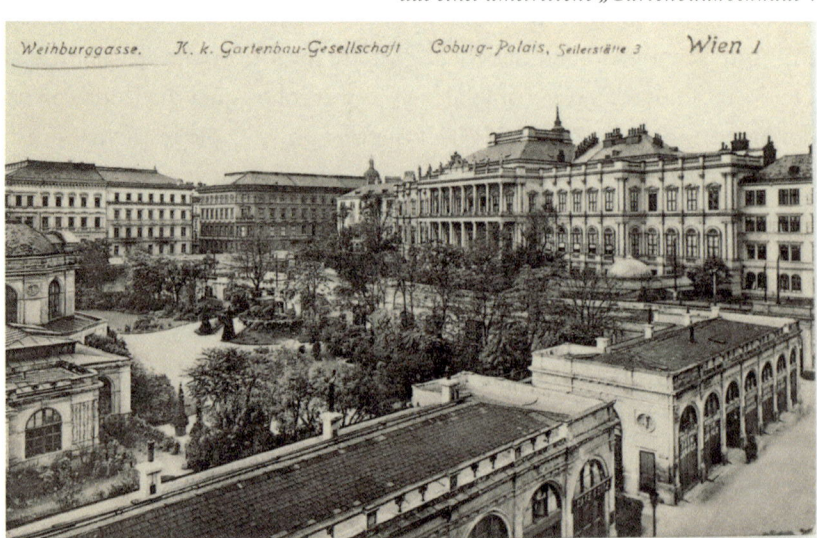

Neue Stimmungslagen in der Stadt

Die Hochhausdebatte – eine Konstante in der Geschichte der Stadt Wien seit dem Zweiten Weltkrieg. Und auch in den 1970er-Jahren schienen ähnliche Haltungen einzurollen wie in der Dekade zuvor: Eine moderne Stadt kann nie neu genug sein, meinten viele Politiker, Entscheidungsträger und auch Architekten. Doch irgendwas war dann in den 1970ern dann doch spürbar anders. Die Stimmungslage verriet es. Und man las es vermehrt aus den Zeitungen heraus. Auch die Stimmen im Radio erzählten davon. Und man bemerkte es auf der Straße: Wo die Menschen Transparente hochhielten und in Megaphone schrien. Das hatte es in den Jahren zuvor auch gegeben, aber nur vereinzelt. Jetzt wurden aus Grüppchen Gruppen. Und aus Protestkundgebungen wurden Protestbewegungen. Scheinbar hatte sich irgendetwas gedreht. Vor allem auch der Blick auf Wien, der sich nicht mehr ausschließlich an einem vagen Bild der Zukunft orientierte. Sondern auch daran, was schon da ist. An Häusern, an Bestand, an Infrastruktur, an Grünflächen. Und was daraus werden kann. Die Welt bog in eine neue Phase ein, Europa bog mit und Wien war auch dabei. 1975 hatte der Europarat das „Jahr des Denkmalschutzes" ausgerufen. Aber das war schon eher die Konsequenz der Stimmungslage zuvor. Als wichtiger Impuls für die restlichen Jahre der Dekade taugte das aber schon. Doch schon zuvor war der Gedanke, dass man eine Stadt nicht nur bauen, sondern auch erneuern und aus sich heraus entwickeln kann, in den öffentlichen Diskurs gesickert. Und was noch wichtiger war: auch bis in jene Ebenen, auf denen eben die richtungsweisenden Entscheidungen getroffen werden. Schon im März 1972 schrieb Karl-Heinz Roschitz in der „Furche": „Denkmalschutz ist in Österreich bald Thema Nummer 1." Und im Text kam dem Autor sogar ein wenig Lob aus für die Gemeinde Wien: „Ja sogar die Gemeinde Wien, der jahrzehntelange Verwüstung des Wiener Stadtbildes, teils

durch planvolle Geschäfte und Spekulation, teils durch konzeptloses Architekturgewurstel zur Last gelegt werden muss, macht sich unter dem Hagel heftiger Angriffe von allen Seiten an Wiens Baudenkmälern und Althäusern zu schaffen."

Na immerhin. Früher sei Denkmalschutz etwas für Idealisten gewesen. Jetzt etwas, was auf der politischen Agenda stehe. Plötzlich dachte man nicht nur an einzelne schützenswerte Häuser. Man hatte das Gesamtbild im Auge, das Ensemble. Und wollte es in Schutz nehmen. Mit der Altstadterhaltungsnovelle von 1971 konnte Wien schließlich selbst Schutzzonen festlegen und so charakteristische Ensembles vor Abbruch und Überformung schützen. Für manche Bauten Otto Wagners oder manche Villa Josef Hoffmanns kam das leider zu spät. Für andere baukulturelle Preziosen aber gerade rechtzeitig. 1973 wurden 14 Schutzzonen im Stadtgebiet ausgewiesen. Heute sind es mittlerweile 90. Und noch andere Konzepte tauchten plötzlich auf, die die Stadt so auch noch nie gesehen hatte: „Sanfte Stadterneuerung" hieß zum Beispiel eines davon. Eine Idee der frühen 1970er-Jahre. Mit der für damalige Verhältnisse überraschenden Philosophie, dass man Erneuerung nicht immer gleich brachial angehen muss. Das Konzept gab dem Wiener Altbestand eine realistische Chance zu überdauern. Und das kam Anfang der 1970er gerade rechtzeitig. Denn damals waren noch von fast 700.000 Wohnungen fast 300.000 Substandard Wohnungen, also 42 Prozent des Gesamtbestands. Doch schützen musste man nicht nur das Gebaute, das von Menschen Geschaffene oder das, was man für künstlerisch wertvoll hielt. Schützen musste man erst recht das, was Mensch und Stadt noch nicht angerührt hatten. Oder zumindest nicht die Stadtplaner und Immobilieninvestoren. Auch der Natur- und Umweltschutz sollte in den 1970er-Jahren in seine bislang aktivste Phase in Wien einbiegen. Und in einem Kampf um die Lobau kulminieren, an dessen Ende ein Nationalpark Donauauen stand.

Neue Stimmen braucht die Stadt

Gewandelt hatte sich nicht nur die Einstellung dem Alten gegenüber, sondern auch jenen gegenüber, die in der Stadt bestimmten, was passiert, und die Entscheidung trafen. Die sagten, was geht und kommen darf. Allmählich jedoch war die Bevölkerung nicht mehr bereit, alles einfach stumm und dankbar hinzunehmen, was sich Stadtregierung und Immobilieninvestoren so ausgedacht hatten. Sie wollten „Partizipation", würde der politische Jargon heute wohl sagen. Für manche Menschen war das damals noch ein ziemlich ungewohntes Verhaltensmuster. Lieber, so war man es gewohnt unter dem Kaiser und dem Roten Wien der 20er- und 30er- Jahre, ließ man machen und geschehen. Da mussten sich manche Anrainer und Hausbewohnerinnen auch erst motivieren lassen, sich für die eigenen Angelegenheiten zu interessieren. Wie etwa dafür, was mit dem eigenen Haus passiert. Oder der ganzen Nachbarschaft.

Für ein paar Häuser in der Mühlgasse im 4. Bezirk war das Anfang der 1970er-Jahre ohnehin schon so gut wie entschieden. Abriss, was sonst. Doch dann kreuzten dieser Journalist und diese Journalistin 1973 auf im Grätzl: Helmut Voitl und Elisabeth Guggenberger drehten eine Dokumentation für den ORF. Sie klopften an die Türen, sie fragten nach, sie streckten den Menschen Mikrofone entgegen, in denen sie ihre Meinung deponieren konnten. Und ihre Vorstellungen von der Zukunft des Grätzls. Gefragt werden, das war ja ganz was Neues. Und das war der Anfang des Projekts „Planquadrat". Einem Verbund aus Hinterhöfen, aus denen eine Grünfläche geworden ist, die ein Gartenhofverein heute noch pflegt und verwaltet, mitten im dicht verbauten Stadtzentrum im 4. Bezirk. Zugang ist heute über die Margaretenstraße 30 oder die Preßgasse 24. Die Dokumentationen über das Projekt liefen im Hauptabendprogramm des ORF. Genauso wie die einst legendären Talk-Shows „In eigener Sache", die der spätere Bürgermeister Wiens,

Helmut Zilk, moderierte. Dort nutzte auch ein Aktivist die Situation, dass die Mikrofone und Kameras auf ihn gerichtet waren: Anton Klein, ein Polizist und Liebhaber tropischer Zierfische und beherzter Kämpfer für den Erhalt der Lobau. Die Zeitschrift seines Aquarienvereins „Das Steckenpferd" wurde später zu so etwas wie dem Verlautbarungsorgan der Wiener Naturschutzbewegung. Dabei stand ihm bald ein mächtigeres Sprachrohr zur Seite, um seine Anliegen zu verkünden: die „Kronen Zeitung".

Die Wiener und Wienerinnen wollten endlich mitreden. Und manchmal scheuten sie sich sogar nicht, laut aufzuschreien, etwa wenn gar aberwitzige Projekte im Raum standen. Bürgerinitiativen formierten sich. „Die Lobau darf nicht sterben" war die erste in Wien. Kurz darauf musste schon eine andere antreten, um den Sternwartepark zu retten. Allmählich schenkte auch die Stadtpolitik der Stimme der Bevölkerung Gehör. Oder ließ sie zumindest auf Abstimmungszetteln Kreuzerl machen – bei Volksbefragungen. Oft genug gingen sie dann gar nicht so aus, wie sich das die Stadtregierung vielleicht erhofft hatte. Den Sternwartepark retteten die vielen Stimmen, die sich in der Volksbefragung für ihn ausgesprochen hatten – ein politisches Desaster für den damaligen Bürgermeister Felix Slavik. Und auch die „Steinhofgründe" mussten nicht nur einmal in der Stadtgeschichte gerettet werden. Einmal und zum ersten Mal per Volksbefragung im Jahr 1981. Eine Bürgerinitiative hatte sie zuvor gleichsam erzwungen. Das ist noch einmal gut ausgegangen für Wien. Sonst hätte man die Grünfläche hinter dem Otto-Wagner-Spital verbaut. Doch 54 Prozent sprachen sich dagegen aus. Und Wien stand plötzlich ein Grünareal mehr offen. Eine leicht verwitterte Tafel beim Eingang Feuerwache erinnert an die Tage, als die Zukunft des Areals auch um einiges grauer, asphaltierter und versiegelter hätte ausgehen können. Vor allem rund um Grünflächen kondensierte in Wien zunächst der Wunsch nach Mitbestimmung. Da formierten sich Bürgerinitiativen und manch-

mal sogar Gruppen, die sich später beinahe zu so etwas wie sozialen Bewegungen auswuchsen. Auch wenn es, wie in einem Fall, anfangs eher darum ging, dass man einfach in Frieden auf dem Rasen sitzen wollte. Das forderte die „Burggarten-Bewegung", die später so genannt wurde. Da ging es dann um kleine Freiheiten und große Anliegen gleichzeitig. Da überblendete der Kampf um öffentlichen Raum mit dem Kampf für ganz bestimmte Ideale. Und der Schauplatz der Auseinandersetzung war oft genug eine ungenutzte Raumressource. Das war der Rasen, auf den man nicht durfte. Das waren Häuser, die leer und ohne Bestimmung vor sich hin standen. Aktivisten und Aktivistinnen begannen Häuser zu besetzen, Areale für sich zu vereinnahmen, Flächen in Beschlag zu nehmen. Ein neues Bewusstsein leitete die Menschen inzwischen an: Die Stadt ist für alle, und alle sind Stadt. Und schützenswert ist sie sowieso. Außerdem müsse man sich noch lange nicht in alles fügen, was Stadtplaner so „top-down", also von oben herab, für die Menschen vorgesehen hatten.

Auch am Spittelberg-Viertel im 7. Bezirk wuchs Anfang der 1970er-Jahre eine Bürgerinitiative zu einer „sozialen Bewegung". Begonnen hatte es mit dem konsequenten und vehementen Aufschrei: „Rettet den Spittelberg!" Und diese energischen Stimmen kamen von Architekten, Bewohnern, Anrainerinnen und Denkmalpflegern gleichermaßen. Es war höchste Zeit für den Aufschrei, denn da waren „große" Pläne der Stadt durchgesickert: Der Spittelberg sollte sich radikal verändern. Vom malerischen Grätzel und den engem Gasslwerk sollte nichts mehr übrig bleiben, wenn erst einmal die Büros, Garagen und neuen Wohnhäuser gebaut sein würden. Doch die „Interessengemeinschaft Spittelberg" konnte das verhindern, sie mobilisierte immer mehr Menschen, Meinungen und Medien. Die Folge: Mitte der 70er wurde ein Sanierungsprogramm eingeleitet und der Spittelberg 1973 sogar zur Schutzzone deklariert. Doch selbst als das gröbste Unheil

abgewendet war, war es mit dem Bedürfnis nach Mitbestimmung noch nicht vorbei. Die „Interessengemeinschaft Spittelberg" ließ nicht locker, denn schließlich gab es noch einiges zu gestalten. Vor allem die Zukunft des Amerlinghauses war noch offen. Mit einem „Spittelbergfest" und einer „Spittelbergwoche" lenkte man noch einmal die Aufmerksamkeit auf das Grätzl. Man forderte ein unabhängiges, selbstverwaltetes Kultur- und Kommunikationszentrum.

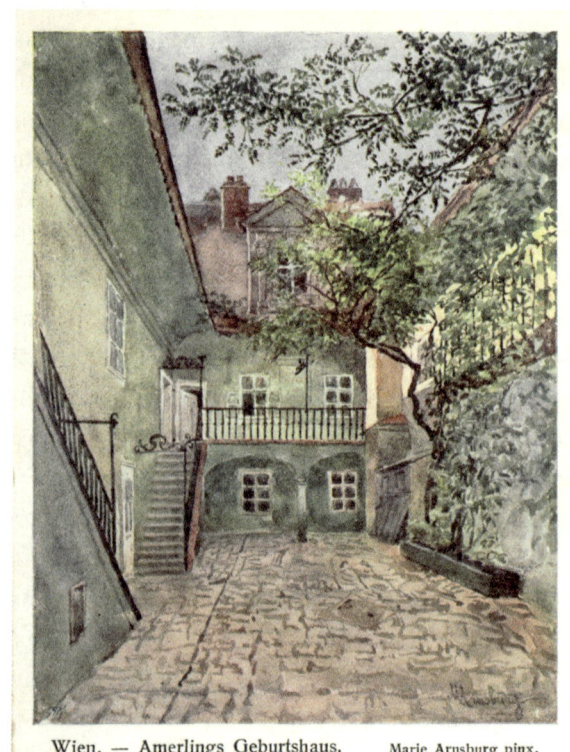

Auch das Amerling-haus, genauso wie den ganzen Spittel-berg rundherum, musste sich Wien erst erkämpfen.

Wien. — Amerlings Geburtshaus.   Marie Arnsburg pinx.

Die Beharrlichkeit lohnte sich: 1978 bekam man es von der Stadt Wien zugesprochen, ein Jahr später wurde das „Amerlinghaus" als voll subventioniertes Kultur- und Kommunikationszentrum in Betrieb genommen.

Auch der Sommer 1976 war in Wien ein besonderer. Da war plötzlich an Orten etwas los, von denen viele noch nie etwas gehört hatten. „Auslandsschlachthof St. Marx" hieß so einer. Das Schicksal dieses Ortes schien auch schon besiegelt. Seine Funktion hatte er ohnehin seit Langem eingebüßt. Aber als riesige Raumressource lag er lange und unbemerkt brach. Bis die Abbruchpläne publik wurden. Und sich das weitläufige, verwinkelte Gelände einen Sommer lang in eine kleine „Kulturstadt" verwandelte. Oder wie es die Behörden nannten: Hausbesetzung. Nur deutlich größer eben, denn auf dem gesamten Areal hätten so einige Häuser Platz gefunden. Und nun war kurzfristig in Wien tatsächlich genügend Platz vorhanden, um sie mit Ausstellungen, Konzerten, Lesungen, Clubs, Workshops zu füllen. Die Forderung nach Selbstverwaltung wurde formuliert, Gebäude wurden adaptiert, zu temporären Filmpalästen, Literaturcafés und Galerien umgewandelt. Innerhalb von Tagen transformierten Hunderte von Aktivisten und Aktivistinnen das Areal zu einer stadtähnlichen, kulturell genutzten Struktur. Und Zehntausende Wiener kamen, um sich das anzusehen. Oder das, was dort geboten wurde. Die „Arena" sollte zur permanenten Institution werden und dort bleiben, wo sie im Sommer 1976 so abrupt eingezogen war. Aber die Bulldozer standen schon vollgetankt bereit. Ein Textilgroßhandelszentrum sollte auf dem Terrain errichtet werden. Die Verträge dafür waren längst unterschrieben. 104 Tage nach dem Beginn der Besetzung war die „Arena 1976" vorbei. Sie fand einen anderen Platz, wenn auch nicht den, den sie sich gewünscht hatten. Die Stadt Wien bot der Bewegung den ehemaligen „Inlandsschlachthof" an. Und dort ist sie bis heute beheimatet, in der Industriearchitektur der späten Gründerzeit Wiens untergekommen, mit Freiluftbühne, Veranstaltungshallen und Gastronomiebetrieben.

Und auch in einem Innenbezirk, dem 9., stand einem Stück wertvoller Industriearchitektur eine ungewisse Zukunft bevor. Eine ehemalige Lokomotivenfabrik, die mittlerweile das TGM, das Technologische Gewerbemuseum beherbergte, sollte abgerissen werden. Als Nachfolger war das Übliche vorgesehen: Tiefgarage und Wohnblocks darüber. Doch da formierte sich der „Verein zur Schaffung offener Kultur- und Werkstättenhäuser". Der hatte etwas anderes vor. Nämlich zunächst eine „sanfte Besetzung", um die riesige Raumressource für spätere kulturelle Nutzungen zu bewahren. Es wurde „besetzt", informiert, diskutiert, verhandelt. Und zum Glück hatte das „WUK", das seit 1981 nun an jener Stelle existiert, einen prominenten Fürsprecher: Helmut Zilk, damals war er Kulturstadtrat. Er setzte sich für die Forderungen des Vereins ein, bürgte sogar für ihn. Und seitdem ist Wien um einige Hundert Quadratmeter sozial und kulturell genutzter Flächen reicher. Heute noch beherbergt das WUK verschiedenste Veranstaltungsräume, Ateliers, Kindergruppen und Beratungsstellen.

Und schon wieder Otto Wagner

Und auch sonst hat Zilk sein Verständnis von Baukunst und den Werten, die im Bestand liegen, demonstriert. Denn irgendwann, lange nach den Stadtbahnstationen entlang des Wientals, war doch wieder Otto Wagner das Gesprächsthema der Stadt. Oder besser: seine Verkehrsbauwerke. Diesmal waren jene dran, die die Öffentlichkeit schon gar nicht auf dem Schirm hatte. Weil zwischen ihnen ohnehin schon lange gar kein Zug mehr gefahren war, zumindest keiner, der Personen transportierte. Es waren die Stationsgebäude, die sich entlang der sogenannten Vororte-Linie fädelten. Sie bestand aus einem einzigen Gleis und war schon 1898 eröffnet worden. Doch im Gegensatz zur Do-

naukanal- und Wientallinie war sie 1925 nicht in die Verwaltung der Stadt Wien übergegangen. Bis in die 1950er-Jahre waren auf ihr Personenzüge unterwegs. Danach verfielen die Infrastruktur und vor allem auch die Gebäude, teilweise waren sie schon abgetragen worden. 1979 war dann Showdown: Der Denkmalschutz der Wiener Vororte-Linie war plötzlich aufgehoben worden. Auch die letzten Bauwerke sollten fallen. Doch Wien hatte Glück. Bund und Stadt konnten sich einigen, nämlich darauf, die Bahnstrecke wiederherzustellen. 1987 wurde sie als S-Bahnlinie S45 wiedereröffnet, die Stationsgebäude saniert. Und dass es dazu kam, war vor allem wieder Helmut Zilk zu verdanken. Er war gerade Kulturstadtrat in Wien und hatte durchweg offene Ohren für Klagen, wie sie etwa Senta Ziegler in der „Furche" 1979 formulierte: „Es geht doch nicht, dass wir am Karlsplatz zwei Otto-Wagner-Bauten als Zuckerl renovieren und am anderen Stadtende Wagner-Monumente zerstören." Derselben Meinung war dann irgendwann auch Helmut Zilk. Die angesprochenen Otto-Wagner-Bauten hatten aber selbst jede Menge Glück. Denn als die U-Bahn ein paar Jahre zuvor als Verkehrsmittel in Wien einrollte, musste man den Bestand an manchen Stellen ziemlich adaptieren. Mit dem Otto-Wagner-Pavillon auf dem Karlsplatz etwa, die ehemalige Haltestelle „Technik" tat man sich besonders schwer. Da wollte man ihn dann doch lieber gleich aus dem Weg räumen. Eine Bürgerinitiative trat dagegen auf. Und erreichte einen Kompromiss: Der Pavillon wurde 1977 demontiert, renoviert und versetzt wiederaufgebaut.

Diskutiert und infrage gestellt wurden so einige Gebäude in den 1970ern, sogar das Palais Ferstel in der Herrengasse. Das war auch schon in die Jahre gekommen. „Architektonischer Grabstein" und „unbelebtes Denkmal" war es in den Medien schon abschätzig genannt worden. Was dem Haus vor allem fehlte, war eine Idee, wie man es nutzen sollte. Für das Palais Festel setzten sich ziemlich gewichtige

Stimmen ein, etwa die Wissenschaftsministerin Herta Frinberg oder der Architekt Gustav Peichl. Einem anderen Palais, am Schottenring 10, wurde plötzlich auch die Zukunft abgesprochen. Da mischte sich aber zur rechten Zeit noch eine ziemlich angesehene Meinung in die Diskussion: jene der Kunsthistorikerin Renate Wagner-Rieger. Sie selbst nahm auch an einer Demonstration gegen den Abriss des Hauses teil. Gerade mit der Ringstraße und der Baukunst, die sie formte, hatte sie sich jahrelang in etlichen wissenschaftlichen Publikationen auseinandergesetzt und wertvolle Öffentlichkeitsarbeit für den baukünstlerischen Wert des Wiener Altbestands betrieben. Auch die Vorträge, die Wagner-Rieger regelmäßig hielt, trugen dazu bei, dass die Architektur des 19. Jahrhunderts in Wien allmählich als schützenswert betrachtet wurde. In den Feuilletons der Zeitungen hielt sie sich ebenso wenig mit scharfen Worten zurück, wenn den historischen Häusern Wiens wieder einmal haarsträubende Ignoranz entgegenschlug. Die Rossauer Kaserne im 9. Bezirk war ja auch so ein Kandidat. Nur mit Ach und Krach konnte sie die 1970er überdauern. Für sie hat sich besonders auch die Österreichische Gesellschaft für Architektur eingesetzt. Renate Wagner-Rieger befand die Kaserne ausdrücklich für „baukünstlerisch wertvoll". Und auch an vielen anderen Stellen der Stadt schlug die Kunsthistorikerin mit Worten und Artikeln Alarm. Irgendeine Ecke gab es immer, an der ein Abriss anstand oder eine „Verschandelung" drohte. Auch das Theaterkulissendepot, das Gottfried Semper so prächtig im Jahr 1877 gebaut hatte, stand lange infrage. Bis 1952 hatte es dem Bundestheater gedient. Und 1975 war sein Ende schon vorherbestimmt. Doch der damalige TU-Rektor Ernst Hiesmayr konnte das mit seinem Einspruch gerade noch verhindern. Daraufhin wurde das Depot zum Atelierhaus der Akademie der bildenden Künste vom Architekten Carl Pruscha umgebaut.

Wien und das Grün

Ohne das Herzblut der Wiener und Wienerinnen wäre es anders ausgegangen für Wien. Vor allem wäre die Stadt heute wahrscheinlich nur halb so grün. Oder zumindest um einiges weniger grün. Die Natur war natürlich zuerst da. Dann erst kam die Stadt. Und bald schon forderte sie eines: noch mehr Platz und noch mehr Platz. Sie holte sich, was sie brauchte. Schließlich ging es irgendwann auch darum, die Natur ein wenig in ihre Schranken zu weisen, das fließende Wasser fernzuhalten von den Häusern und den Boden zu pflastern, damit die Kutschenräder nicht im Schlamm stecken bleiben. Doch irgendwann war es Zeit, auch die Stadt ein wenig zu zügeln. Oder eher die Stadtplaner. Da mussten die Menschen manchmal dann doch ziemlich vehement intervenieren, um Natur und Stadt so halbwegs auszubalancieren. Sonst wäre der Wienerwald nur ein Haufen Brennholz geworden, der bis heute längst verheizt wäre. Die Lobau wäre ein Autobahnkreuz und eine Raffinerie. Auf den Steinhofgründen könnte man nicht mehr die Drachen steigen lassen und in dem einen oder anderen Park könnte man nur parken statt picknicken. Doch viele Menschen haben sich dafür eingesetzt, dass all das nicht passiert. Sie haben das Grün gerettet, erkämpft und zurückerobert.

Wien hatte Glück. Nicht nur mit den Menschen, die sich für ihre Stadt einsetzten. Auch mit der Natur. Im Großen und Ganzen meinte sie es gut mit Wien. Sie hat der Stadt ein paar Terrassen passend arrangiert über der Donau, auf der sie sich die meiste Zeit der Stadtgeschichte ganz gut entwickeln konnte. Und: Das Grün der Umgebung war das Futteral, in das sich die Stadt nur mehr legen musste. Auf der einen Seite konnte sie sich an den Wienerwald schmiegen, auf der anderen Seite grenzte der Auwald. Der Grüngürtel, er war von Anfang an gelegt, man musste ihn nicht neu erfinden, nur mehr für möglichst lange Zeit fixieren: Anfang des 20. Jahrhunderts rang sich schließlich der Bürgermeister Karl Lueger

auch genau dazu durch, 1905 beschloss der Gemeinderat offiziell die Schaffung des „Wald- und Wiesengürtels". Das passierte in einer Ära, in der allmählich eines ins Bewusstsein der Stadtplaner und Stadtpolitiker gesickert war: Die Qualität einer Stadt bemisst sich eben doch nicht nur in dem, was man baut, sondern vor allem auch in dem, worauf man zu bauen verzichtet. Eine Stadt muss atmen, davon waren in der Hochgründerzeit die Ärzte vollends überzeugt. Denn schlechte Luft allein musste als mögliche Ursache für fast alles herhalten. Der Grüngürtel, den Lueger schließlich festzurrte, war deshalb weniger eine Entscheidung für den Naturschutz. Eher eine für die „Stadthygiene". Für ein Luftreservoir. Für die Stadtgesundheit. Auch die kommunalen Parkanlagen, die die Gemeinde allmählich begann, in die Stadtlandschaft zu streuen, sollten dafür sorgen.

Großzügig hatte die Natur die grüne Grundausstattung Wiens angelegt. Trotzdem mussten die Stadt und das Grün erst zusammenfinden. Und spendabel waren in dieser langen Phase vor allem jene, die Natur ohnehin schon seit jeher als Privileg genießen konnten: die Adligen. Denn Sommerfrische, Lustwandeln, Landpartie – das waren lange Zeit ausschließlich adlige Angelegenheiten. Der Rest der Bevölkerung hatte kaum Zeit, Vehikel oder Geld für derartige Eskapaden. Der Adel dagegen hatte alles, was eine lebenswerte Stadt später auch ganz gut brauchen könnte: Besitztümer, Landschaftsarchitekten, Sommerpalais und Jagdreviere. Und zum Glück für Wien bekamen die Stadt, ihre Bevölkerung und die Allgemeinheit auch ihren Anteil ab. Wien hatte in dieser Hinsicht ein paar besonders großzügige Herrscher: Joseph II. öffnete den grünen Prater. Und den Augarten. Auch auf dem Glacis vor der Stadtbefestigung zeigte er sich als Pionier in der Gestaltung von öffentlichem Raum. Vor seiner Intervention war das Terrain kaum mehr als eine G'stättn. Danach Grünraum und unmittelbare Erholungszone direkt vor den Stadtmauern. Dort war reichlich Platz. In der Innenstadt

selbst war bald keiner mehr. Umso netter von Kaiser Franz I. Anfang des 19. Jahrhunderts, eine unerwartete Gelegenheit zu nutzen: Da hatte Napoleon Bonaparte nämlich sprichwörtlich eine Lücke hinterlassen. In der Burgbastei, die ließ er nämlich sprengen, bevor er mit seiner Armee wieder aus Wien abzog. Das war 1809. Und plötzlich standen da auch unerwartete Möglichkeiten offen: Der Kaiser mit dem Faible für die Gartenkunst ließ den unverhofft gewonnenen Platz füllen. Einerseits mit seinem Privatgarten, dem heutigen Burggarten. Und andererseits mit einem Park, der explizit dem „Volk" gewidmet war und deshalb auch so heißt: den Volksgarten. Es war der erste öffentliche Park der Stadt. Gegönnt vom Kaiser. Und ein paar Jahrzehnte später, als der Abbruch der Stadtmauern wieder neuen Stadtraum geschaffen hatte, fühlte sich auch die Gemeinde allmählich dafür zuständig, der Bevölkerung etwas zu gönnen: nämlich Erholungsraum. Die passenden Freiflächen dafür fand man dort, wo die Basteien verschwunden waren. Der Stadtpark wurde auf den Gründen des ehemaligen Wasserglacis eingerichtet, als erste öffentliche Parkanlage der Gemeinde Wien. Das war 1862.

Auch im 18. Bezirk, gleich neben dem Cottage-Viertel, das auf der Türkenschanze ab 1873 entstanden war, wollte man sich um eine verlässliche Stadtklimaanlage kümmern: Aber es war eine bürgerliche Initiative, ein Verein, der das Projekt verfolgte. Nach einer Idee des Architekten Heinrich Ferstel. Private Spenden sollten es finanzieren, auch Fürstin Pauline Metternich hatte einen Teil des Fundraisings übernommen, wie in Kapitel 4 beschrieben. 1888 wurde der Türkenschanzpark eröffnet, 1892 ging der Park in den Besitz der Gemeinde Wien über, 1908 kaufte die Gemeinde benachbarte Grundstücke an, um ihn zu erweitern. Aber auch an anderen Stellen versuchte Wien, in das steinerne Häusergebirge ein paar Grünflächen zu streuen. Gerne auch dort, wo die adligen Palais-Besitzer ohnehin ihre Grünanlagen jahrzehntelang gepflegt hatten. 1862 kaufte die Gemeinde den Park des Schönbornpalais. Und 1863

das, was vom Garten des Palais Kaunitz im heutigen 6. Bezirk übrig geblieben war, heute liegt dort der Esterhazy-Park. Ein monströser Flakturm – vulgo „Haus des Meeres" – nimmt ihn räumlich fast vollständig in Anspruch. Zwei andere Flaktürme stehen dagegen im Arenberg-Park im 3. Bezirk. Diese Grünanlage ist das Überbleibsel eines Gartens, der einst das Palais Arenberg umgeben hatte. 1900 kaufte die Gemeinde Wien das Areal, einen Teil ließ sie parzellieren, der andere wurde zum öffentlichen Park. Noch auf eine andere Flächenressource griff die Stadt zurück: auf die Friedhöfe. Vor allem auf jene, die knapp außerhalb des Gürtels ihre Aufgaben längst an den Zentralfriedhof abgetreten hatten. Ab 1923 wurden sie umgewandelt in Parkanlagen, wie etwa in den Waldmüllerpark im 10. Bezirk. Oder in den Haydn-Park in Meidling. Sowie in den Währinger Park. Alle waren früher Friedhöfe.

Doch manches Grün musste die Stadt nicht extra teuer erwerben. Oder extra umgestalten. Es fiel ihr einfach in den Schoß. Weil großzügige Menschen dachten, dass auch die Allgemeinheit dann und wann einen Gefallen verdient. So ist etwa der Industrielle Max Schmidt mit seinem Investment hineingegrätscht, als die Zukunft des Pötzleinsdorfer Schlossparks nicht mehr gesichert schien. Er kaufte ihn einfach, kurz nach dem Ersten Weltkrieg. Denn damals bahnte sich in Pötzleinsdorf an, was auch schon so einigen Schlossgärten rund um die Innenstadt widerfahren war: die Parzellierung. Doch der Möbelfabrikant sicherte das Grün, er vererbte das Areal der Stadt Wien. Ähnliches Glück hatte die Stadt im 19. Bezirk, wo Franziska von Wertheimstein Ähnliches verfügt hatte: Der Wertheimstein-Park, in dem sie, ihre Familie und die Gäste ihres berühmten Salons so oft flaniert waren, sollte nach ihrem Tod allen Wienern und Wienerinnen offenstehen. Das hatte sie testamentarisch verfügt. Nicht weit davon entfernt auf der hohen Warte wäre der Heiligenstädter Park auch nur halb so groß geraten, wenn er nicht von der Großzügigkeit einer Familie profitiert hätte: von der Familie Rothschild.

Diese verzichtete nach dem Zweiten Weltkrieg auf die Grünanlagen, die in der zweiten Hälfte des 19. Jahrhunderts in Wien und in ganz Europa berühmt gewesen waren.

Doch manchmal musste man die Sache mit dem Grün auch selbst in die Hand nehmen. Mit solchen Verhaltensmustern wie Eigeninitiative hatte die Wiener Bevölkerung bis in die 1970er-Jahre nicht die ausgeprägteste Erfahrung. Zu lange hatte das Kaiserreich gewirkt, zu drastisch die Diktaturen und zu bequem hatte man es sich im Schoß der großen Kümmerin, dem Roten Wien gemacht. Das musste auch das Team der ORF-Journalisten Anfang der 1970er feststellen, als es für eine TV-Dokumentation im Viertel rund um die Mühlgasse im 4. Bezirk angerückt war. Davon haben wir schon etwas weiter vorne beim Thema „Partizipation" und „1970er"-Jahre berichtet. Ein Geflecht von 34 Innenhöfen spannte sich da zu einem riesigen Potenzial auf. Nur: Es lag brach. Jeder Hof war von seinem Nachbarn durch Zäune und Mauern getrennt, der Altbaubestand in miserablem Zustand. Die Bewohner: zunächst eher teilnahmslos. Kaum interessiert, was in ihrer Nachbarschaft passiert. Bis Elisabeth Guggenberger und Helmut Voitl nachgebohrt haben. Dann begannen die Bewohner, sich mit ihrem Haus, ihren Nachbarn, ihrer Nachbarschaft zu beschäftigen. Und vor allem mit ihren eigenen Bedürfnissen. Sie formulierten Wünsche und ergriffen die Initiative: Anrainer und Bewohnerinnen gründeten den „Gartenhofverein", ein Vertrag mit der Gemeinde Wien wurde abgeschlossen. Darin verpflichtete sich Wien dazu, die Innenhöfe als Erholungsgebiet zu gestalten. Die Pflege und Instandhaltung sollte der Verein übernehmen. Und heute noch ist das „Planquadrat" mitten im 4. Bezirk ein frei zugänglicher Park im Inneren eines Häuserblocks.

Auch der Bacherpark am Bacherplatz im 5. Bezirk stand auf der Kippe. Zumindest in seiner vertrauten, ursprünglichen Form. Der Bezirksvorsteher hatte eine Garage darunter projektieren lassen. Eine

Bürgerinitiative stemmte sich dagegen, die Proteste eskalierten, als die Stadt den Park trotz des Widerstands umwidmen ließ. Im Jahr 2006 besetzten Aktivisten und Aktivistinnen den Park, richteten sich in Zelten ein. Und erreichten mit ihrer Beharrlichkeit eine Anrainerbefragung. Und dabei sprachen sich 65 Prozent gegen eine Garage aus, das Projekt wurde eingestellt. Auch in Meidling mussten zwei Bürgerinitiativen für Grün im Jahr 2009 kämpfen. Die eine hieß „Rettet den Springerpark", denn dort wollte die Politische Akademie der ÖVP einen Hotelkomplex hinstellen. Die andere war „Rettet die Marillenalm", denn dorthin – gleich daneben – wollte das Hotelprojekt ausweichen. Beides konnten die engagierten Bürger und Anrainerinnen verhindern.

Beinahe zu einer sozialen Bewegung dagegen hat sich eine Initiative schon Ende der 1970er-Jahre ausgewachsen: „Freiheit für den Burggarten" forderten die Aktivisten. Öffentlich zugänglich war die Grünanlage längst, nachdem sie Jahrzehnte der kaiserlichen Familie vorbehalten war. Nur im Grünen sitzen durfte man nicht. Nicht einmal Rasen betreten war erlaubt. Das wollte anfangs eine Gruppe von Studierenden und anderen Aktivisten nicht so einfach hinnehmen. Für sie war es ein Anlassfall, um für die freie Nutzung des öffentlichen Raums einzutreten. Die „Burggarten-Bewegung" formierte sich. Und sie entschloss sich, den Rasen nicht nur regelmäßig zu betreten, sondern auch zu besetzen, ein paar Monate lang, jeden Samstag. Bis die Polizei den Rasen gar nicht zimperlich wieder räumte, das ging so von Mai bis Oktober. Für die „Kronen Zeitung" war schnell klar, was da passierte: „Öffentlicher Rauschgiftkonsum, Entenmord und Sexorgie". Für viele andere hingegen war es eine „soziale Bewegung", die weit über den Burggarten und den Sommer hinauswirkte.

Den öffentlichen Raum nutzbar machen, das Grün bewahren, wo man konnte, das war das eine. Die Natur zu schützen vor den Interessen der Stadt, das war das andere. Das Wien allmählich das „Alt-Wien"

abhandenkommen könnte, dieser Gedanke hatte sich schon früher in der Stadtgeschichte festgesetzt. Dass aber auch die Natur durchgehend gefährdet ist, vor allem, wenn sie direkt vor der Stadt liegt, das ist vielen Wienern und Wienerinnen erst in der zweiten Hälfte des 19. Jahrhunderts gedämmert. Sogar der berühmte Vedutenmaler Rudolf Alt hielt nicht mehr nur das Stadtbild fest, sondern auch das Naturbild, dort, wo es überhaupt noch eines einzufangen war – im Jahr 1895 malte er das Bild „Der letzte schöne Baum von Wien". Das war zwar dramaturgisch ein wenig zugespitzt, aber klar war einigen schon: Die Natur braucht Menschen, die sich um sie kümmern. Die ersten Naturschutzvereine gründeten sich in Wien vor der Jahrhundertwende. Und einer hatte schon bewiesen, was man mit Beharrlichkeit und guten Argumenten erreichen kann: Josef Schöffel. Ohne ihn wäre der Wienerwald in dieser Form heute auch nicht mehr gewesen.

Die Idylle trügt: Gerade die Lobau musste schon mehrmals „gerettet" werden.

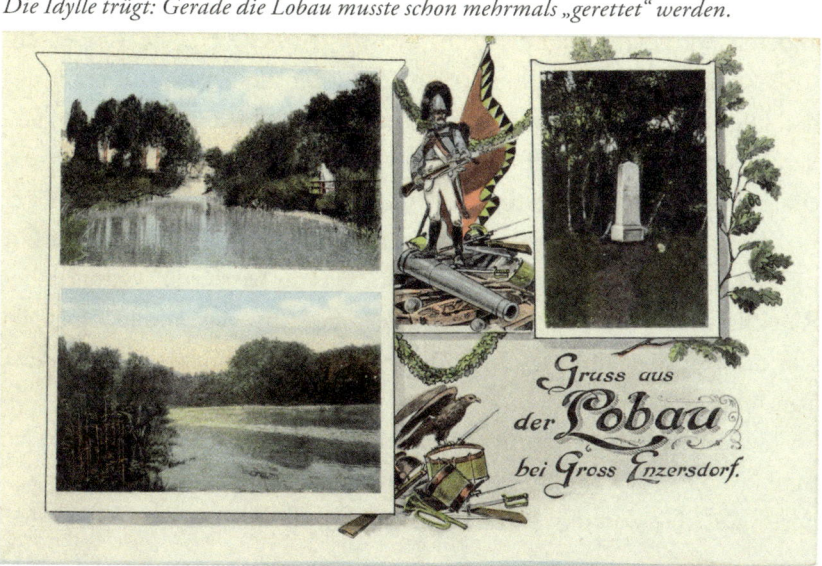

Eine legendäre publizistische Kampagne hat er angezettelt, um die Gegend zu retten, die sich heute „Biosphärenpark" nennen darf. Anfang der 1870er-ahre war der Wienerwald nämlich akut bedroht. Der Staatshaushalt ächzte unter den vielen Kriegen, die man führte und die noch dazu regelmäßig verloren gingen. Die Natur hätte beinahe auch dafür büßen müssen. Denn das Finanzministerium hatte einen Plan, einen ziemlich umstrittenen: Die klaffenden Budgetlöcher sollte das Brennholz stopfen, das man verkaufen wollte. Schon war alles mit dem Holzhändler Moritz Hirschl vereinbart, ein Kaufvertrag bereits abgeschlossen. 2700 Hektar Wienerwald sollten zu Brennholz werden. Doch da regte sich Widerstand, im Gemeinderat und in der Bevölkerung. Und Josef Schöffel legte einen „Wienerwald- Korruptionsskandal" medial offen. Er leakte Akten und Vereinbarungen aus dem Finanzministerium, löste dadurch einen Sturm der Entrüstung in der Bevölkerung aus. Im „Wiener Tagblatt" begann er im April 1870 zu berichten. Zwei Jahre lang veröffentlichte er ein bis zweimal in der Woche einen Artikel. Er schrieb über zwielichtige Geschäfte, über das Klima, die „Wohlfahrtsaufgabe des Wienerwalds", die Fruchtbarkeit der Flächen, die Verwüstungen durch die Menschen. Die Texte und die Kampagne wirkten. Zum einen unmittelbar: 1872 machte die Regierung die Holznutzungsverträge rückgängig. Und zum anderen langfristig: Das Bewusstsein in der Bevölkerung und in der Politik für den grünen Schatz, der Wien einbettete, wuchs immens.

Doch ungefähr 100 Jahre nachdem der Wienerwald gerettet werden musste, war ein anderes riesiges Areal an der Reihe. Die Lobau gehörte ohnehin zu den Kandidatinnen, um die man sich nicht nur einmal in der Stadtgeschichte gehörig Sorgen machen musste. Der Kampf um die Lobau hatte beinahe Tradition. Schon 1929 war sie akut bedroht. Ein geplanter Stausee hätte sie beinahe verschluckt. Damals waren es

die Wiener und Niederösterreichischen Jagdvereine, die das verhindern konnten. Das Statement der Jägerschaft damals liest sich, als es hätte es jemand gerade erst verfasst: „Die Lobau ist in ihrer Eigenart mit Wien derart verankert, dass man sich den einen Begriff nicht ohne den anderen denken kann." Lobau und Wien, untrennbar verbunden also. Lobau und Kampf um die Lobau, auch das gehörte allerdings scheinbar zusammen. Und da musste sich schon sehr viele Menschen sehr vehement aufregen, bis die Lobau 1978 schließlich zum Naturschutzgebiet erklärt wurde. 2500 Hektar Wiener Lobau gehören zum Nationalpark „Donau-Auen". Viel Herzblut pumpten Aktivisten und Aktivistinnen in elend lange Diskussionen. Viele drastische Worte mussten Naturschützer auf Plakate schreiben und in Mikrofone sprechen, bis alles geregelt war, zum Wohle der Natur.

Und damit auch zum Wohle Wiens. Die Stadt Wien und die Naturschützer rangelten schon länger um das Augebiet. Die einen waren die Interessensvertreter der Natur. Die anderen, jene von der Stadt, interessierten sich auch für Dinge wie Verkehrskonzepte, wirtschaftliche Entwicklung, Standortpolitik. Da konnte man kaum Übereinstimmung erzielen. Aber zumindest war die Lobau 1955 zum Landschaftsschutzgebiet erklärt worden. Doch das hieß nicht viel, wie sich bald herausstellen sollte. Denn schon am Ende der Dekade drohte das nächste Unheil: das Projekt einer Großraffinerie geisterte plötzlich durch den Auwald. Dem hatte die Öl-Infrastruktur ohnehin schon zugesetzt, die Nationalsozialisten hatten ein Treibstofflager und den Ölhafen dort angelegt. Jetzt stand noch ein größeres Projekt an. Einer der Aktivisten, die das gemeinsam mit dem Wiener Naturschutzbund verhindern konnten, hieß Hans Kinnl. Er hatte 1958 die „Aktionsgemeinschaft zum Schutz der Lobau" gegründet, schrieb Brief um Brief, Artikel um Artikel und intervenierte schließlich persönlich bei den Gemeinderäten. Das erzeugte genügend Druck, dass die Raffinerie schließlich 1958 in Schwechat errichtet wurde

und nicht in der Lobau. Doch in Sicherheit wiegen konnte sie sich deshalb noch lange nicht. Schon Anfang der 1970er wurden alle möglichen Bedrohungen beinahe gleichzeitig virulent. Vor allem drohte: ziemlich viel Asphalt. Denn die Ostring-Autobahn sollte sich justament in der Lobau mit der Donauufer-Autobahn verbinden. Das gigantische Autobahnkreuz hätte die gesamt Panozza-Lacke überspannt. Noch dazu sollte eine Schnellstraße vom Marchfeld her die Obere Lobau durchschneiden. Im Bundesstraßengesetz von 1971 war das alles schon verschriftlicht und genauso vorgesehen. Noch dazu wurde am Steinspornweg ein kalorisches Kraftwerk angedacht. 17 Hektar waren bereits umgewidmet, vom Landschaftsschutzgebiet in Industrieland. Auch die Erweiterung des Tanklagers wurde in Erwägung gezogen.

Doch viele Menschen stellten sich schützend vor die Lobau. Die Leitfigur der Proteste war ein Polizist. Anton Klein hieß er. Später gründete er das Lobaumuseum. Aber zunächst führte er die wahrscheinlich erste Bürgerinitiative Österreichs an, die man so nennen kann: „Die Lobau darf nicht sterben." Zunächst hatte die Gruppe ihren Ursprung in einem relativ kleinen Kreis: Es waren die „Zierfischfreunde Donaustadt", ein Aquarienverein. Die Mitglieder hatten nämlich eines schon mit Schrecken festgestellt: Die Lobau wandelt sich. Die Tümpel, aus denen sie sonst das Futter für die Fische holten, wurden weniger. Anton Klein schrieb an den Bürgermeister, damals war es Bruno Marek, und forderte tiefere Tümpel. Und natürlich auch mehr davon, außerdem das Zugeständnis, dass Aquarianer in den Teichen der Stadt Wien ihr Futterplankton holen dürften. In der Vereinszeitschrift „Das Steckenpferd" konnte man die Diskussion und die Argumente der Naturschützer verfolgen. Später wurde die Zeitschrift zum Verlautbarungsorgan der Proteste gegen die Zerstörung der Lobau. Im Oktober 1970 versammelten sich die „Zierfischfreunde" in einem Kellerlokal in der Wagramerstraße und formulierten die erste Aussendung. Darin standen Sätze wie etwa: „Wien

braucht die Lobau und den Prater genauso dringend wie den Wiener-wald." Ein „lebenswichtiger Lungenflügel" sei die Lobau, hielt Anton Klein fest und befürchtete: „Wo gestern noch Wiesen waren, sind heute Felder. Morgen werden diese Felder Industriegebiet sein."

Die Protestbewegung wuchs an: Der Naturschutzbund stimmte mit ein, der WWF half mit, viele andere Naturschützer und Aktivisten begannen ebenso, für die Erhaltung der Lobau zu trommeln. Experten, Wissenschaftler, Stadtregierung, Naturschützer, alle deponierten ihre Meinungen. Unterschriften wurden gesammelt, Flugblätter verteilt, Vorträge und Exkursionen veranstaltet. Aber so richtig Momentum gewann die Bewegung erst, als Anton Klein am 16. Juli 1972 im ORF in der Sendereihe „In eigener Sache" einen großen Auftritt hatte. Danach hatte Klein noch einen starken Medienpartner an seiner Seite: die „Kronen Zeitung". Und all das zeigte allmählich Wirkung. Denn Ende August kündigte die Stadt plötzlich an, 73 Hektar Lobau, die als Industriegebiet gewidmet waren, wieder zurückzuwidmen, in Wald- und Wiesengürtel. Ein Großteil der Lobau solle danach zum Naturschutzgebiet erklärt werden. Im Jahr 1974 brachte Anton Klein als Erster die Idee eines Nationalparks ein. Und das Forstamt der Stadt Wien, zunächst einer der härtesten Opponenten der Bürgerinitiative, hatte sich in seiner Haltung gedreht: Es stellte dem Verein von Anton Klein ein historisches Gebäude im Wirtschaftshof der Oberen Lobau zur Verfügung. Dort richtete Klein 1975 das „Lobaumuseum" ein, und 1978 wurde die Lobau tatsächlich unter Naturschutz gestellt.

Quellen (Auswahl)

Arnbom, Marie-Theres: Friedmann, Gutmann, Lieben, Mandl und Strakosch. Fünf Familienporträts aus Wien vor 1938. Wien, 2002.

Bartl,Johann: Villa Wertheimstein – vom geistigen Treffpunkt zum musealen Gedenkraum. Dipl.arb, Wien, 1990.

Donner, Josef: Dich zu erquicken, mein geliebtes Wien... Geschichte der Wiener Wasserversorgung von den Anfängen bis 1910. Wien, 1990.

Dybas, Boguslaw: Karl Lanckoronski und seine Zeit. Wien 2017.

Endler, Franz: Wien im Barock. Wien, 1979.

Feurstein-Prasser, Michaela: Jüdisches Wien. Wien, 2007.

Fink, Humbert: Joseph II. Kaiser, König und Reformer. Wien, 1990.

Grois, Bernhard: Das Allgemeine Krankenhaus in Wien und seine Geschichte. Wien, 1965.

Großegger, Elisabeth: Mythos Prinz Eugen. Inszenierung und Gedächtnis. Wien, 2014.

Hagenau, Gerda: Jan Sobieski. Retter Wiens und des Abendlandes. Wien, 1993.

Haider, Edgar: Verlorenes Wien. Adelspaläste vergangener Tage. Wien, 1984.

Hanisch, Ruth: Moderne vor Ort. Wiener Architektur 1889-1938. Wien, 2018.

Hassmann, Elisabeth: Von Katterburg zu Schönbrunn. Die Geschichte Schönbrunns bis Kaiser Leopold I. Wien, 2004.

Hennings, Fred: Das josephinische Wien. Wien, 1966.

Hennings, Paul: Das barocke Wien. 1. Teil 1620-1683. Wien/München, 1965/1974.

Hennings, Paul: Das barocke Wien. 2. Teil 1683-1740. Wien-München, 1965/1974.

Hinkel, Raimund: Wien an der Donau. Der große Strom, seine Beziehungen zur Stadt und die Entwicklung der Schifffahrt im Wandel der Zeiten. Wien, 1995.

Iby, Elfriede: Maria Theresia 1717-1780. Strategin – Mutter – Reformerin. Wien, 2017.

Jan, III.; Zeller, Joachim (Hg.): Briefe an die Königin. Feldzug und Entsatz von Wien 1683. Berlin, 1981.

Jaskanis, Pawel: Jan III Sobieski, ein polnischer König in Wien. Wien, 2017.

Kaufmann, David: Die letzte Vertreibung der Juden aus Wien und Niederösterreich, ihre Vorgeschichte (1625-1670) und ihre Opfer. Wien, 1899.

Klein, Dieter; Kupf, Martin; Schediwy, Robert: Stadtbildverluste Wien. Ein Rückblick auf fünf Jahrzehnte. Wien, 2005.

Konau, Ernst: Rastlos zieht die Flucht der Jahre. Josephine und Franziska von Wertheimstein, Ferdinand von Saar. Wien, 1997.

Kreutel, Richard F.: Der Schädel des Kara Mustafa Pascha. In: Jahrbuch des Vereines für Geschichte der Stadt Wien. Band 32/33, 63–77. 1976/77.

Lechner, Georg; Rollig, Stella (Hg.): Das Belvedere – Geschichte und Architektur. Wien 2020.

Lichtenberger, Elisabeth: Die Wiener Altstadt. Von der mittelalterlichen Bürgerstadt zur City. Wien, 1977.

Lorenz, Hellmut; Mader-Kratky, Anna (Hg.): Die Wiener Hofburg 1705-1835. Die kaiserliche Residenz vom Barock bis zum Klassizismus. Wien, 2016.

Mauhard, Beppo (Hg.): Das Winterpalais des Prinzen Eugen. Von der Residenz des Feldherrn zum Finanzministerium der Republik. Wien, 1979.

Mayer, Wolfgang: Spittelberg. Wien, 1952.

Metternich-Sandor, Pauline: Erinnerungen. Wien, 1988.

Metternich-Sandor, Pauline: Geschehenes, Gesehenes, Erlebtes. Wien, 1920.

Nevole, Inge: Die Winterreitschule in der Wiener Hofburg von Joseph Emanuel Fischer von Erlach. Wien, 2002.

Oppenheimer, Wolfgang: Prinz Eugen von Savoyen. Feldherr und Baumeister Europas. Wien, 2004.

Pfeiffer, Paul: Das Allgemeine Krankenhaus in Wien von 1784. Berlin 2012.

Sandgruber, Roman: Rothschild. Glanz und Untergang des Wiener Welthauses. Wien, 2018.

Schwarz, Gödehard: Tullner Hof, Villa Wertheimstein, Döblinger Bezirksmuseum. Wien, 1979.

Spielman, John P.: Leopold I. Zur Macht nicht geboren. Graz/Wien, 1981.

Spitaler, Hermann: Johann Nepomuk Graf Wilczek. Wien, Univ. Diss, 1952.

Sueß, Eduard: Erinnerungen. Leipzig, 1916.

Swittalek, Markus: Das Josephinum. Aufklärung, Klassizismus, Zentrum der Medizin. Wien, 2011.

Teply, Karl: Die Einführung des Kaffees in Wien. Georg Franz Kolschitzky, Johannes Diodato, Isaak de Luca. Wien, 1980.

Tollmann, Alexander: Eduard Sueß. Forscher und Politiker. Im Gedenken zum 150. Geburtstag. Wien, 1981.

Wassilko, Theophila: Fürstin Pauline Metternich. Wien, 1958.

Walzer, Tina: Der jüdische Friedhof Währing in Wien. Historische Entwicklung, Zerstörungen der NS-Zeit, Status- Quo. Wien, 2011.

Wien Museum: Alt-Wien, die Stadt, die niemals war. Österreich, 2004.

Wilczek, Johann Nepomuk; Kinsky-Wilczek, Elisabeth (Hg.): Hans Wilczek erzählt seinen Enkeln Erinnerung aus seine Leben. Graz, 1933.

Bildquellen:

Wikimedia Commons (Public Domain:) S, 6,7, 14, 16, 19, 21, 24, 25, 30, 37, 50, 55, 56, 65, 66 , 68, 70, 71, 113, 127, 166, 176, 178, 187, 189, 191, 201

Wien Museum Online Sammlung: S. 10/11, 13, 22, 27, 29, 33, 35.39, 40, 44, 46/47, 52, 59, 62, 73, 74, 77, 80, 83, 84, 86, 87, 89, 90, 97, 101, 102, 105, 107, 108/109, 114/115, 118, 121, 124, 129, 130, 131, 132, 135, 136, 137, 139, 140, 141, 143, 144, 150, 155, 163, 165, 168, 173, 175, 182, 184, 185, 188, 192, 195, 196, 199, 202, 206, 209, 213, 214, 216, 217, 218, 220, 220, 225, 227, 228, 231, 237, 248

Vorderseite/Cover: Alle Bilder: © Wienmuseum Online Sammlung

Alle Bilder Rückseite, Klappen (innen und außen): © Wienmuseum Online Sammlung

Bibliografische Information der Deutschen Nationalbibliothek

Die Deutsche Nationalbibliothek verzeichnet diese Publikation in der Deutschen Nationalbibliografie; detaillierte bibliografische Daten sind im Internet über http://dnb.d-nb.de abrufbar.

1. Auflage 2023
© 2023 by Braumüller GmbH
Servitengasse 5, A-1090 Wien
www.braumueller.at

Lektorat: Annerose Sieck
Grafisches Konzept und Layout: Ines Flattinger
Druck und Bindung: EuroPB, Dělostřelecká 344, CZ 261 01 Příbram
ISBN 978-3-99100-356-4

Anno 1683.
Schwechat
Simmering

10. Esquad: de Sacr: M: Imperia:
5. Esquad: Saxen.
6. Battalli: de Sacr: M: Imperia:
5. Battalli: Saxen.
4. Battalli: Franc:
5. Battalli Bavar.
8. Esquad: de Sac: M: Imperia.
4. Esquad: Saxen
5. Battalli: de Sac: M: Imperi:
4. Battalli: Saxen.
3. Battalli: Franc:
6. Esquad. de Sac: M: Imperia
3. Esquad: Saxen.
2. Battalli: de Sac: M: Impe:
2. Battalli: Saxen.
3. Battalli: Bavar:
Auff den Lincken Flügel bey der Kayssl. Armee haben Commandiert
Auff den Rechten Flügel bey den Kayssl. haben Comandiret.
Bey den Sachsen Ihro Chur. Fürstl. Durchl: zu Sachsen.
Bey den Bayrischen und Franckischen Ihro Chur. Fürstl. Durchl: zu Bayern.

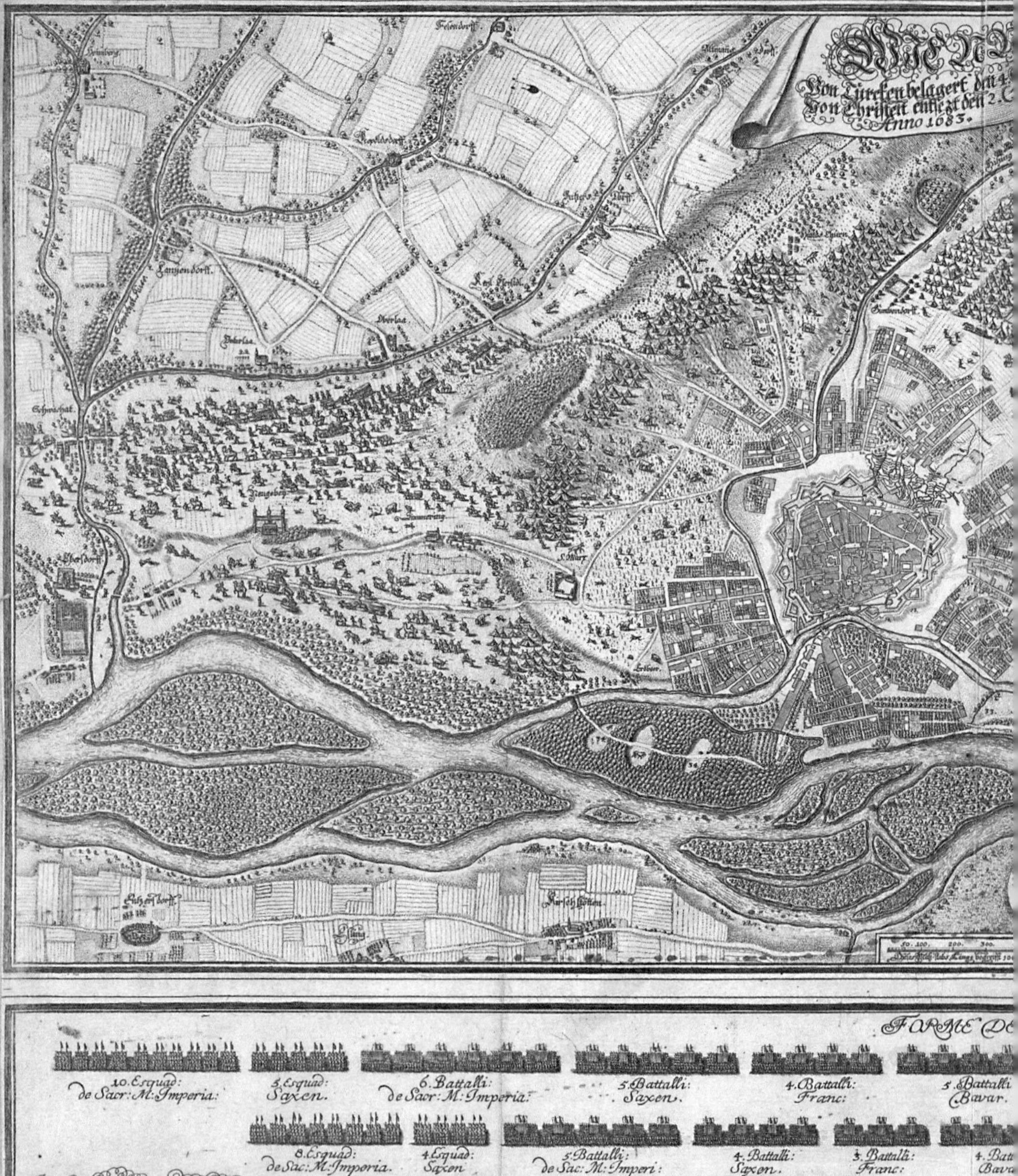

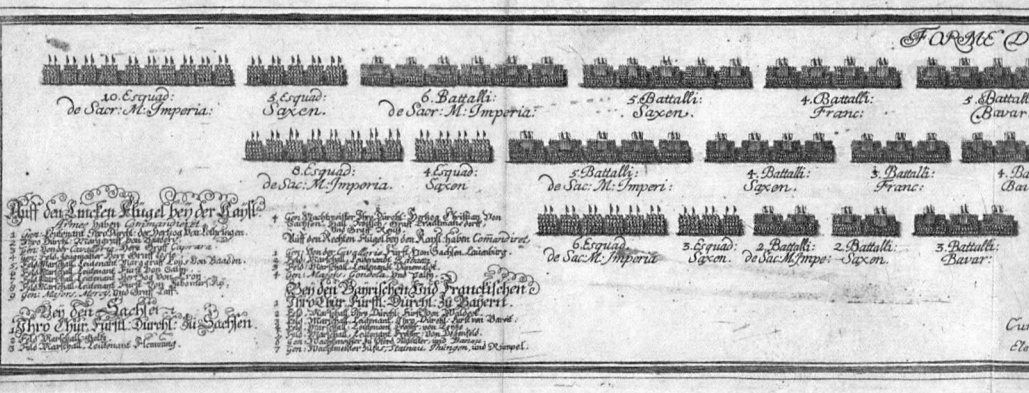